The Dog Who Spoke and More Mayan Folktales

El perro que habló y más cuentos mayas

D1452762

The Dog Who Spoke
and More Mayan Folktales

El perro que habló
y más cuentos mayas

Translated and edited by

James D. Sexton *and* Fredy Rodríguez-Mejía

Stories told in Spanish by

Pedro Cholotío Temó *and* Alberto Barreno

University of Oklahoma Press : Norman

Also by James D. Sexton

Education and Innovation in a Guatemalan Community (1972)
Son of Tecún Umán (1981, 1990)
Campesino (1985)
Ignacio (1991)
Mayan Folktales (1992, 1999)
Heart of Heaven, Heart of Earth (1999)
Joseño (2001)

Library of Congress Cataloging-in-Publication Data
Temó, Pedro Cholotío.
   The dog who spoke and more Mayan folktales = El perro que habló y más cuentos
mayas / translated and edited by James D. Sexton and Fredy Rodríguez-Mejía ; stories
told in Spanish by Pedro Cholotío Temó and Alberto Barreno.
      p.   cm.
   Includes bibliographical references.
   ISBN 978-0-8061-4130-5 (pbk. : alk. paper)
      1. Mayas—Folklore.   2. Mexico—Folklore.   I. Sexton, James D.
II. Rodríguez-Mejía, Fredy.   III. Barreno, Alberto.   IV. Title.   V. Title:
Perro que habló y más cuentos mayas.
   F1435.3.F6T46   2010
   398.20972—dc22   2010011680

1 2 3 4 5 6 7 8 9 10

Contents

Illustrations

Preface

The Dog Who Spoke and More Mayan Folktales is the product of the collaboration among Pedro Cholotío Temó, a Tz'utujil Maya living in San Juan la Laguna; Alberto Barreno, a half-Kaqchikel Maya living in Panajachel; my graduate research assistant, Fredy Rodríguez-Mejía, a part-Ch'orti' Maya Indian from Copán Ruinas, Honduras; and me, an anthropologist who teaches cultural anthropology and folklore. Pedro and Alberto are the storytellers, and Fredy and I are the translators and editors.

I have been working with Pedro since 1970 when he became my native research assistant in San Juan la Laguna. At that time, I was part of Professor Clyde Wood's field school and research team at the University of California, Los Angeles (UCLA), studying modernization and culture change in fourteen towns surrounding Lake Atitlán in the Department of Sololá, Guatemala. Over the past thirty-nine years, my relationship with Pedro has been fruitful. Under his pen name, Ignacio, we have published four volumes of his life history—*Son of Tecún Umán* (1981, republished 1990), *Campesino* (1985), *Ignacio* (1991), and *Joseño* (2001)—and two volumes of folktales, *Mayan Folktales* (1992, republished 1999) and *Heart of Heaven, Heart of Earth* (1999). Before each publication, I asked Pedro whether he wanted to use his real name or a pseudonym, and he chose anonymity because of the adverse political situation. When I brought up the issue of anonymity for the present book, he said, "Nowadays, we are living in a democracy," and that he wished to use his real name as well as the real name of his town. When I asked Alberto Barreno the same question, he gave me the same response. Thus, in the present book, there are no pseudonyms.

Pedro was my research assistant when I lived with an Indian family in San Juan in 1970 during my first season of research in Guatemala. At that time, he was twenty-nine years old, and he and his wife had two children. He helped me with interviewing a random sample of heads of households for the UCLA project directed by Clyde, my doctoral chairman, and we continued to work together during the next four decades. Pedro knew many folktales and was eager to work with me. He had learned several of the stories he told me from his grandmother, who lived to be 104 years of age. He also learned stories by interacting with friends and relatives, especially the *viejitos*, or old folks. After we published the first two collections of Mayan folktales, the first published books of folktales from the Lake Atitlán region, he continued to provide me with excellent new stories.

In the summer of 2006, Pedro wrote the following about himself:

> My name is Pedro Cholotío, a Tz'utujil veteran, born on the banks of the most beautiful lake in the world. I am nothing more than a campesino [countryman, farmer], working daily under the sun, [planting and] harvesting coffee, corn, and beans to earn money to support my family.
>
> I like being an obedient and respectful conservator of *costumbres* [rituals] and traditions. I began to serve in the year of 1958, and my last year of service was in 2001 as a *fiscal* [officer in charge] of the Catholic Church. Currently, I am a *principal* [elder] of the town. The most precious gift that God gave me are the white hairs on my head, which cannot be changed or bought. I am the descendent of my grandparents Pedro Cholotío and Catarina Ujpán; may they rest in peace and may I join them one day.

Pedro went on to say that he and his wife, Nicolasa, had been married forty-four years and had ten children. The first two had died, and he listed the names of all of them. Pedro also listed the names of his sixteen grandchildren, saying that only two of them were still single.

In my second season in Guatemala, when I was working in Panajachel in the summer of 1971, Alberto Barreno was one of a hundred household

Figure 1. Pedro Cholotío Temó in San Juan la Laguna.

heads that I interviewed in a random sample. At that time, he was thirty-seven years old, and he and his wife had five children. As part of my doctoral research at UCLA during the summer and fall of 1972, I collected in-depth case histories of forty-two of the same household heads whom I had interviewed in 1971. In this smaller but more intensive sample, Alberto was the best informant. Like Pedro, he was intelligent and articulate, and he had an in-depth command of knowledge about his fascinating people, town, and culture, which he eagerly shared with me.

Born out of wedlock to a Kaqchikel Maya mother and a Ladino father, Alberto was reared as a Maya Indian rather than a Ladino, and his mother taught him Kaqchikel Maya as his first language. His half brother, Juan de Dios Rosales (1968), became a noted Guatemalan anthropologist, who collaborated with Sol Tax (1968) on *Los Pueblos del Lago de Atitlán*, a book that describes the people and culture of the towns surrounding Lake Atitlán. Eager to collect folktales from both sides of the lake, I asked Alberto one day in 1988 if he knew any folktales, and he said that he knew a lot of them. To my delight, like Pedro, he was a natural storyteller. Before begin-

Figure 2. Alberto Barreno in Panajachel.

ning each story, he meditated to recall it and then told it with passion. In the next six weeks, I taped fifty-one tales that he told me in Spanish.

The sources of Alberto's folktales were relatives, friends, and strangers whom he met during his travels. The *viejitos*, with whom he liked to talk, provided many of the stories, especially while attending wakes. In his dry wit, Alberto noted in 2006 that many of the *viejitos* who told him stories had died but that he was still alive and telling stories.

In 1989 my research assistant at the time, Mimi Hugh, a Honduran with dual citizenship who was fluent in Spanish and English, completed a literal translation of Alberto's taped tales. After earning her master's degree in anthropology in our department, Mimi returned to Honduras as a public health worker.

In the summers of 1992, 1994, and 1995, I continued to tape more folktales that Alberto told me. Also, in 1994, he began to send me folktales typed and written by hand. Besides the eighty-eight that I taped, I received ninety more stories in the mail. Alberto, however, failed to tell me that his son, Carlos Abraham Barreno Churunel, typed the tales while Alberto narrated them. Alberto also wrote a few of the stories by hand, and the style of the typed stories did not match the handwritten and oral ones. Some of the typed stories were more polished but not as rich in detail or character development as the ones that I tape-recorded. These discrepancies made me doubt the originality of all of the stories that I collected from him, and I set them aside for a number of years.

When an anonymous graduate student sent me a copy of Perla Petrich's *Literatura Oral de los Pueblos del Lago Atitlán* (1998), a book in Spanish with corresponding sections in Kaqchikel, K'iche', and Tz'utujil Maya, I saw that it contained a few variants of Alberto's tales. "The Young Man Who Killed His Mother" in that book was a Tz'utujil variant of one Alberto told about a murderous, disobedient son. Other variants of Alberto's stories appeared as "The Hill of Gold," "The Characoteles," and "The Man Who Turned into a Buzzard." These variants of Alberto's stories gave me more confidence that indeed Alberto's tales were authentic renditions in his own words.

In 2006, I asked Fredy Rodríguez-Mejía to translate into English some unpublished folktales I had received from Pedro. Fredy thought highly of them, and we decided to put together a new book of folktales that would combine Pedro's new stories with an equal number of stories I had taped with Alberto. Fredy did an initial translation of "La Llorona," which I had taped in 1992, and double-checked Mimi's original translation of Alberto's other stories.

Alberto's version of the story of La Llorona was well developed, but there were some sections of the tape that neither Fredy nor I could understand. Thus, I decided to go back to visit Alberto in Guatemala in the summer of 2006. I also would visit Pedro and take note of developments around the lake since I had been there last in 2001.

Alberto was happy to see me, but he said it had been so long since we communicated that he thought I had died. Unfortunately, his wife indeed had died in 1993 after a long illness, and he told me that he missed her and that living without her after forty-five years of marriage was like having his right arm cut off. I showed him the three most polished stories he had sent me, and I asked him again if he had read these stories in a book or heard them from someone else. He reiterated that the stories were from his own imagination and that some of them, such as a story about a little girl caught in an earthquake, were based on actual events.

Alberto listened to the taped tale of La Llorona, nodding his head at times. Unfortunately, the inaudible sections were so garbled on my portable tape recorder that even he could not make them out. When I asked him to write this story out for me exactly as I had recorded it on the tape, he hesitated, explaining that his mind was confused at times, indicating some loss of memory. He told me that he had been in an auto accident in 2004 in which he suffered a severe head injury when the driver of the vehicle fell asleep at the wheel and crashed the car. The doctor had to sew up his face, and he had visible scars on the side of his head. He said, though, that he would enlist his son, Carlos, to help him.

When I returned to Alberto's house, Carlos had already typed up the tale of La Llorona, on the same typewriter I had bought Alberto in 1988. At the end of the tale, Carlos even signed his name. Though well written, this version was shorter and more polished than the one I had recorded in 1988. Carlos confirmed that he also had typed the other folktales that Alberto sent me in the mail in 1994. Undoubtedly, this explained why some of them seemed better written than Alberto could have done by himself. Carlos also said that he had worked for some years as a *perito contador* (expert or qualified accountant) but took a job as a caretaker at a chalet (vacation home) because he could make more money that way.

To date, the only folktale that Alberto gave me that I have published in English is one called "The Three Gringos." In the *Latin American Indian Literatures Journal*, I compare this folktale to a version that Pedro Cholotío Temó provided me titled "The Four Indians of Samayac" (Sexton 2000). Both versions are humorous stories about young men who get into trouble for not being able to speak Spanish.

Fredy Rodríguez-Mejía, coauthor of this book, grew up in Copán Ruinas and, as a young man, worked with the North American archaeologists at the ruins of Copán. While earning a bachelor's degree in anthropology at the University of Delaware, he and his wife, Emily Altimare, carried out field research in Mérida, Mexico, under the supervision of Norman Schwartz. After Fredy and Emily earned their master's degrees in anthropology at Northern Arizona University, they began their doctoral studies at Michigan State University.

Fredy did the initial translation of the notes at the end of this book and checked my field translation of three new stories that Pedro gave me in 2006. Together we have edited the stories in Spanish and checked and re-

Figure 3. Alberto's son, Carlos Abraham Barreno Churunel, in Panajachel.

checked the English translations, retaining, wherever possible, the original diction of the stories. In some instances, though, for clarity, we changed a colloquial Spanish expression to a more standard one. Also, we have made most of the verb tenses consistent within each paragraph. Strictly speaking, therefore, these are free translations rather than literal ones. Finally, we have used the English model for numbers, using commas instead of periods, following the style of the National Institute of Statistics (Instituto Nacional de Estadística 2003) of the Republic of Guatemala.

For the present book, I have written an introduction that provides the cultural context of the Maya in general and of those living in San Juan la Laguna (Pedro's hometown) and Panajachel (Alberto's hometown) in particular. I also have described how each of the towns, located on opposite ends of the lake, has changed over the last thirty-nine years. In addition to this preface and the introduction, I also provide a glossary of local Indian and Spanish expressions at the end of the book.

Unlike the previous two volumes that Pedro (under his pen name, Ignacio Bizarro Ujpán) and I have published, the present volume is bilingual in

English and Spanish, which should make it appeal to a wider audience in both North America and Latin America. Like *Grimm's Complete Fairy Tales* and other classic books on folklore from other traditions, the stories in the present book contain some violence, although, in my opinion, it is not overbearing. Finally, in the present book, none of the stories might be considered risqué. Thus, all of the folktales in this book are appropriate for readers, or listeners, of all ages.

James D. Sexton

Acknowledgments

I wish to thank my graduate research assistants David Ortiz, Victoria Spencer, Emily Altimare, and Mimi Hugh for helping me translate and edit selected tales in this book. Chris Marder, who took my undergraduate course on folklore of the world, graciously volunteered to read and critique most of the tales that appear in this book. Héctor A. Pineda, a fellow weightlifter and native Guatemalan, kindly confirmed my translation of some Guatemalan expressions, for which I am grateful. I also wish to thank my wife, Marilyn, for reading the entire manuscript and giving me valuable feedback. Our son, Randall, gave me sound intellectual property counsel in addition to reading and making useful editorial suggestions.

Research funds provided by the Arizona State Board of Regents enabled me to make field trips to Guatemala in 1988, 1995, 2001, 2006, and 2009, for which I am thankful. During those years, I collected most of the folktales appearing in this book. The trips also allowed me to observe the changes that have taken place in San Juan la Laguna and Panajachel since my first field trip in 1970.

Zenaida Moreno, who is in the doctoral program in Hispanic Cultural Studies in the Department of Spanish and Portuguese at Michigan State University with a focus on the study of folktales and novels written by Indians of Guatemala and Mexico, recommended excellent changes to the Spanish and English versions of the folktales and notes. The professional expertise of my research assistant, Fredy Rodríguez-Mejía, a native of Honduras and currently a doctoral student, along with his wife, Emily, was so indispensable that he earned coauthorship of the book. Of course, publishing such a book would have been impossible without my native research assistants, Pedro Cholotío Temó, Alberto Barreno, and Alberto's son, Carlos Abraham Barreno Churunel, who provided the stories either in taped or written format or both. While I deeply appreciate the input of everyone that I mention above, I alone am responsible for any shortcomings that remain in the book.

James D. Sexton

The Dog Who Spoke and More Mayan Folktales

El perro que habló y más cuentos mayas

Introduction

Cultural and Historical Background to the Stories

James D. Sexton

Folktales—including myths and legends—and other forms of folklore such as proverbs and folk songs reflect and reinforce the values, beliefs, and practices of the culture in which they are found. In *The Dog Who Spoke and More Mayan Folktales,* my approach is to present the stories in their cultural context. Thus, an overview of the culture, using standard ethnographic categories of the setting, social and economic organization, religion, and worldview, is in order.

SETTING: THE MAYAN REGION AND PEOPLE

The Classic Maya   Before contact with the Spaniards, the Classic Maya (250 to 900 A.D.), like the Classic Greeks, lived in city-states that ranged geographically from Chiapas, Yucatán, and Quintana Roo, Mexico; through Guatemala and Belize; to the western frontier of Honduras and El Salvador. The Classic Maya built the magnificent cities of Palenque, the early southern section of Chichén Itzá, and Uxmal in Mexico; Kaminaljuyú, Tikal, Río Azul, and Seibal in Guatemala; Xunantunich and Altún Ha in Belize; and Copán in Honduras. They also built numerous lesser-known cities throughout this region.

Among the ancient Maya were kings, queens, princes, and princesses. Although they were warlike, the Maya did not consolidate their city-states into an empire as the Aztecs did. During the Pre-Classic period, however, the people of Teotihuacán, some forty miles northwest of Mexico City, did influence both the early highland Maya of Kaminaljuyú in Guatemala City and the Maya of the valley of Copán, Honduras (De Borhegyi 1965:28–29; Fash 2001:168–69). More than any other ruler at Copán, Yax Pahsaj, the sixteenth and last ruler, emphasized his ties to the great Tollán Teotihuacán.[1] All the subsequent rulers of prominent Maya kingdoms from Chichén Itzá in Yucatán, Mexico, to Utatlán in Quiché, Guatemala, would claim royal descent from the houses of highland Mexico, as declared in the K'iche' (formerly Quiché) Maya myth, the Popol Vuh.[2]

The Teotihuacán-oriented Maya theocracy came to an end at about 700 to 1000 A.D., when the warlike Pipil-Nicarao from the Gulf Coast of Mexico reached the Guatemalan highlands via the Usumacinta River and the Pacific Coast of Mexico and invaded the central and western highlands (De Borhegyi 1965:31; Orellana 1984:23).[3] It may be that the Teotihuacán theocracy appealed mainly to the ruling elite, and the previously popular and time-honored, magical-religious and calendric cults among the commoners went underground to reemerge after the abandonment and burning of Teotihuacán, the economic and cultural supply line to the highland Maya (De Borhegyi 1965:28, 38). In any case, Early Classic Maya centers had already evolved, in many ways, into a civilization with many key traits of advanced state societies including a complex, stratified social organization. In other words, in anthropological and sociological terms, there was unequal access to status and prestige and economic resources. That is, there were kings, priests, and nobles who ruled and commoners and slaves who were ruled. In addition to common farmers, who made up the vast majority of the society, there were occupational specialists such as artisans, architects, and scribes. Although the Classic Maya were not as advanced and productive in metallurgy as the Aztecs and Incas, they nevertheless were able to fabricate gold ornaments and figurines. More precious to them than gold or silver was jade, the medium of much of their fine art, such as necklaces, pendants, masks (including some made in mosaic), and vases. Like their northern and southern neighbors, they produced a wide range of utilitarian and decorative pottery, especially in the image of animals and humans.

In addition to a complex social organization, the Maya had a highly developed political organization based on standing armies. Their monumental

Figure 4. Vase of God N, Late Classic, lowlands. The vase's two portraits of God N, one of the patrons of Mayan scribes and artists, are recognizable from his aged features and net headdress. The god is carving or painting a mask. From the display at the Popol Vuh Museum, University Francisco Marroquín, Guatemala City.

architecture of adobe and rock structures covered with lime stucco was highly advanced. A complex religious system involved the worship of natural elements such as the moon and sun, a cult of temples and idols, and an extensive mythology. Advanced agricultural techniques resulted in an impressive array of domesticated plants, including cacao, corn, beans, squash, and other vegetables, sustained by irrigation, terracing, and raised fields. Less impressive were the few truly domesticated animals like turkeys and dogs. One variety was the short-legged, hairless, edible type. Also, they kept stingless bees for honey and wax (West and Augelli 1966:242).

Unlike the Incas, but like the Aztecs, the Maya developed a system of writing. Commonly called Maya hieroglyphic writing, the Maya script was actually a hybrid that combined glyphs, rebus writing, and genuine phonetic renditions (Coe 1992) and that used bark paper, wood, pottery, and limestone as writing materials. The Maya also developed the concept of zero, the basis for modern mathematics, a thousand years before the Arabs.[4] In addition, they developed a vigesimal (based on the number twenty) system of mathematics that used a combination of bars (units of five), dots (units of one), and a glyph of a shell for zero. For practical purposes, their calendar, which had separate glyphs for the days and months, was just as good as the Gregorian calendar (Morley and Brainerd 1956:230–42). Finally, the Maya developed a musical repertoire that included dance dramas accompanied by flutes, trumpets, whistles, drums, and percussion gourds.

By the time of the Spanish conquest, the lowland Classic Maya had lost confidence in their political and religious leaders. Consequently, the Maya abandoned their centers of civilization such as Tikal and Copán, and the jungle reclaimed them. Archaeologists have offered numerous explanations, including overpopulation, drought, warfare, disease, and famine. However, the Mayan people never died out. In 1524, when the Spaniards arrived in the midwestern highlands of Guatemala,[5] three city-states still flourished: Utatlán (K'iche', near Santa Cruz del Quiché); Iximché (Kaqchikel [formerly spelled Cakchiquel], near Tecpán); and Chia, or Atitlán (Tz'utujil [formerly spelled Tzutuhil], near Santiago Atitlán). In Quintana Roo, Mexico, the Yucatec Maya occupied Tulum and Cozumel.

The K'iche' were responsible for recording the classic creation myth, the *Popol Vuh*, which, in addition to describing the creation of the universe and the plants and animals in it, documents the migrations and history of their ancestors. Another K'iche' document, called *Title of the Lords of*

Figure 5. Vase with a cacao tree. Human heads hang from the supernatural cacao tree represented on this vase. The scene recalls the myth from the *Popol Vuh* in which the cranium of Hun Hunahpú was hung on his calabash tree. From the display at the Popol Vuh Museum, University Francisco Marroquín, Guatemala City.

Figure 6. A *cofrade* (member of a *cofradía*, or religious brotherhood) burns incense on the steps of the Church of Santo Tomás in Chichicastenango, where Padre Francisco Ximénez translated the *Popol Vuh* into Spanish in the early 1700s. The manuscript was completed in the mid-1500s.

Totonicapán, complements the *Popol Vuh*, although some details vary between the two. After the conquest, the Kaqchikel wrote their own chronicle of their migrations and history, titled *The Annals of the Cakchiquels*.

Colonial Period and Independence   In 1524, the conquering Spaniards brought with them to the Guatemalan highlands new political, economic, and religious systems. During the long colonial period, the Spaniards subjugated the Indians socially, politically, and economically. In turn, the Indians either syncretically blended their indigenous beliefs and behaviors with Roman Catholicism to form what most scholars have called folk Catholicism (Tax 1968), or maintained their indigenous ways in a parallel system to Catholicism (Carlsen 1997).

After obtaining independence from Spain in 1821, Central America eventually divided into separate countries. Until 1903, Panama was a province of Colombia, and Belize, formerly known as British Honduras, was a

Figure 7. A K'iche' *principal* (elder) in Chichicastenango.

member of the British Commonwealth of Nations until gaining its independence in 1981. Today, the other countries of Central America are Guatemala, El Salvador, Honduras, Nicaragua, and Costa Rica (see map 1).

After the conquest, the Spaniards set up a system of local cities called *municipalidades* with a mayor and town council. Eventually, with independence from Spain, Guatemala became a republic with three branches of government, similar to the United States—executive, legislative, and judicial. It has twenty-two *departamentos*, similar to our states, with appointed governors. The two *departamentos* that most concern us are El Quiché and Sololá, where mostly Tz'utujil, Kaqchikel, and K'iche' Indians reside. Around Lake Atitlán, mainly Tz'utujil Maya reside on the western side of the lake, Kaqchikel Maya on the eastern side, and K'iche' Maya on the northern side.

Present-Day Land and People   Guatemala is the country of Central America with the highest percentage of indigenous people. The Guatemalan National Institute of Statistics (Instituto Nacional de Estadística 2003)

Map 1. Guatemala with political boundaries and location of Lake Atitlán.

identifies twenty-one different Mayan languages.[6] According to the 2002 census, which used self-identification to determine ethnic groups, there are more K'iche' Maya (1,270,953) than any other ethnic group, followed by the Q'eqchi' (852,012). The Kaqchikel Maya (832,968) are the third largest group. At 78,498, the Tz'utujil Maya are the ninth largest group. In total, there are 4,411,964 Maya Indians in Guatemala, making up 39 percent of the total 11,237,196 inhabitants (Instituto Nacional de Estadística 2003:30, 32). Although Guatemala is the third largest of all the Central American countries (108,780 square kilometers; or 42,000 square miles, about the size of Tennessee), it has the highest absolute number as well as percentage of indigenous people of any Central American country.

Fifty-nine percent of the population of Guatemala is non-Indian. To many Indians, anyone in the country who is not an Indian is a Ladino.[7] The term "Ladino" is used mainly in Guatemala, El Salvador, and Honduras and means the same thing as "mestizo," which is used in Mexico, Nicaragua, and Panama. Caucasians as well as mixed bloods may be called Ladinos. The term "Indian" is more cultural than racial. Indians have retained their language and a large number of Indian customs, whereas the Ladinos speak only Spanish and have mainly Spanish-origin customs. In Guatemala, the Spanish word for Indian is *indio*, which has a negative connotation. The official and polite term for *indio* is *indígena* (indigene) or *natural* (native). About 4 percent of the population of Guatemala is of European descent, mainly Spanish and German.

Mayan people living in different regions of Guatemala, El Salvador, and Honduras speak different Mayan languages. The Department of Petén in northern Guatemala is part of the Yucatan Platform, comprising mostly flatlands with tropical forests. The indigenous people living in the region of Río Tikal and Río Azul speak Yucatec (also spelled Yucateco), a language in the Yucatecan branch of Proto-Mayan, the common ancestor of all present-day Mayan languages, which dates back some four thousand years. Other peoples in Petén speak Lacandón and Mopán. Just across the border from Tikal, in the vicinity of Xunantunich, live other Yucatec and Mopán Maya. Ch'orti' Maya, a language that once was spoken in extreme western El Salvador and Honduras, has 46,833 speakers in Guatemala. The Salvadoran variant is now extinct, and the few people who still speak the Honduran variant tend to live in the hills surrounding the town of

Figure 8. *Top:* Panoramic view of Lake Atitlán from El Mirador (The Lookout) above the lake, close to the town of Sololá. *Bottom:* Panoramic view of Lake Atitlán from Hotel Atitlán on the lakeshore.

Copán Ruinas, which is just one kilometer from the famous archaeological site.

About one-third of Guatemala's population is concentrated in the highland basins and lower slopes of Los Altos. As Felix Webster McBryde (1945:6; 1969:42) points out, "the term 'Los Altos' is popularly applied to the lofty Cordillera, the Continental Divide range, along the seaward slope on which the file of recent volcanoes has developed." Since late pre-Columbian times, most of the Indians of Central America have lived in this highland region.

At 5,500 feet above sea level, Lake Atitlán is in the midwestern highlands, a region that lies in the volcanic axis—the string of volcanoes that runs from Mexico to Costa Rica. It has a mixed landscape of monsoon forest, chaparral, and oak and pine woodlands, interspersed with open bunchgrass and meadows. The climate varies from hot tropical conditions at the lower levels to cold mountain temperatures on the summits. The freshwater lake is mostly enclosed by mountain walls. The whole basin may in fact be the mouth of a big volcano.

South of Lake Atitlán, nearly straight down the mountain slopes, lies the southern coast, which the people in the highlands refer to as La Costa.

In this region, there is mechanized cotton agriculture (except for picking cotton, which is done by hand) and cattle grazing. It is a region where many highland Maya Indians migrate for seasonal farm work on the cotton plantations and cattle ranches.

GEOGRAPHY AROUND LAKE ATITLÁN

Lake Atitlán is one of the most beautiful lakes in the world. It is surrounded by green mountain walls and three large volcanoes. On the western side of the lake, the volcano that the Tz'utujil call Nimajuyú and the Ladinos call San Pedro rises 9,925 feet above sea level. A second volcano, lying southeast of San Pedro, is called Atitlán, and it rises to 11,500 feet. Adjacent to it is the third, which the Indians call Tolimán and the Ladinos call San Lucas. It rises to 10,350 feet in elevation.

While the southern lowlands are hot and humid with plenty of mosquitoes, the highlands generally have a cooler tropical climate with well-marked seasons: dry (summer, or *verano*, from November through April) and wet (winter, or *invierno*, from May through October). The climate around the lake is semitropical and of a monsoonal character. The temperature rarely drops below fifty degrees Fahrenheit, and this only happens very early in the morning. In the shade, the temperature rarely reaches eighty degrees, and this generally happens exactly in the middle of the afternoon.

URBAN AND RURAL TOWNS AND POLITICAL
AND LINGUISTIC DIVISIONS

In the late 1960s and early 1970s, when Professor Clyde Woods directed our field school and research project studying modernization and culture change, Santa Cruz la Laguna was the least developed town with respect to the number of businesses, schools, occupational specialization, and several other variables that we measured quantitatively (Sexton 1973, 1978; Woods 1975; Sexton and Woods 1977). Panajachel was the most developed town. Although no one has done the same kind of quantitative research that we did during our field school, by studying the national census, which contains much developmental data, and by observing the other towns, one can determine that the relative condition of these two towns has not changed.

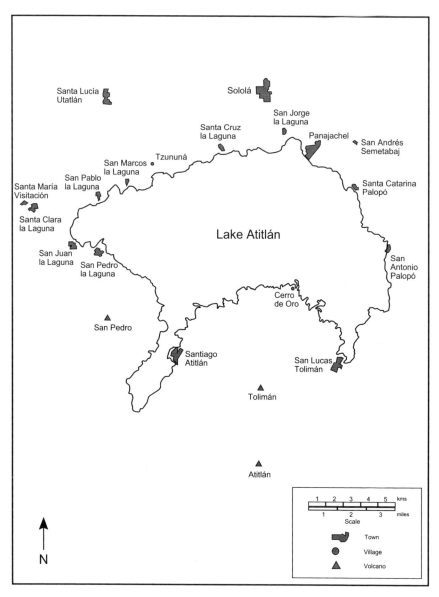

Map 2. Lake Atitlán with surrounding towns and *aldeas* (villages).

San Juan la Laguna is one of the less developed towns. Whereas in San Juan most people speak Tz'utujil Maya as their native tongue and Spanish as a second language, in Panajachel a large percentage speak Kaqchikel Maya as their native tongue and Spanish as a second language. In Panajachel a larger percentage of the inhabitants are Ladinos, who speak Spanish as their native tongue and no Mayan language. In addition, a significant number of foreigners live in Panajachel, including U.S. expatriates whom the natives usually refer to as gringos, although not always in a pejorative sense.

Other predominantly Tz'utujil towns close to the lake include Santiago Atitlán and San Pedro la Laguna. Pedro Cholotío believes that only in these two towns and in San Juan la Laguna is Tz'utujil spoken in its purest form. He also said that although San Pablo la Laguna has a large number of people who speak Tz'utujil, an equal number now speak Kaqchikel. Other mainly Tz'utujil-speaking towns are Chicacao, which is fairly south of the lake toward the coast, and Santa María Visitación. Scholars such as McBryde (1945:98) classify San Lucas Tolimán as predominantly Tz'utujil, but according to Clyde Woods (1968:8–10), this is because most people speak a dialect of Kaqchikel that residents of other Kaqchikel towns ridicule. Other Kaqchikel towns are San Marcos la Laguna; Santa Cruz la Laguna; Sololá, north above the lake; San Jorge la Laguna (technically an *aldea*, or village, of Sololá); Panajachel; San Andrés Semetabaj; Santa Catarina Palopó; and San Antonio Palopó (see map 2).

While the Department of El Quiché is predominantly K'iche', there are only two towns near the lake whose inhabitants speak primarily K'iche' Maya: Santa Clara la Laguna and Santa Lucía Utatlán, both located in the northern part of the Department of Sololá and closer than the other towns to the Department of El Quiché. However, a few of the northern towns have *aldeas* whose inhabitants mainly speak K'iche'.

Cerro de Oro, on the southern edge of Lake Atitlán, was originally settled by Kaqchikel speakers from Patzicía (east of the old highway to Guatemala City), but the majority of the villagers in Cerro de Oro speak Tz'utujil. K'iche' is spoken in and around Santa María Visitación, whose boundaries abut those of Santa Clara la Laguna. In the summer of 2009, when Pedro and I visited these towns, Pedro mentioned that there were notable conflicts over the ownership of land between the Tz'utujil speakers of Santa María Visitación and the K'iche' speakers of Santa Clara la Laguna.

In all the towns around Lake Atitlán, the Indian population shares a general Mayan heritage. They speak a dialect or language of the K'ichean branch of the Mayan language family tree as their native tongue, and they share Mayan cultural patterns of brightly colored indigenous dress and traditional beliefs and practices. However, colors, styles, and patterns of traditional dress for men and women vary from town to town, as do particular *costumbres* (customs, rituals). Guatemalan highland towns differ more in the way traits are combined and emphasized than in the presence or absence of certain traits (Nash 1969).

San Juan la Laguna and Panajachel   When I lived with an Indian family in San Juan la Laguna in 1970, it was considerably less developed than Panajachel. The official area of the town was thirty-six square kilometers. The entrance to the town from the wharf at the edge of the lake was just an uphill dirt road. The town had no electricity, and for that reason, the most prosperous businesses were two small candle shops. San Juan had a small poultry farm and one dairy, but the dairy was small—one family with a few cows. There were small shops—two selling beef and one selling pork—which were no more than separate rooms of people's homes that opened up to the street. Because of the lack of refrigeration, merchants could not preserve meat for long, and consequently the small red flags that signaled the availability of meat for sale were not always on display. Throughout San Juan were scattered little *tiendas* (shops) that sold soft drinks, bread, sweets, and sundry items. A number of the Indians (both men and women) wove typical fabrics in their homes to sell in the marketplaces to tourists and to the local inhabitants.

Many of the inhabitants had to carry their household water from public fountains and the lake back to their homes made of *bajareque* (walls of cane and mud) with thatched roofs and wood-shuttered windows. There was no hotel, posada (simple inn), or gas station. No one in the town owned a car or truck, and not even a bus line ran through the premises. You could buy cooked food at one *comedor* (small eating place), but it was not always open. Only the municipal office had a telephone, so most outside communication was done by telegraph and mail. No direct paved road linked the town to the other towns, and public launches ran two times a day on Tuesdays, Fridays, and Sundays to San Pedro and Panajachel. If you missed the early morning public launch, you could hire a canoeist to row you to your

Figure 9. A mother and her daughters eat ice-cream cones in San Juan la Laguna.

destination, although you might have to lie on your back and bail leaking water out of the canoe with a can, as I did one midmorning on a trip from San Pedro to Santiago Atitlán in order to catch the launch to Panajachel. In San Juan, many families had battery-powered radios, but very few had televisions. There was only one elementary school, and the highest level attainable was the sixth grade.

In the spring of 1973, the eighth national census counted 3,531 people in both the rural and urban areas of the municipal limits of San Juan, which included *aldeas* and *caseríos* (hamlets). Ninety-eight percent of the people were Tz'utujil Maya, with a density of 98 persons per square kilometer. By 2002, the eleventh census, the population had grown to 8,149. In that year 99.7 percent of the people were Tz'utujil Maya, with a density of 226 persons per square kilometer, more than doubling since 1973. In this town, 7,027 (93.7 percent) of the population three years of age or more learned a Mayan language as their first tongue (Instituto Nacional de Estadística 2003:77).

Although I did not do any systematic research on development in the

Figure 10. The new park in San Juan la Laguna.

summer of 2009 when I last visited San Juan la Laguna, the town had visibly developed since 1970. The main roads were paved in decorative concrete block, including the road leading to the town center from the lakeshore pier. One of the most obvious material changes were the two Bajay-built *"tuc-tucs"* (three-wheeled motor-scooter taxis like those found in Thailand but made in India) that waited for passengers to debark at the pier. Twenty-eight other *tuc-tucs* serviced the townspeople. For ten quetzales (one dollar and twenty-four cents), the drivers would take passengers anywhere they wanted to go in the town, and for twenty quetzales, they would take passengers to nearby San Pablo or San Pedro.

In 2008, a new park opened in the courtyard adjacent to the municipal building, and the basketball court between the primary school and the town hall was covered with a new concave roof. Most of the houses, which now sat on once-vacant *sitios* (homesites), were constructed of concrete-block walls with *duralita* (corrugated sheet made of a mixture of cement and asbestos) or *lámina* (corrugated sheet made of galvanized steel) roofing and glass windows. Also, most of the houses in San Juan were connected to piped water, and many of them had either outhouses or indoor toilets and showers, unlike when I first arrived in 1970. In addition, families had either land phones or cellular phones, and many of them not only had radios but also televisions. In addition to a public primary school and high school, there were two private primary schools and a private secondary school. One of the most prosperous businesses was a cooperative of women that made typical clothing and exported it internationally. A public launch departed every half hour for Panajachel from about six o'clock in the morning until five o'clock in the afternoon, depending on how quickly the captain and his assistant could fill a small boat. The road from San Juan to San Pedro was paved. Except for about five kilometers between San Pedro and Santiago Atitlán, a road was also paved all the way to Panajachel, via San Lucas Tolimán and Godínez. Finally, there were more *tiendas* and even a few small hotels, and in 2007 San Juan at last obtained its own modern building for a marketplace with stalls open every day of the week and a main market day on Sunday.

In 1970, Panajachel was more developed than San Juan. In addition to having better links to the national transportation system, Panajachel had electricity. Many of the homes, especially around the city center, had running water, and compared with homes in San Juan, they more often were constructed of stuccoed concrete blocks, glass windows, and roofs made of *duralita*, sheet metal, or tile. Also, there were restaurants, a resident doctor, more businesses, and more occupational specialties.

Because the businesses in Panajachel catered mainly to tourism, there were two gas stations. At that time, only a few people in Panajachel owned their own cars, vans, trucks, or motorcycles. There were more bicycles than motor vehicles. Also, there were only a few hotels, posadas, and small restaurants. Because Panajachel had electricity, almost all of the *tiendas* sold cold beverages. One of the three butcher shops had a rather large, refrigerated storage facility. There were considerably more *tiendas*, and they usually sold a greater range and volume of merchandise. A few large stores sold appliances such as radios, refrigerators, and record players; hardware; and factory-made clothing. Unlike in San Juan, at least two stores in Panajachel, one called a supermarket but that was the size of a mini-market in the United States, stocked a wide variety of canned foods and drinks, although some of these goods were quite expensive. Also, there were two elementary schools and one high school.

Figure 11. Catarina Ujpán, Pedro Cholotío Temó's grandmother, who told him many folktales. She lived to be 104 years of age.

Figure 12. Juan Gonzáles Choror, who told Pedro Cholotío Temó "An Old K'iche' Story" and other tales.

In 1973, the census counted 3,531 inhabitants (including *aldeas* and *caseríos*), and 70.9 percent of them were Kaqchikel Maya. In an area of 22 square kilometers, the population density was 160.5 people per square kilometer. By 2002, however, the census counted a total population of 11,142 (including *aldeas* and *caseríos*), and, like San Juan, the total number of people living in Panajachel more than doubled since 1970. Now 71.6 percent of the inhabitants were Kaqchikel Maya, and the population density was 506.5 per square kilometer. Only 3,875 (37.5 percent) of the population over three years of age learned a Mayan language as their first tongue, a much lower percentage than in San Juan (Instituto Nacional de Estadística 2003:77).

In the summer of 2009, as in San Juan, I did not systematically record the level of development in Panajachel. Nevertheless, the concrete-block paving on Calle Santander, the main street, that road workers installed some years ago, was well maintained. Private cars, trucks, buses, and mo-

Figure 13. So-called *tuc-tucs* on Calle Principal in Panajachel.

torcycles jammed all of the streets, and there were far more motor vehicles than bicycles. *Tuc-tucs* simply overran the streets of Panajachel. There was so much traffic that just north of the junction of Calle Santander and Calle Principal a traffic cop was posted to direct it.

After tearing down the old market center, Panajacheleños (people of Panajachel) finished the reconstruction of a modern new building in 2007. By 2009, the southern end of Calle Santander was completely developed, with hotels and businesses such as typical shops, jewelry stores, and mini-bus companies advertising excursions to places like Antigua and Chichicastenango. Even a bookstore had opened that carried most of the recent publications on the Maya. A modern municipal gymnasium that also served as an auditorium was completed in 2004 near the soccer field (Campo Capulín), sponsoring such events as the Primer Encuentro Nacional de Danza Infantil in 2006. From local and distant schools, children in colorful typical dress performed traditional dances while narrators over loudspeakers provided the audience with background information about each performance.

Figure 14. Schoolchildren performing a traditional dance in Panajachel's new auditorium in 2006.

Especially on Sundays, there were more aquatic activities on the lake and beach such as jet skiing, waterskiing, hang gliding, paragliding, and parasailing. In short, Panajachel continued to be a mecca for both national and international tourists. But increased tourism had also driven up the prices for locals as well as tourists. For example, the cost for a room in the lovely Hotel Atitlán had more than doubled in the last ten years.

SOCIAL AND ECONOMIC ORGANIZATION

In all of the towns of the Lake Atitlán region, many families have their own fruit trees such as avocados and bananas, and many grow their own coffee.[8] Using slash-and-burn methods, they grow corn, beans, squash, and other vegetables. Depending on the location, they prepare the land for farming with wide ridges, furrows, and terraces. Although the heavy metal hoe is the most important agricultural tool, no farmer is seen without a machete. And they still use a digging stick for planting seed. On the

Figure 15. Vendor in the new marketplace in Panajachel.

steep terrain, plows are unusable, and even agricultural cooperatives do not use tractors on the flatland because they are too expensive. While campesinos consume most of what they grow, they sell surplus produce either in the free market or to middlemen, negotiating the best price they can get. For many of them, coffee and onions have become the most important sources of cash.

The present-day Maya tend to live in nuclear families (a married couple and their children) and trace kinship and inherit property according to the European legal system introduced by the Spaniards.[9] That is, property and descent for male and female children are traced through both the father's side and the mother's side. In anthropological terms, this is bilateral (bilineal) inheritance. Surnames, however, are traced in a patrilineal fashion. The child's first surname is the same as the first surname of its father, and the child's second surname is the same as the first surname of its mother.

With respect to the division of labor by sex, men do the heavy work in the fields. They also may work at numerous additional occupations such as masons, bakers, and weavers on foot looms. Women, however, play critical family roles. They cook, weave on back-strap looms, clean the house, take care of the children, help weed and harvest the crops, and sell surplus vegetables and weavings in the marketplace.

RELIGION AND WORLDVIEW

Recinos and Goetz (1953:40) warn against overemphasizing Mexican influence on the native religion of highland Guatemala, which treats gods as creators of the universe and life and as the owners (*dueños*), or patrons, of natural phenomena and activities. They correctly point out that the Mayan civilization long predated the exodus of the Toltec priest-ruler Topiltzin Quetzalcoatl and his people and that those earlier Mayan people had their own traditions. Despite recent advances in deciphering Mayan hieroglyphics, those traditions unfortunately remain largely unknown. For example, although epigraphers now can read a codex-style vase from Seibal which says that the *uay* (*nagual*, spirit or animal form) of a king was a jaguar, the concept of nagualism in its various forms is pan-Mesoamerican, and according to Peter Furst, it is traceable at least back to the Olmecs (Coe 1992:256–57; Sexton and Bizarro 1999:133–35).

Nevertheless, S. W. Miles (1965:286) believes the concept of local lords of mountains and day lords, capable of communicating and interceding with celestial gods such as the sun and the moon, shows a strong Mexicanization among the K'iche', Kaqchikel, and Tz'utujil. These midwestern-highland Maya groups explicitly identified their god with Quetzalcoatl, the feathered serpent, and named a class of priests as Yaqui sacrificers. In addition, the K'iche' authors of the *Popol Vuh* mention the title *Aj Toltecat*, meaning master craftsman or artisan, with specific reference to the ancient Toltecs, who were highly skilled as silversmiths and in the arts, science, and religion in general (Goetz, Morley, and Recinos 1950:88; D. Tedlock 1985:81; Christenson 2003:80). Moreover, the highlanders referred to the coastal Pipil as "Yaqui."

The Yucatec Maya called their version of Quetzalcoatl "Kukulcán." The K'iche' and Kaqchikel Maya called him "Gucumatz" (spelled "q'ukumatz" by Dennis Tedlock, 1996:305). The *Popol Vuh* describes Gukumatz as one of the creator deities. He is represented variously as a plumed serpent, eagle, jaguar, pool of blood, conch shell or snail, and a flute made of bones.

The K'iche' give him a secondary role as a creator god and blend him in with other deities. Also, some of the myths of the *Popol Vuh* and elsewhere indicate an association between the creator deity Gukumatz and a historically known ruler or individual named Lord Gukumatz, similar to the Toltec rulers assuming the name of Quetzalcoatl. These persons might have been so named because some of their powers were thought to have derived from the deity (D. Tedlock 1985:73; Spence 1994:21; Read and González 2000:190–91). In any case, rulers taking the names of gods make it difficult to sort historical fact from fiction. And it also is hard to discern the extent to which commoners shared the viewpoint of the elites.

Irrespective of the ultimate origins of specific beliefs and practices, traditional elements of the Mayan worldview are still extant among the present-day Maya of the midwestern highlands of Guatemala in general and of the Lake Atitlán region in particular. Still prevalent is the belief that each person has a *nagual* and that important persons such as shamans might have more than one form that can be used on different occasions. Much of the religion is concerned with curing, divination, witchcraft, and gods of various types and functions. There are still *dueños* of the land, hills, mountains, water, rain, wind, and other natural phenomena. Shamans and their clients consult ancestors, gods, and Catholic saints in sacred caves, which are portals to the underworld, as emphasized in the *Popol Vuh*. Significant caves are found in the *caserío* of Jucanyá, Panajachel; in hills overlooking San Juan; and in the *aldea* of Cerro de Oro, Santiago Atitlán. One of Alberto Barreno's tales in the current volume takes place in the latter cave. The most famous cave, however, is the huge cave below San Jorge la Laguna, overlooking Lake Atitlán, where Don Juan Sahon Martín, now deceased, performed a good-luck ceremony for me in 1975.

Among the present-day Maya, rituals are still both private and public (Sexton 1999). In private rituals, Maya Indians perform *costumbres* before and after harvesting to honor the *dueños* of the land. Travelers and fishermen perform *costumbres* asking permission from the *dueña* of the lake—which may be feminine or masculine, depending on the situation—before traveling and fishing.

In public rituals, traditional Maya may offer incense, chickens, blood, flowers, and liquor. They richly dress the images of the saints and carry them in procession through the principal streets of the towns to the accompaniment of a flute and drums as well as ensembles of guitars and wind instruments. Today, these processions do not end at the ball courts where the nobility ritually played with a rubber ball, perhaps reenacting scenes from the *Popol Vuh*. Present-day Maya, however, passionately play soccer games during major fiestas.

During fiestas honoring the saints, volunteer dancers celebrate dance dramas. Now, though, even the most popular ones such as the Dance of the Conquest and Dance of the Mexicans may be skipped, as they have been recently in San Juan, because potential dancers say they lose too much time away from work and spend too much money on the dance costumes.

The syncretism of native religion and the early Catholicism introduced by the Spanish friars is most obvious in the *cofradías* (religious brother-hoods) that sponsor the saints and bury the dead. Each *cofradía* has an *alcalde* (head), and the more active *cofradías* have a *juez* (vice-head) and a first *mayordomo* (who serves as a liaison between the *juez* and the second-ary *mayordomos* who make up the rank-and-file members). Men climb the ranks by periodically bearing a *cargo*, or office, for a year. Holding an office requires them to redistribute their wealth because they are expected to spend their money on food and drink for fiestas that honor the saints. Thus, a member's financial responsibilities may make him poor in wealth but rich in social status. As a result, participation is a wealth-leveling mechanism. But because richer families get their sons through the ranks faster than poor families, it may be a stratifying mechanism, especially in land-wealthy communities (Cancian 1965, 1967). Men who successfully fulfill both high religious and political offices may become known as *principales*, or town elders, who are consulted on civil and religious matters. Although the whole family of the *principal* shares the prestige of his high status, his wife and children enjoy this status only vicariously. In Panajachel, I have seen even members of Protestant families bow and kiss the hands of *principales* such as Don Domingo, now deceased.

Whereas San Pedro la Laguna, which is two kilometers southeast of San Juan la Laguna, has taken all the images of the saints from the *cofradías* and retired them to the Catholic church (largely because of a surge of Protestant conversion), San Juan has four legitimate *cofradías*. The most important, San Juan Bautista, established in the 1600s, is celebrated on 24 June. The others, listed in order of importance, are Virgen (María) Concepción, Santo Domingo Guzmán, and San José, although in the recent past San José has not been consistently active. Across the lake, the most important *cofradía* in Panajachel is San Francisco de Asís, celebrated on 4 October. The others, listed in order of importance, are: Santísimo Sacramento or Corpus Christi, San Buenaventura, Santa Cruz, and San Nicolás.

Because of its sinister connotations of evil, the *cofradía* of Maximón, first established in Santiago Atitlán, is not recognized by the Catholic Church. Later, it diffused to San Juan la Laguna, Panajachel, and other parts of Guatemala (Mendelson 1959; Schwartz 1983; Sexton and Bizarro 1999). Maximón is associated variantly with famous characters such as the conquistador Pedro Alvarado, Judas of Iscariot, and Saint Simon (Saint Peter) or Hermano Simón, and he is known by these names. Maximón may be a blend of a Mayan god, Mam, who is a feared god of evil, and Christian religious figures such as Judas and Simon (Peter).[10]

Since it is said that Maximón eats, drinks, sleeps, works, and smokes, just as mortals do, followers of the cult believe he has human characteristics. *Max*, in the Mam language, means tobacco (Arriola 1973). Maximón may be appealed to for financial or sexual favors, requests that would be inappropriate to ask of the legitimate saints (Tax and Hinshaw 1969:90; Schwartz 1983). Priests often disapproved of the cult of Maximón, and in some instances, Catholic catechists have destroyed his image (Mendelson 1965; Luján Muños 1971 in Schwartz 1983; Early 2006).

In the current collection of folktales, the story "Francisco Sojuel and General Jorge Ubico: A Tz'utujil Tale" may refer obliquely to the mystique of Maximón. In this story by Pascual Mendoza, both Sojuel and Ubico perform supernatural feats. Although the storyteller does not mention it, Sojuel's powers may be due to his association with Maximón, who can cause men to perform amazing feats—and when they do, they are considered true sons of Maximón.[11]

Indigenous people around Lake Atitlán follow numerous traditional beliefs and practices, but I shall discuss just a few of them here. The first belief is that a person should not deny any request from twins. The rat is the guardian of twins and will eat holes in the refuser's clothes. Twins are commonly regarded with a certain apprehension in Mesoamerica, where, like monster births, they are feared as strange and abnormal portents with religious significance. But twins are widely found in the creation myths of the Aztecs, Maya, and other Mesoamerican peoples. In the *Popol Vuh*, the hero twins descend into the underworld to avenge the deaths of their father and uncle, who are also twins (Taube 1993:16–17).

The winds of the lake are sacred and will cause the death of sinners by drowning. Drowning victims are the result of the water goddess's desire for more souls as servants. The "Story of the Goddess of the Lake" (Sexton and Bizarro 1999) describes an afterworld under the lake where people go when they drown.

With personal items such as clothing, photographs, and hair, special precautions must be taken because *brujos* (witches) may use them to invoke curses on the persons with whom the articles are associated. The tales about witches and *characoteles* (persons similar to witches who can turn into their *nagual* form and harm someone) reflect such a belief.

Today, many Indians believe that bad luck is more likely to occur on certain days and at certain hours. Monday, Wednesday, and Friday are bad luck days, and midday and midnight are bad luck hours. A person's general fate or luck depends on the day on which he or she is born. For example, a person in San Juan la Laguna born on the day of Ajpub (Hunter), one of the twenty day lords, will have a strong *nagual*, or spirit, and may not want to die before someone else dies first. A person born on the day of Cauok (Storm), another day lord who also is considered the lord of Lake Atitlán, will have good luck, but only if the necessary *costumbres* are performed.[12]

Secretos are ritual or magical acts and objects that can protect a person from misfortune and can have a positive effect on a given situation. For instance, if a person goes out at night to run an errand and he or she is persecuted by a *characotel*, to stop the *characotel* from bothering him or her, the person performs a *secreto*, taking off his trousers or her slacks or skirt and turning them inside out. He does the same thing with his shirt and she does the same thing with her blouse. They say that the *characotel* then cannot recognize whether the person is a man or a woman, and this is the best *secreto*—the best protection. In the tales "The Spirits of the Dead" and "Three Men Who Turned Into *Characoteles*" in this book, *characoteles* are prominent characters.

A pregnant woman cannot go outside at night. She must stay inside the house. If she leaves, the devil will incarnate himself in her, causing a child to be born a *characotel* or *brujo* or with physical defects. To prevent the devil from embodying itself in a pregnant woman, the woman must carry a *secreto* (magical object) when she goes out at night. That is, she must carry a piece of lit *ocote* (a resinous pine) to keep the devil from harming her unborn child because the devil is afraid of *ocote*.

There is the belief that a dead person must be buried with his or her face toward the west. They do this so that the spirit of the deceased goes to rest once and for all. If this is not done, the dead one's spirit continues bothering (scaring) the spouse and children. On the ninth day after burial, the survivors wash all of the deceased's clothing. Then they whitewash everything where he or she was living, regardless of whether the house is made of *bajareque* or adobe. This *secreto* protects the family because the spirit of the dead person forgets where he or she once lived. In other words, the spirit does not recognize the house because it is white (Sexton 1991).

Finally, there is the belief that a person may lose his or her soul, and, as Sandra Orellana (1987:29–30) points out, fright (*susto*) is one of the most important causes of soul loss. The soul is thought to leave the body, remaining in the place where the incident occurred. Prolonged absence of the soul may result in death.

THEMES AND VALUES IN *THE DOG WHO SPOKE AND MORE MAYAN FOLKTALES*

As in a story in the *Popol Vuh*, wasps are among the main characters in Alberto Barreno's tale "The Cricket and the Jaguar." A jaguar asks a cricket why he is jumping, and the cricket responds that he likes to. Then the jaguar challenges him to a fight when the cricket says that despite their size, crickets are proud. The storyteller makes no reference to either the *Popol Vuh* or to the *Title of the Lords of Totonicapán*, so this story may be just an animal story, similar to the "Story of the Rabbit and the Coyote" in *Mayan Folktales: Folklore from Lake Atitlán, Guatemala* (Sexton 1992), which reinforces the value of cleverness.

The theme of family conflict is prevalent, but not in the Oedipal sense as outlined by Allen Johnson and Douglass Price-Williams (1996). In "The Mother Who Never Wanted Her Son to Work," the mother suffers not from any incestuous relationship but because she fails to rear her son properly. Also, in "The Young Lad and His Sister," there is no illicit relationship between the stepmother and the son. Rather, the stepmother wishes to abandon the children because they are not her own. Later in the same story, the brother clashes with his sister because she aligns herself with the devil, who wants to kill the boy.

The theme of paying attention to our dreams surfaces in this collection of stories. For example, in Alberto's story "The Twin Sisters," when the twins become separated because one moves away with her husband, the other twin dreams that her sister is missing her. Like the hero twins in the *Popol Vuh*, the twins in this Kaqchikel story have a special relationship with each other.

As in most collections of folktales throughout the world, a popular theme is that of transformation. For instance, in the tale "Three Men Who Turned into *Characoteles*," the men can transform into their *characoteles* to perform evil. By contrast, in the tale "The Boy from Santiago Atitlán Who Became President of Guatemala," the boy transforms himself into a giant to deal with danger on the road. The theme of humans transforming themselves into animals, and supernatural beings transforming themselves into humans and animals, is typically Mayan (Sexton and Bizarro 1999). For example, Margaret Park Redfield (1937:34) reports that among the Yucatec Maya there are many anecdotes of *uayes*, or "people who change themselves into the form of cats, goats, bulls, or other animals and in this shape go about at night annoying their neighbors."[13]

Some main characters in these folktales are actually the embodiment of the devil or of evil. For instance, in the Tz'utujil story "Legend of the *Duende*," the *duende* (goblin) is the embodiment of the devil and can play devilish tricks on people. Likewise, in "La Llorona," a woman who drowns her children and then mourns them at night becomes the embodiment of evil.

The tales also reflect a worldview that includes *brujos* who cause people misfortune, such as illness, or who counteract the witchcraft of other *brujos*. *Naguales* also are present. For instance, in "The Donkey-Man," the *nagual* of Sebastián is a fast-running donkey, and in "The Midwife," the *nagual* of Magdalena Tuj is a fat pig. In "Francisco Sojuel and General Jorge Ubico: A Tz'utujil Tale," both Sojuel and Ubico have thirteen *naguales* and possess great powers. In addition to dealing with supernatural powers, the tales about Sojuel and Ubico illustrate that these folktales relate to historical events and characters. Sojuel was probably responsible for the establishment of the present form of the *cofradía* of Maximón in Santiago Atitlán (Mendelson 1959:1; Tarn and Prechtel 1997:368), and Ubico became the president of Guatemala.

There is important social commentary in folklore. The humorous tale "The Three Gringos" illustrates how foreigners may benefit from a more serious effort to learn Spanish, the national language. The stories about Francisco Sojuel also illustrate how General Ubico treated the people, and it gives the Indians a forum for social criticism during times of political repression, when it would be risky, if not outright dangerous, to express their feelings directly. Given the harsh conditions for the Indians during the colonial and present-day periods, it is not surprising that Samuel Stone's *Telltale Stories from Central America* (2001) concludes that the most powerful recurring theme in folk stories from Central America is Indian and mestizo (Ladino) resentment of the whites.

While Stone's study is reminiscent of the largely discredited national character studies done by anthropologists during the 1940s, there is abundant evidence for this theme in literature other than folklore, and the theme is not limited to Ladino resentment of whites but also includes Indian resentment of Ladinos. In the last volume of his life story (Sexton and Bizarro 2001:254), Pedro Cholotío Temó said that in addition to recording the good and the bad in his life, he writes so that other people will be aware of the marginalization and contempt that the Maya are being subjected to by the more powerful Ladinos. Toward the end of the book, Pedro states that both the army and the guerrillas were responsible for spilling blood, especially the army, but he and his fellow Joseños (Juaneros [people of San Juan]) were on neither side. They never considered being servants or supporters of either group because both factions were led mainly by Ladinos who were using the Indians as pawns.

In the present volume of folktales, Indian resentment of Ladinos lurks below the surface of Pedro's folktale "Francisco Sojuel and General Jorge Ubico: A Tz'utujil Tale" and Alberto Barreno's story "The Boy from Santiago Atitlán Who Became President of Guatemala." Only under my probing did Alberto reveal that Ubico treated the Indians better than his predecessor, dictator Manuel Estrada Cabrera. In fact, Ubico actually fostered an image as a friend and protector of the Indians and encouraged them to call him *Tata,* or Daddy (Dombrowski 1970:31).

Mayan folktales reveal much about the natural habitat, especially its plants and animals. In these tales we learn of plants such as *güisquiles* (a climbing plant whose gourd-like fruit is the size of an orange), corn, and beans. We also learn about henequen for making rope, the stick of *izote* for hitting *characoteles*, and an enchanted fig tree. In addition to local plants, we learn about animals such as armadillos, bats, domestic cats, coyotes, deer, dogs, donkeys, horses, jaguars, mice, mountain lions, mules, pigs, rabbits, raccoons, *tepescuintes* (brown rodents with black stripes on their backs), wildcats, parrots, toads, turtles, fish, crab, bees, crickets, and wasps. And there are even imaginary animals such as *cadejos.*

In addition to plants and animals, we find in these tales information about magical objects and supernatural images and beings. For example, in the story "Francisco Sojuel and General Jorge Ubico: A Tz'utujil Tale," Sojuel removes a special cane of gold from the insoles of his sandals. And in "The Pot That Spoke in the Hard Times," the pot not only magically turns rocks into *tamalitos* (tamales made of the first harvest of corn) but also tells miscreants that they are being punished for their wickedness.

Many stories reinforce cultural values. For example, the tale "King Solomon and the Bee" illustrates that people should be kind to animals because, just as animals helped the hero twins in the *Popol Vuh,* they may help humans solve problems and overcome impossible odds. In "The Stubborn Man," had the man been reasonable rather than obstinate, God might have blessed instead of cursing him.

Sometimes the storytellers will embed a saying in the story and sometimes they leave it up to the reader or listener to deduce the moral for him or herself. In any case, the story "The Mother Who Never Wanted Her Son to Work" illustrates not only the value of hard work but also the notion that if children are not taught proper behavior while they are young, they may have a harder time adjusting in later life. Thus, the story illustrates the proverb "*Árbol que crece torcido, nunca su rama endereza* (A tree that grows up twisted will never straighten its branch; Old habits are hard to break)." The meaning here, though, is that someone who is not reared well will grow up to cause societal problems (Armas 1971:422; Martínez 1997:176–77). Likewise, in the story "The Messenger of the Lord and the Poor Man with Seven Children," a wise old man says, "*El que oye consejo de viejos llega a viejo* (He who listens to the advice of the old lives to be old)." In other words, if you want to live to be a ripe old age, listen to the advice of old folks. And the folktale "King Solomon and the Bee" illustrates the proverb "*Agrado quiere agrado* (Affability desiderates affability; One favor deserves another)."

Finally, many of these stories are simply funny, and thus one can enjoy them in their own right as simple entertainment. For example, in the tale "The Man Who Defeated the Devil," the devil, who like in other parts of the world is depicted as not being very bright, falls victim to the clever man who tricks him into agreeing to bets that he cannot win. As in a number of other stories in Central America, the culpable character is asked to fill a cord net with water, and, of course, such nets are incapable of holding water because of their porousness. And in "The Young Lad and His Sister," which begins like a typical Hansel and Gretel variant but quickly illustrates adaptations to the local culture, the young lad's sister laughs uncontrollably when the blind old lady hits her cat instead of her brother who stole her tortillas, causing the poor cat to cry "Meow!"

Folktales

Cuentos

The Dog Who Spoke

Long ago, they say that there lived an old couple of the *raza* [ethnic group] Kaqchikel in Sololá.[1] During their lives, they had no children; it was just the two of them. Life, they passed it sad. The couple owned *sitios* [homesites] and lands because the man's parents were rich. As time passed, they grew old. The old woman could barely grind the *nixtamal* [corn cooked in lime or ash water] for the tortillas. This also happened with the old man, who could barely prepare the firewood to cook food. Everything that happened to the old couple was an affliction.

In time, they died, and they were buried in the *sitio*. They did not sell the *sitios* or the lands before dying. When the old couple died, people took advantage and took possession of their *sitios* and the lands. Well, the people built their *ranchos* [rural shacks, generally made of cane or poles with palm-leaf roofs], and they lived on those *sitios* without any fear because the owners were now dead. The people were happy, living on the *sitios* of the old people.

After five years, they say, the problem came. Suddenly, clay pots and

Story by Santiago Cuc, a Kaqchikel of Sololá, seventy-nine years of age. He is the father-in-law of Pedro Cholotío Temó's daughter who is a teacher. Don Santiago told the story to Pedro, who wrote it down in Spanish and mailed it to me (Sexton) in 2000.

pitchers moved around during the night. The beds moved as if somebody were blowing on the fire. The *ranchitos* [small ranchos] were no longer peaceful.

One time, it is said that the owners of the house were eating dinner at nine o'clock sharp at night. In the past, there was no electricity; *ocote* [resinous pine] is what they used to provide light inside the house. Just then, while they were eating, suddenly an arm stuck out from under the bed, similar to a person's arm but hairy. In other words, it was a shaggy arm, and it vanished at the top of the door. The people who were eating got scared and could not sleep in peace anymore.

Because the *sitio* was large, the following day they changed the place of the *ranchito*. But they say that there was still no peace. It seemed as if someone were walking through the *sitio* at night—they heard strange things.

It is said that the owners of the house went to a *zajorín* [corruption of *zahorí*: indigenous witch who usually acts also as a curer or shaman] to find out what was happening to them. The *zajorín* told them, "They are evil spirits, but with a *secreto* [magical ritual or object] everything will disappear." They performed the *secreto* as the shaman had told them, but it was of no use.

After a few days, they heard [noises] as if people were sweeping the *sitio* at night. The owners of the house bought a dog so that it could guard it at night. So it was. They bought the dog, but this complicated the situation because the dog did not let them sleep at night. It barked and barked as if [there were] something the animal was seeing. The owners of the house could not sleep because of their fright and the barking of the *chucho* [dog].

One night, the man, tired of the racket, could not stand it any longer, and he gave a good beating to the unfortunate dog. The animal, they say, was between life and death. At dusk of the following day, the man approached the dog to give it some tortillas. But the dog could not eat because of the blows it had suffered.

Suddenly, they say, the dog spoke to its master, telling him, "My master, I am going to die. I cannot eat anymore because of the blows that you gave me. I am not to blame. During the night when I bark and bark, it's because I am seeing something. I cannot sleep because a man and a woman appear to me. The two are old. They are the ones who do not let me sleep," the dog said to its master. Besides, he told him, "You had no mercy for me, so now I am dying."

They say the owner collapsed to the floor in fear, without saying a word, because the dog had spoken to him. He trembled in fear and could not stand up. The dog got up and said to its master, "Now you will take my place and you will realize everything that happens during the night." With one of its paws, the canine grabbed its owner and rubbed his eyes and told him that he would be a dog-man. At that moment the dog died.

When the man plucked up his courage, little by little he got up and went to tell his family all that had happened to him. But everything looked strange. His wife, they say, looked like a shadow [ghost]. His bed looked like a basket where dogs sleep.

At bedtime, they say, the man could no longer sleep as we people do. He went to bed as the dogs go to bed, and he no longer wanted to sleep with his wife. Every so often he would get up from bed and go outdoors. When the neighbors' dogs barked, the dog-man ran outside too. Sometimes he would stay in the porch as dogs do.

One night, when the neighborhood dogs began to bark, they say the dog-man also went running outside to see what was happening. Because his eyebrows and eyelashes now looked like those of a dog, they say that now he could see what the dogs saw at night.

Well, they say that the dog-man crossed through a peach orchard and suddenly an old couple appeared, a man and a woman. Both were talking, saying, "The *sitio* is very dirty and has a lot of trash." So they began to sweep the *sitio* until midnight. It was the spirit of those who were the owners of the *sitio*. The dog-man was seeing all these things; that is, the things that dogs see when they bark in the night.

When the old couple finished sweeping the *sitio*, they spoke to one another, saying, "The day after tomorrow we will come back to sweep our *sitio* again. Now we will go to another *sitio*. It must be very dirty. We are going to sweep it."

They went out to the street and disappeared. The dogs began to bark more and more. The dog-man, they say, wanted to bark, too, but could not do as the dogs do. Crying, he went inside to wake up his family and tell them what dogs see during the night.

This gentleman reasoned like a man but saw like an animal at night, because he told his family what he saw at the night when the dogs barked.

But the man was no longer normal. Little by little he lost weight because he could no longer eat as we eat, nor could he sleep at night.

This happened because of hitting the dog that was guarding the house until it died. So, when dogs bark a lot, they are seeing something strange. One must be careful. You must not go outdoors or hit dogs, so the same thing does not happen to you that happened to the dog-man.

El perro que habló

Hace mucho tiempo dicen que vivía en Sololá una pareja de viejitos de raza [grupo étnico] kakchiquel.1 Durante sus vidas no tuvieron hijos; solamente eran ellos dos. La vida la pasaban triste. La pareja era dueña de sitios y terrenos porque los padres del señor eran ricos. Conforme pasó el tiempo, ellos envejecieron. La viejita apenas podía moler el nixtamal para las tortillas. Así también pasó con el señor, quien apenas podía hacer la leña para cocer los alimentos. Todo lo que pasaban los viejitos era un sufrimiento.

Con el tiempo, se murieron, y fueron enterrados en el sitio. No dejaron vendidos los sitios ni los terrenos antes de morir. Cuando los viejitos se murieron, la gente se aprovechó y se apoderó de los sitios y de los terrenos. Pues, la gente hizo sus ranchos [cabañas rurales pequeñas, generalmente hechas con cañas o varas, y con techo de palma], y vivieron en esos sitios sin ningún temor porque los dueños ya se habían muerto. La gente quedó feliz, viviendo en los sitios de los viejitos.

Después de cinco años, dicen que vino el problema. De repente, se movían las ollas y los jarros de barro por las noches. Se movían las camas, como que [si] alguien estaba [estuviera] soplando el fuego. Ya no había tranquilidad en los ranchitos [pequeños ranchos].

Una vez, se dice que los dueños de la casa estaban comiendo la cena,

---

Cuento de Santiago Cuc, kaqchikel de Sololá, de setenta y nueve años de edad. Es suegro de la hija de Pedro Cholotío Temó, la cual es maestra. Don Santiago le contó el cuento a Pedro, quien lo escribió en español y me lo mandó por correo (a Sexton) en el año 2000.

a las nueve de la noche en punto. Antes, no había luz; ocote es lo que usaban para dar luz dentro de la casa. En eso, cuando estaban comiendo, de repente salió debajo de la cama un brazo parecido al brazo de una persona pero con pelos. En otras palabras, era un brazo velludo, y se desapareció a la altura de la puerta. Las personas que estaban comiendo se asustaron, y ya no pudieron dormir tranquilos.

Debido a que el sitio era grande, al día siguiente le cambiaron lugar al ranchito. Pero dicen que no había tranquilidad. Parecía como si alguna persona anduviera en el sitio por las noches—oían cosas extrañas.

Se dice que los dueños de la casa se fueron con un zajorín [corrupción de "zahorí": brujo indígena que suele actuar también como curandero] para averiguar lo que estaba pasando con ellos. El zajorín les dijo, "Son malos espíritus, pero con un secreto [rito u objeto mágico] todo se desaparecerá." Hicieron el secreto que les había dicho el zajorín, pero no sirvió para nada.

A los pocos días, oían [sonidos] como si [algunas] personas estaban [estuvieran] barriendo por las noches en el sitio. Los dueños de la casa compraron un perro para que la cuidara por las noches. Así fue. Compraron el perro, pero se complicó la situación porque el perro no los dejaba dormir por las noches. Ladraba y ladraba como si [hubiera] algo que miraba el animal. Los dueños de la casa no podían dormir por los sustos y los ladridos del chucho [perro].

Una noche, el hombre, cansado de la bulla, ya no podía soportarlo, y le dio una buena paliza al pobre perro. El animal, dicen, quedó entre la vida y la muerte. Entrando la noche, al día siguiente, el hombre se acercó al perro para darle unas tortillas. Pero el perro no podía comer por los golpes que había sufrido.

De repente, dicen que el perro le habló a su dueño, diciéndole, "Mi dueño, yo me voy a morir. Ya no puedo comer por los golpes que me diste. No tengo la culpa. Por la noche cuando ladro y ladro, es porque algo estoy viendo. No puedo dormir porque se me aparecen un hombre y una mujer. Los dos son viejos. Ellos son los que no me dejan dormir," le dijo el perro a su dueño. Además le dijo, "No tuviste perdón por mí, ahora me muero."

Dicen que el dueño cayó al suelo del miedo, sin decir ni una sola palabra, porque el perro le había hablado. Él temblaba del miedo y ya no podía levantarse. El perro se levantó y le dijo a su dueño, "Ahora te quedas en mi lugar y te darás cuenta de todo lo que pasa por las noches." Con una de sus patas, el canino agarró a su dueño y le sobó los ojos, y le dijo que él sería el hombre chucho. En ese momento el perro murió.

Cuando el hombre recobró el ánimo, poco a poco se levantó y se fue a contarle a su familia todo lo que había sucedido con él. Pero todo lo miraba extraño. A su mujer, dicen que la miraba como una sombra [fantasma]. Su cama la veía como a un canasto donde duermen los perros.

A la hora de dormir, dicen que el hombre ya no podía hacerlo como dormimos nosotras las personas. Se echó en la cama como se acuestan los chuchos, y ya no quería dormir con su mujer. Cada ratito se levantaba de la cama y salía de la casa. Cuando los perros de los vecinos ladraban, también el hombre chucho salía de la casa corriendo. A veces se quedaba en el corredor como lo hacen los chuchos.

Una noche, cuando los perros de la vecindad comenzaron a ladrar, dicen que también el hombre perro salió corriendo para ver lo que estaba pasando. Porque sus cejas y pestañas ya parecían como las del chucho, dicen que el hombre ya podía ver lo que los chuchos miraban por las noches.

Pues, dicen que el hombre perro pasó debajo de un duraznal y de repente apareció una pareja de viejitos, un hombre y una mujer. Ambos hablaban, diciendo, "El sitio está muy sucio y tiene mucha basura." Así comenzaron a barrer el sitio hasta la medianoche. Era el espíritu de los que fueron dueños del sitio. El hombre chucho estaba viendo todas estas cosas; eso es, lo que los perros miran cuando ladran por las noches.

Cuando los viejitos terminaron de barrer el sitio, se hablaron entre ellos, diciendo, "Pasado mañana volveremos a barrer nuestro sitio otra vez. Ahora vamos al otro sitio. Debe estar muy sucio. Vamos a barrerlo."

Salieron a la calle y desaparecieron. Los perros comenzaron a ladrar más y más. El hombre perro, dicen que él también quería ladrar pero no podía [hacerlo] como [lo] hacen los perros. Llorando, se fue para adentro a despertar a su familia y contarles lo que los perros miran por las noches.

Este señor razonaba como hombre pero por las noches miraba como animal, porque le contó a su familia lo que miraba por las noches cuando ladraban los perros. Pero el hombre ya no era normal. Poco a poco adelgazó porque ya no comía como comemos nosotros, ni dormía por las noches.

Esto le pasó por pegarle a un perro que estaba cuidando la casa hasta que se murió. Entonces, cuando los perros ladran mucho, algo extraño están viendo. Hay que tener cuidado. No hay que salir de la casa ni pegarle a los perros, para que no vaya a suceder lo que le pasó al hombre chucho.

The Story of the Toad and the Deer

Long, long ago, there was a great drought on the earth.[2] The rivers and streams ran dry. There was no longer any water on the earth, so it is said that many people and animals were dying. The rest of the people who were suffering implored the god of heaven to send them rain, but the punishment continued and became worse—it was a suffering that would not end.

But it is said that the animals, large and small, suffered the same fate because of the sins that the people had committed. Many large and small animals died because there was a lot of drought in the world. The animals, large and small, that were still alive met to send a commission to heaven to ask for forgiveness, and at the same time, to ask for rain so that the rivers and streams on earth would once more spring forth.

All the animals thought thus, that a commission should be sent. All of them said, "The mountain lion and the jaguar should go because they are fast runners, and a prompt solution is needed."[3]

But it is said that then the rabbit spoke up and said, "I do not agree. Do not send the jaguar and the mountain lion. They are large and ugly animals, and they will not be allowed to enter heaven. Besides, they are very evil."

Pedro Cholotío Temó wrote the story and mailed it to me in the year 2000.

All of the animals, large and small, talked again; all voted for the turtle, for her to go on the commission. But the turtle took many days looking for her sandals, her apron, and her nightclothes. It took her many days, and the animals were dying of thirst.

Finally, because of so many pleas, the god of the animals sent rain over the earth. Out of joy, all of the animals of the earth danced, jumped, flew, and made much celebration according to their species. The only one who could not enjoy himself was the toad because he knew nothing of celebrations, but in the end, so as not to be outdone, he thought, "It would be better if I organize a marathon."

All the animals were laughing about the toad because he could not run. None of the animals wanted to participate in the competition with the toad because he could not run; he could only hop. Even so, he went telling everyone that he wanted a contest so he could be the champion, but everything turned into a joke on him.

At last, it is said that he was able to persuade the deer to participate in the race. The deer was laughing to himself because he knew he would be the champion because the toad could not walk or run. All of the animals applauded the deer.

Then, like that it happened. They set an hour, date, and place, but they say that the toad was convinced that he would be the champion. One day before the competition, the large toad gathered all the toads and said to them, "Brother toads, tomorrow there is going to be a contest, a marathon. I am sure that we will be the winners."

"But how? We cannot run," said the rest of the toads.

"Well, I know that we cannot run, but we have our heads to think with. They look down on us, but we are smarter." Then the large toad instructed the rest, telling them, "Tomorrow is the day of the contest. We will string out in a long line. One of us will position himself at the starting line, and I will stay at the finish line. Along the edge of the path, all of us will space ourselves at a short distance from one another. I am going to be the closest to the finish line, and one of you will be closest to the starting line, up even with the deer. When the race begins the deer will say, 'Let's go.' Then a toad will jump and stay there, and the deer will start running. It will be like that with everyone. When the deer says, 'Toad,' the toad will jump and answer, 'I am going ahead.'"

They say that's what happened. All the toads positioned themselves a short distance from one another where the marathon was to be run. The day of the competition arrived, and the deer was well prepared. At par at the starting point the toad placed itself.

"Let's go!" said the deer. The toad jumped and stayed there.

The deer began to run harder, and he said, "Toad."

And the toad that was ahead jumped, saying, "I am going ahead."

It is said that the deer used all of his stamina and said, "Toad," and another toad that was ahead jumped and answered, "I am going ahead."

By now the deer was scared, and he said, "Toad," and another toad jumped and said, "I am going ahead." The deer, regretful, was now losing the contest, when, ahead at the finish line, jumping and jumping, was the last toad, shouting, "I won!" without having run at all. And he was the winner because of the tricks he played on the deer.[4]

El cuento del sapo y el venado

Antes, pero mucho antes, hubo una gran sequía en la tierra.[2] Se secaron los ríos y riachuelos. Ya no había agua en la tierra; pues se dice que mucha gente y animales se estaban muriendo. El resto de la gente los cuales estaban sufriendo clamaban al dios del cielo que les mandara la lluvia, pero el castigo seguía peor—era un sufrimiento interminable.

Pero se dice que los animales, grandes y chiquitos, sufrieron la misma suerte por los pecados que cometía la gente. Muchos animales grandes y pequeños murieron porque había mucha sequía en el mundo. Los animales, grandes y chiquitos, aún con vida, se reunieron para mandar una comisión al cielo para pedir perdón, y al mismo tiempo, pedir lluvia para que en la tierra volvieran a nacer los ríos y riachuelos.

Así pensaron todos los animales, que se debía mandar una comisión. Todos dijeron, "Que se vaya el león y el tigre porque ellos son veloces, y se necesita una pronta solución."[3]

Pero se dice que luego habló el conejo y dijo, "Yo no estoy de acuerdo.

Pedro Cholotío Temó escribió el cuento y me lo mandó por correo en el año 2000.

No manden al tigre y al león. Son animales muy grandes y feos, y no los dejarán entrar en el cielo. Además, son muy malos."

Hablaron otra vez todos los animales, grandes y chiquitos; todos votaron por la tortuga, para que ella se fuera a la comisión. Pero la tortuga se dilató (tardó) días buscando sus sandalias, su delantal y su ropa de dormir. Le tomó muchos días, y los animales se terminaban de morir por la sed.

Al fin, por tanto ruego, el dios de los animales les mandó la lluvia sobre la tierra. De alegría, todos los animales de la tierra bailaron, saltaron, volaron e hicieron mucha fiesta según sus especies. El único que no pudo divertirse fue el sapo porque no sabía nada de las celebraciones, pero al fin pensó, para no quedarse atrás, "Mejor organizo un maratón."

Todos los animales se reían del sapo porque él no podía correr. Ninguno de los animales quería participar en la competencia con el sapo porque no podía correr; solamente podía saltar. Aun así, se fue a decirles a todos que él quería una competencia para ser el campeón, pero todo se volvió una burla para él.

Al fin, se dice que logró convencer al venado para que participara en la carrera. El venado se reía entre sí porque él sabía que sería el campeón, porque el sapo no podía caminar o correr. Todos los animales aplaudieron a favor del venado.

Entonces así ocurrió. Fijaron la hora, fecha y lugar, pero cuentan que el sapo estaba convencido que él sería el campeón. Un día antes de la competencia, el sapo grande juntó a todos los sapos y les dijo, "Hermanos sapos, mañana se va a realizar una competencia, un maratón. Estoy seguro que nosotros seremos los ganadores."

"¿Pero cómo? Nosotros no podemos correr," dijeron los demás sapos.

"Bien, yo sé que nosotros no podemos correr pero tenemos la cabeza para pensar. A nosotros nos tienen desprecio, pero somos los más listos." Entonces el sapo grande orientó a los demás, diciéndoles, "Mañana es el día de la competencia. Nos alinearemos en una larga fila. Uno de nosotros se quedará en la línea de salida, y yo me quedaré donde está la meta. A lo largo de la orilla del camino, todos nos colocaremos a una distancia corta de cada uno. Yo voy a estar más cerca de la meta, y uno de ustedes va a estar cerca del punto de partida, a la par del venado. Cuando comience la carrera el venado dirá, 'Vamos.' Entonces un sapo brincará y se quedará allí, y el venado comenzará a correr. Así va a ser con todos.

Cuando el venado diga, 'Sapo,' el sapo brincará y contestará, 'Adelante voy.'"

Así cuentan que ocurrió. Todos los sapos se pusieron a corta distancia de cada uno por donde pasaría el maratón. Llegó el día de la competencia, y el venado estaba bien preparado. A la par en el punto de partida se puso el sapo.

"¡Vamos!" dijo el venado. Brincó el sapo y se quedó allí.

El venado se puso a correr más fuerte, y decía, "Sapo."

Y brincaba el sapo que estaba adelante, diciendo, "Adelante voy."

Se dice que el venado puso toda su resistencia y decía, "Sapo," y brincaba otro sapo que estaba más adelante y contestaba, "Adelante voy."

El venado ya iba asustado, y decía, "Sapo," y brincaba otro sapo y decía, "Adelante voy." El venado, arrepentido, ya iba perdiendo la competencia cuando adelante en la meta, saltando y saltando, estaba el último sapo, gritando, "¡Ya gané!" sin haber corrido nada. Y fue el ganador con los trucos que le hizo al venado.[4]

The Stubborn Man

Some time ago there lived on earth a man who had great faith, and he said he had to see God in person. So time passed, with him always saying that he had to know the identity of God. That man gave charity to the poor and constantly helped the sick and prisoners. He was humble with everyone because he wanted to know the identity of God. Certainly, God had compassion for that man. Spiritually, he achieved his good deeds—his animals grew, his children did not get sick, and his businesses resulted in abundant profits.

All of that was the blessing of God because he is all-powerful. But for this man, blessings did not suffice. This man who had much faith became negligent. He wanted to see God at some point in time.

One time that man went to the mountain to look for firewood and out of carelessness fell into a deep ravine. But by the great blessing of God, he landed in a *bejuquero* [*bejucal*, place of vines and other tropical vegetation] that was entangled around the rock. This was what saved the life of that man. He remained entangled in the *bejuquero* and could not leave because the ravine was big.

The man began to shout, saying, "My God, help me! My God, help me!

Pedro Cholotío Temó said he was the Tz'utujil who created the story. He wrote it down and mailed it to me in 2000.

I want to see you!" And [God] did not answer him. Thus he spent the entire night. He felt very thirsty and hungry but could not get free of the *bejuquero*. He looked down. The ravine was deep. He looked up, and the rock was high. And he said again, "My God, help me! I want to see you! You know that I have a lot of faith in you!" All was silence; no one answered.

But some hunters were walking on that mountain, and God spoke to the conscience of these hunters who were passing by the place. The hunters passed very close to the ravine, where they found that man tangled in the *bejuquero* and said to him, "Amigo, do you want us to help you? We are going to get you out of the *bejuquero* before you lose your life."

The man answered, "Since yesterday, I have been here. Luckily, I landed on this *bejuquero*. Now I am waiting for God to get me out of this peril." Without knowing that the hunters were sent by God, the man said, "I have been calling to him since yesterday, throughout the night and since the beginning of this day, but he has not appeared to me."

The hunters coaxed the man and finally convinced him. They succeeded in getting him out of the ravine. Without knowing that God manifests himself spiritually in the conscience of each human being, the foolish man stuck with his faith, saying to the people that one day he had to know the identity of God.

Another time, the man of great faith went on an excursion to the seashore with a group of friends. He told his friends that he had much faith and that any moment he would see God. His friends told him that God manifests himself in spirit and not in person. Sometimes God uses people to help others. But he was steadfast that one day he would see God.

Then, at some point, he went in to swim out to sea along with his friends, but the others felt weak, and they returned to shore. The foolish man went farther until the deepest spot, but he got tired from so much swimming. He looked back and no longer saw the shore. He looked to the sides, and everything was sea. To the front, he only saw the immensity of the sea. Now he was not able to do anything.

When he was at the point of dying, he exclaimed, "My God, help me before I die!" Then God had mercy on him. God made a small boat come, blown by the wind in the direction where the foolish man was drowning. But the foolish man did not want to be supported because he needed to see God, and that is why he did not lean on the small boat in order to save himself from death. He continued shouting, "My God, help me! My God, help me! I am losing my life in the sea! I am dying, help me! Where are you? Why are you hiding from me?"

God had mercy on him once again. He spoke to the conscience of some men who were flying in a helicopter and passed in the air where the foolish man was drowning. The pilot of the helicopter hovered in the air. The occupants extended a ladder to help the man who was on the verge of dying. They told him to support himself on the ladder and climb into the helicopter to save his life. But the foolish man said that he wanted the help of God and not of the men, without knowing that God illuminated the conscience of the human beings that traveled in the helicopter in order to help him. The occupants of the helicopter got tired and continued their flight.

But God always had compassion for that foolish man in order to save his life. In spirit he spoke to the conscience of some fishermen who were also blown by that wind in the direction where that man was drowning. They spoke to him at once, saying, "Amigo, you are drowning. We will help you. Give us your hand and you will see that you will be saved from death."

But the foolish man didn't want to give them his hand, and he told them, "No, I don't need the help of men. I am waiting for the help of God."

The fishermen told him again, "In the name of God, we want to help you. Give us your hand to save yourself from death." But he did not accept the help; the fishermen continued with their work. In the end, that foolish man drowned in the sea.

A few days later, resurrected, he appeared before Saint Peter because Saint Peter is the one who has the key to heaven. Then he said to him, "Saint Peter, I need to enter into paradise because there is much suffering on earth. Many times I was calling out to God so that he would help me when I was dying in the sea. I had great faith in him, but he never helped me. Now that I have been resurrected, I want to see God. Let me enter heaven."

Saint Peter says to him, "You may not; for you, there is no entry into heaven. God is for the clever and not for the foolish."[5]

The resurrected one again says to Saint Peter, "I fell into a ravine and by luck I landed in a *bejuquero*. God did not help me; only some hunters saved my life. Then I went swimming in the ocean, and when I was far from shore, when I could no longer go back, I was shouting for God to help me and nothing happened. Only the occupants of a helicopter wanted to help me. But I did not want their help because I needed the presence of God, and only some fishermen arrived who asked for my hand so they could help me. But I did not want [their help] because I was waiting for the help of God, and he did not help me. I have drowned, and now I am in this life. I want to enter heaven for eternal joy."

And Saint Peter says to him, "You most foolish man, if you had obeyed God you would be alive on earth! You are a thoughtless and perverse man. When you fell in the ravine, God saved you, having you fall in the *bejuquero*, and God himself spoke to the conscience of the hunters who saved you from the ravine. Otherwise you would be smashed against the rock. And when you were swimming in the sea, the same God manifested himself in spirit to the conscience of the occupants of the helicopter so that they would help you with your complaints and you were disobedient. You did not accept the help of God. In your final moments, when you were dying in the sea, the great God had compassion and mercy for you. This same God manifested himself in the conscience of the fishermen who went in the boat. The same God was asking you for your hand in order to help you, but you were a disobedient person. You never had the understanding or the wisdom to think a little better, so for you there is no entrance into heaven. For your whims and disobedience, you deserve eternal hell."

Instead of going to heaven, the foolish man went to hell.

El hombre necio

Hace tiempo vivió en la tierra un hombre que tenía mucha fe, y decía que tenía que ver a Dios en persona. Así pasaba el tiempo, con él siempre diciendo que tenía que ver [conocer] la personalidad [identidad] de Dios. Ese hombre hacía caridad con la gente pobre y constantemente les ayu-

---

Pedro Cholotío Temó dijo que él era el tz'utujil que creó el cuento. Él lo apuntó y me lo mandó por correo en el año 2000.

daba a los enfermos y a los presos. Él era humilde con todos porque quería ver la personalidad de Dios. Ciertamente, Dios le tenía misericordia a ese hombre. En espíritu lograba sus buenas siembras—crecían sus animales, sus hijos no se enfermaban y sus negocios resultaban en abundantes ganancias.

Todo eso era la bendición de Dios porque él es el todopoderoso. Pero a éste hombre, no le bastaban las bendiciones. Este hombre que tenía mucha fe se volvió negligente. Él quería ver a Dios en algún momento.

Una vez ese hombre se fue a la montaña a buscar leña y por descuido se cayó en un profundo barranco. Pero por la gran bendición de Dios fue a caer entre un bejuquero [bejucal] que estaba enredado en la peña. Esto fue lo que le salvó la vida de aquel hombre. Se quedó enredado entre el bejuquero y no podía salir porque el barranco era grande.

El hombre comenzó a gritar, diciendo, "¡Dios mío, ayúdame! ¡Dios mío, ayúdame! ¡Quiero verte!" Y [Dios] no le contestaba. Así pasó toda la noche. El hombre sentía mucha sed y hambre, pero no podía desprenderse del bejuquero. Miraba hacia abajo. El barranco era profundo. Miraba hacia arriba, y la peña era alta. Y volvió a decir: "¡Dios mío, ayúdame! ¡Te quiero ver! Tú sabes que tengo mucha fe en ti." Todo era un silencio; nadie le contestaba.

Pero en esa montaña andaban unos cazadores, y Dios les habló en su conciencia a los cazadores que estaban pasando por el lugar. Los cazadores pasaron muy cerca del barranco donde se encontraba aquel hombre enredado entre el bejuquero, y le dijeron, "¿Amigo, quieres que te ayudemos? Te vamos a sacar del bejuquero antes de que pierdas la vida."

El hombre respondió, "Desde ayer estoy aquí. Por suerte, vine a caer en este bejuquero. Ahora, estoy esperando a Dios para que me saque de este peligro." Sin saber que los cazadores eran enviados de Dios, el hombre dijo, "Lo estoy llamando desde ayer, durante la noche y el comienzo de este día, pero no se me ha aparecido."

Los cazadores le rogaron al hombre y al fin lo convencieron. Lograron sacarlo del barranco. Sin saber que Dios se manifiesta espiritualmente en la conciencia de cada ser humano, el hombre necio siguió con su fe, diciéndole a la gente que un día tenía que ver a Dios en persona.

Otra vez, el hombre de mucha fe se fue a una excursión con un grupo de amigos a la orilla del mar. Les decía a sus amigos que él tenía mucha fe y que de un momento a otro vería a Dios. Los amigos le decían que Dios se manifiesta en espíritu y no en persona. A veces Dios usa a las personas para socorrer a otros. Pero él seguía firme que un día vería a Dios.

Entonces, en cierto momento, se metió a nadar al mar junto con sus amigos, pero los otros se sentían débiles, y se regresaron a la orilla. El hombre necio se fue más lejos hasta [el lugar] más profundo, pero se cansó de tanto nadar. Miraba hacia atrás y ya no miraba la orilla. Miraba a los lados, y todo era mar. Al frente, solamente miraba la inmensidad del mar. Ya no podía hacer nada.

Cuando estaba a punto de morir, exclamó, "¡Dios mío, ayúdame antes que me muera!" Entonces Dios tuvo misericordia de él. Dios hizo venir una pequeña barca, empujada por el viento en dirección donde estaba ahogándose el hombre necio. Pero el hombre necio no quiso apoyarse porque él necesitaba ver a Dios, y por eso no se apoyó en la pequeña barca para librarse de la muerte. Continuó gritando, "¡Dios mío, ayúdame! ¡Dios mío, ayúdame! ¡Estoy perdiendo la vida en el mar! ¡Me muero, ayúdame! ¿Dónde estás? ¿Por qué te escondes de mí?

Dios tuvo misericordia de él una vez más. Les habló en la conciencia a unos hombres que volaban en un helicóptero y en el aire pasaron por donde se estaba ahogando el hombre necio. El piloto del helicóptero se detuvo en el aire. Los ocupantes tendieron la escalera para socorrer al hombre que estaba a punto de morir. Le dijeron que se apoyara de la escalera y se subiera al helicóptero para salvarse la vida. Pero el hombre necio decía que quería la ayuda de Dios y no la de los hombres, sin saber que Dios iluminaba la conciencia de los seres humanos que viajaban en el helicóptero para ayudarlo a él. Los ocupantes del helicóptero se cansaron y siguieron su vuelo.

Pero Dios siempre tuvo misericordia de aquel hombre necio para salvarle la vida. En espíritu les habló en la conciencia a unos pescadores, quienes también fueron empujados por aquel viento en dirección a donde se estaba ahogando el hombre. Luego le hablaron, diciéndole, "Amigo, te estás ahogando. Nosotros te ayudaremos. Danos la mano y verás que vas a salvarte de la muerte."

Pero el hombre necio no quería darles la mano y les dijo, "No, no necesito la ayuda de los hombres. Estoy esperando la ayuda de Dios."

Los pescadores le dijeron de nuevo, "En el nombre de Dios, te queremos ayudar. Danos la mano para salvarte de la muerte." Pero él no aceptó la ayuda; los pescadores siguieron su trabajo. Al final, aquel hombre necio se ahogó en el mar.

A los pocos días, resucitado, apareció ante San Pedro porque San Pedro es el que tiene la llave del cielo. Entonces le dijo, "San Pedro, necesito entrar a la gloria porque en la tierra hay mucho padecimiento. Muchas veces estuve llamando a Dios para que me ayudara cuando estaba muriéndome en el mar. Yo le tenía mucha fe, pero nunca me ayudó. Ahora que he sido resucitado, quiero ver a Dios. Déjame entrar al cielo."

San Pedro le dice, "No puedes, para vos [ti] no hay entrada en el cielo. Dios es para los listos y no para los babosos [tontos o idiotas]."⁵

El resucitado le vuelve a decir a San Pedro, "Yo me caí en un barranco y por suerte fui a caer en un bejuquero. Dios no me ayudó; solamente unos cazadores me salvaron la vida. Luego me metí a nadar en el mar, y cuando estaba lejos de la orilla, cuando no podía regresarme, estuve exclamando que Dios me ayudara y nada pasó. Solamente los ocupantes de un helicóptero me querían ayudar. Pero yo no quise su ayuda porque necesitaba la presencia de Dios, y solamente llegaron unos pescadores que me pedían la mano para ayudarme. Pero no quise [dárselas] porque esperaba la ayuda de Dios, y no me ayudó. He muerto ahogado, y ahora estoy en esta vida. Quiero entrar al cielo para un gozo eterno."

Y San Pedro le dice, "¡Hombre más baboso, si hubieras obedecido a Dios estuvieras con vida en la tierra! Eres un hombre negligente y perverso. Cuando caíste en el barranco, Dios te libró, haciéndote caer en el bejuquero, y el mismo Dios habló con la conciencia de los cazadores que te salvaron del barranco. De lo contrario, te hubieras estrellado contra la roca. Y cuando estabas nadando en el mar, el mismo Dios se le manifestó en espíritu a la conciencia de los ocupantes del helicóptero para que te ayudaran con tus quejas, y fuiste desobediente. No aceptaste la ayuda de Dios. En tus últimos momentos, cuando estabas muriendo en el mar, el gran Dios tuvo compasión y misericordia de ti. Ese mismo Dios se le manifestó en la conciencia de los pescadores que iban en la barca. El mismo Dios te estaba pidiendo la mano para ayudarte, pero fuiste un desobediente. Nunca tuviste el entendimiento ni la sabiduría para pensar un poco mejor, así que para vos no hay entrada al cielo. Por tus caprichos y tu desobediencia, mereces el infierno eterno."

En vez de ir al cielo, el hombre necio se fue al infierno.

Francisco Sojuel and General Jorge Ubico

A Tz'utujil Tale

It is said that in the world, men and women are born with great power to do strange things that others cannot do. These people are born bearing the power of the thirteen days, and they possess the thirteen *naguales* [spirits or animal forms] and thirteen fronts. They are the people who are born at exactly twelve midnight on the days of Oxlajuj Can, (Thirteen Can), Oxlajuj Batz' (Thirteen Batz'), Oxlajuj K'anel (Thirteen K'anel), and Oxlajuj Ajpu[b] (Thirteen Ajpu[b]). The people born on these days possess the entire force of nature, and they can do whatever they want. They appear and disappear and transform themselves into other beings by the strength of the thirteen powers.

A gentleman [Pascual Mendoza Ixtepela] told me this story which is one from our grandmothers and grandfathers, that Francisco Sojuel was a man who had the thirteen powers or thirteen *naguales*. He is not dead;

Pascual Mendoza Ixtepela, an Atiteco, told Pedro Cholotío Temó this story. Pascual was murdered out of personal revenge in the cemetery of Santiago. Pedro said Pascual was a *sacerdote maya* [Mayan priest]; that is, a *principal*. Pedro mailed me this story in 2000 as two separate tales that he called "The Gold Cane: A Tz'utujil Story" and "Story of General Ubico." Pedro pointed out that the former story was similar to the latter. I combined the two stories in two parts and supplied the new title, "Francisco Sojuel and General Jorge Ubico: A Tz'utujil Tale."

he is still alive. He appears and disappears by his own power; he is a saint of the Tz'utujiles. Well, Pascual [Mendoza] says that his *papá* [dad, father] told him that Francisco Sojuel had the same power as General Jorge Ubico.[6] He says that Francisco Sojuel takes good care of the inhabitants of his town.

He says that for a long time the Atitecos [people of Santiago Atitlán] used to come to trade, but as there were no highways they carried their products on their backs to sell in many places in Guatemala, such as Chimaltenango, Mazatenango, Quetzaltenango, and Antigua. They used to sell and buy to resell in their own towns.

But he says that in the mountains of Chimaltenango and Quetzaltenango, there were many thieves who used to cut off the heads of the Atitecos in order to rob their money and whatever they carried to sell. Because the poor Atitecos became very tired under their [heavy] loads, they could not defend themselves. He says that every week, two or three travelers were left dead-their bodies turned up on the side of the road.

He says one day all of the travelers joined together because they were practically being annihilated. At night, they did a *costumbre* [ritual], because among them were sorcerers and *zajorines* [shamans], but they did not have power like Francisco Sojuel. At midnight they concentrated, calling the spirit of Francisco Sojuel in order to request his aid. When the *costumbre* was more lively, they were burning all the offerings, myrrh, incense, candles, guaro [aguardiente, distilled cane liquor], and flowers.

He says that a *principal* [elder] of the town appeared among them acting like a drunk. He asked them what they were doing and what they wanted.

They told him, "We are calling the spirit of our older brother Aplas Sojuel (Francisco Sojuel) so his *nagual* will help us, because robbers have killed many of our traveling companions."

The little old man [the *principal*] told them, "The *nagual*, or the spirit, of Chico Sojuel is not coming, but they told me that he knows the meaning of the *costumbre* that you are offering. Francisco Sojuel is going to help you, but call him at the time of danger. When those villains appear, you have to shout three times, saying, 'Aplas Sojuel, help us; they are going to kill us!' You will see that he, indeed, is going to help you."

He says that the people who were gathered there asked who he was, and the old man answered, "[I am] just a *principal* of the town. I love my town very much; I like the *costumbre* that you are offering. Don't forget it."

That was what the old man told them, and he left; they did not see him again. It is believed that it was the *nagual* of Francisco Sojuel who was with the sorcerers and *zajorines*, but they did not notice him; that is, they did not recognize him because he pretended to be an old man of the town.

Then that's how it was. The travelers went off to Mazatenango, Chimaltenango, and Quetzaltenango. Once, in the mountains of Patzún before arriving at Chimaltenango, five murderers emerged from the mountains to cut off the heads of the travelers. At that moment he [Mendoza] says that the travelers shouted: "Aplas Sojuel K'atoo (Francisco Sojuel), help us!" He says that Francisco Sojuel appeared at that instant and told them, "One moment." He removed his *caites* [sandals] and took from the insoles of his feet a cane of gold and began to fight the outlaws. He beat them up completely. He hit each villain with the cane, killing the five killers or beheaders, and left them lying in the middle of the road.

The travelers fell on their knees to kiss the hand of Don Chico Sojuel. But he didn't want to be touched, and he told them, "Don't worry. Go to sell, and from now on I must finish killing those robbers. Right now, I am going to the mountains of Quetzaltenango to finish off the robbers." Everything was true; the travelers suffered no more.

Finally, the travelers asked him [Sojuel], "Where do you live?" and he told them, "I have not died. I am where there is happiness, where there are fiestas, and where there is respect. But I am also here to punish wickedness." He said that and disappeared.

General Jorge Ubico Castañeda [also] was a very strong man [with special powers like Francisco Sojuel]. He did whatever he wanted to do without anybody noticing the powers that he had. When he was president of Guatemala, he visited the *departamentos* [departments] and the towns, without bodyguards. He used to go alone; he used to appear and disappear suddenly by his own power.

He says that one time Ubico arrived in the municipality of Sololá. He entered the governor's office; at that time it was called Jefatura Política. The *jefe político* [political chief, governor] didn't expect the arrival of the president, and he asked how Ubico had arrived there. The president said that he had arrived mounted on his horse, which he had left near the city. Thus, it is said that he conversed with the governor, investigating whether they were complying with his orders, if all the people were working honorably, and if they had a list of thieves and murderers to be executed.

The governor answered, "Mister President, in all of Sololá there are no murderers or thieves. There is no news."

"Very well," said the president. They offered him a seat, but General Ubico did not want to sit down, and he said he was going to go out to a store to buy something for his thirst and that he would return to continue conversing. But he did not return, so there was no more commotion. The soldiers, the guards, and the governor himself went into the streets and outside the city, but they no longer saw Ubico. Nobody knew what he did to disappear.

Another time it is said that General Ubico arrived at a fiesta in Santiago Atitlán, when the gentlemen of the municipality and the *principales* of the town were dancing and having some drinks. They were in the midst of it when a tall, fat gentleman dressed like an Atiteco entered. He began to dance to the songs and had a few drinks. When they recognized him, it was President Jorge Ubico.

It is said that they asked how he had arrived because back then there were no highways. He told them he had come in a launch to visit the town of Santiago and that he was Francisco Sojuel's best friend. That is what he said. He left and they never saw him again. Soon, the news went out that President Jorge Ubico was in town. All the people wanted to see him, and they mobilized to locate him. But they could not find him.

Now in these times, it is believed that Sojuel and Ubico are two beings who have not died. They appear and disappear.

Francisco Sojuel y el General Jorge Ubico:

Cuento tz'utujil

Se dice que en el mundo nacen hombres y mujeres con mucho poder de hacer cosas extrañas que otros no pueden hacer. Estas personas han nacido trayendo el poder de los trece días y poseen los trece naguales [espíritus de animales] y trece apariencias. Son las personas que nacen a las doce de la noche en punto, en los días Oxlajuj Can (Trece Can), Oxlajuj Batz' (Trece Batz'), Oxlajuj K'anel (Trece K'anel) y Oxlajuj Ajpu[b] (Trece Ajpu[b]). Las personas nacidas en estos días poseen toda la fuerza de la naturaleza, y pueden hacer lo que ellos quieran. Aparecen y se desaparecen y se convierten en otros seres por la potencia de los trece poderes.

Un señor [Pascual Mendoza Ixtepela] me contó este cuento que es uno de nuestras abuelas y abuelos, que Francisco Sojuel era un hombre que tenía los trece poderes y trece naguales. No ha muerto; todavía vive. Aparece y se desaparece por su propio poder; es un santo de los tz'utujiles. Entonces, dice Pascual que su papá le ha contado que Francisco Sojuel tenía el mismo poder como el general Jorge Ubico.[6] Dice que Francisco Sojuel cuida mucho a los habitantes de su pueblo.

Dice que los atitecos desde hace mucho tiempo venían con el comercio, pero como no había carreteras, a pura espalda llevaban sus productos a vender en muchos lugares de Guatemala, como Chimaltenango, Mazatenango, Quetzaltenango y Antigua. Vendían y compraban para [re]vender en sus pueblos.

Pero dice que en las montañas de Chimaltenango y Quetzaltenango, había muchos ladrones que degollaban a los atitecos para robarles su dinero y lo que llevaban a vender. Como los pobres atitecos iban muy

---

Pascual Mendoza Ixtepela, un atiteco, le contó este cuento a Pedro Cholotío Temó. Pascual fue asesinado por venganza personal en el cementerio de Santiago. Pedro dijo que Pascual era un sacerdote maya; es decir, un principal. Pedro me mandó por correo esta historia en el año 2000 en dos cuentos diferentes que tituló, "El bastón de oro: Cuento tz'utujil" y "La historia del general Jorge Ubico." Pedro indicó que la primera era similar a la segunda. Yo combiné las dos historias en dos partes y agregué un nuevo título, "Francisco Sojuel y el general Jorge Ubico: Cuento tz'utujil."

cansados debajo de sus cargas [pesadas], no podían defenderse. Dice que cada semana se quedaban dos o tres viajeros muertos—sus cuerpos aparecían en las orillas del camino.

Un día dice que se juntaron todos los viajeros porque casi se estaban terminando. Por la noche, hicieron una costumbre [rito] porque entre ellos había brujos y zajorines [chamanes], pero no tenían el poder como lo tenía Francisco Sojuel. A medianoche se pusieron en concentración, llamando al espíritu de Francisco Sojuel para pedirle su ayuda. Cuando la costumbre estaba más alegre, [estaban] quemando todas las ofrendas, mirra, incienso, candelas, guaro [aguardiente] y flores.

Dice que entre ellos apareció un principal [anciano] del pueblo que se hacía como un bolo [borracho]. Les preguntó qué era lo que estaban haciendo y qué era lo que querían.

Ellos le dijeron, "Nosotros estamos llamando al espíritu de nuestro hermano mayor Aplas Sojuel (Francisco Sojuel) para que su nagual nos ayude, porque los ladrones han matado a muchos de nuestros compañeros viajeros."

El viejito [el principal] les dijo: "El nagual o el espíritu de Chico Sojuel no viene, pero me dijeron que él conoce el sentido de la costumbre que están ofreciendo. Francisco Sojuel va a ayudarles pero llámenlo a la hora del peligro. Cuando aparezcan esos villanos, ustedes tienen que gritar tres veces diciendo: '¡Aplas Sojuel, ayúdanos; nos van a matar!' Verán que sí él les va a ayudar."

Dice que los reunidos le preguntaron quién era él, y el viejito les contestó, "Solamente [soy] un principal del pueblo. Quiero mucho a mi pueblo; me gusta mucho la costumbre que están ofreciendo. Que no se les olvide."

Eso fue lo que les dijo el viejito, y salió; no volvieron a verlo más. Se cree que era el nagual de Francisco Sojuel el que estuvo con los brujos y zajorines, pero no se fijaron en él; es decir, no lo reconocieron porque se hizo pasar por un viejito del pueblo.

Así fue entonces. Los viajeros se iban a Mazatenango, Chimaltenango y Quetzaltenango. Una vez, en las montañas de Patzún, antes de llegar a Chimaltenango, de la montaña salieron cinco asesinos a cortarles la cabeza a los viajeros. En ese momento dice [Mendoza] que gritaron: "¡Aplas Sojuel K'atoo (Francisco Sojuel), ayúdanos!" En ese momento dice que apareció Francisco Sojuel y les dijo, "Un momento." Se quitó sus caites, y sacó de las plantillas de sus pies un bastón de oro y se puso a pelear con los criminales. Los agarró al derecho y al revés. Le dio un bastonazo a cada villano, matando a los cinco degolladores, y los dejó tendidos en medio del camino.

Los viajeros cayeron de rodillas para besarle la mano a don Chico Sojuel. Pero no quiso que le tocaran, y les dijo, "No tengan cuidado. Vayan a vender, de hoy en adelante tengo que terminar de matar a esos ladrones. Ahorita, me voy a las montañas de Quetzaltenango a terminar a los ladrones." Todo fue cierto; los viajeros ya no sufrieron más.

Por último, los viajeros le preguntaron [a Sojuel], "¿Dónde vive?" y él les dijo, "No me he muerto. Estoy donde hay alegría, donde hay fiestas y donde hay respeto. Pero también estoy aquí para castigar la maldad." Eso dijo y se desapareció.

El general Jorge Ubico Castañeda [también] era un hombre muy fuerte [con poderes especiales como los de Francisco Sojuel]. Hacía lo que él quería hacer sin que nadie se diera cuenta de los poderes que él tenía. Cuando era presidente de Guatemala visitaba los departamentos y los pueblos, sin guardaespaldas. Se iba solo; aparecía y de repente se desaparecía por su propio poder.

Dice que una vez llegó en a la municipalidad de Sololá. Entró a la gobernación, en ese tiempo se llamaba Jefatura Política. El jefe político [gobernador] no esperaba la llegada del señor presidente, y le preguntó cómo había llegado. El presidente dijo que había llegado montado en su caballo, el cual había dejado cerca de la ciudad. Así, se dice que conversó con el gobernador, averiguando si se estaban cumpliendo las órdenes, si toda la gente estaba trabajando honradamente y si tenía una lista de ladrones y asesinos para fusilarlos.

El jefe político le contestó, "Señor presidente, en todo Sololá no hay asesinos ni ladrones. No hay novedad."

"Muy bien," dijo el presidente. Le ofrecieron que tomara asiento, pero el general Ubico no quiso sentarse, y dijo que salía para la tienda a comprar algo para la sed y regresaría para seguir conversando. Pero ya no regresó, hasta allí la bulla. Los soldados, guardias y el mismo gobernador salieron a las calles y afuera de la ciudad, pero ya no vieron a Ubico. Nadie supo lo que hizo para desaparecer.

En otra ocasión se dice que el general Ubico llegó a una fiesta de Santiago Atitlán, cuando los señores de la municipalidad y los principales del pueblo estaban bailando y tomando los tragos. En eso estaban cuando entró con ellos un señor alto y gordo vestido de atiteco. Comenzó a bailar los sones y tomó los tragos. Cuando lo reconocieron, era el presidente Jorge Ubico.

Se dice que le preguntaron que cómo había llegado porque entonces en ese tiempo no había carretera. Les dijo que había llegado en lancha para visitar el pueblo de Santiago y que era el mejor amigo de Francisco Sojuel. Así les dijo. Salió y ya no lo vieron más. Luego salió la noticia de que el presidente Jorge Ubico se encontraba en el pueblo. Toda la población lo quería ver, y se movilizaron para localizarlo. Pero no lograron verlo más.

Ahora en estos tiempos, se cree que Sojuel y Ubico son dos seres que no han muerto. Aparecen y se desaparecen.

The Boy from Santiago Atitlán Who Became President of Guatemala

During that time, there was plenty of danger on the road. Always in that time people would travel on foot because there were no cars or buses. People would go to the capital of Guatemala, but there was danger on the road. Some would return to Santiago Atitlán, and others would not.

But one day, a boy said to the ones who had to go to the capital of Guatemala, "I will go with you."

But the muchachos said that he could not go. "You are a boy, and we can't take care of you because sometimes on the road there is danger, and you are a youngster."

But the boy said, "I will go to help you."

"But how can you help us if you are a boy?"

"Yes, but I can go with you. I am the one who will help you."

"Ah, [but] you are a boy. [It is] okay if you want to go, [but] what are we going to do? If something dangerous happens on the road, we are not going to help you. And there may be danger."

"Don't worry. I am going with you; I am going to help you."

Well, the next day, they left for the capital of Guatemala. They went on foot because there were no cars or buses at that time. They came to

---

I taped this story by Alberto Barreno in Panajachel in the fall of 1988.

a place where they had to stay. They had dinner and slept on that road in the forest.

The boy, however, did not sleep. He did not feel sleepy. All of his companions slept, but he was awake. Around one in the morning, he heard the noise of a horse that was coming. The footsteps of a horse could be heard. Then the boy turned into a giant because he was very intelligent. He turned into a giant! Then there was someone coming on a horse—the man who would kill the people and take them to a cave.

Then the boy who turned into a giant asked the man on horseback, "Who are you?"

"Well, I am the one who kills people. I am the one who takes people to the caves." Then the one who was mounted on the horse asked the boy who turned into a giant, "And you, where are you from?"

"I am from Santiago Atitlán," said the youngster who turned into a giant. Then he told him, "Get off the horse, and we will fight."

Then the one who was on horseback told him, "You can't fight with me."

"Yes," he said, "I can fight." And this boy who turned into a giant was carrying a machete.

Finally, the one who was on horseback dismounted. Then the boy who turned into a giant told the one who was on horseback, "If I kill you, this horse will be mine."

"Fine," said the one who was on horseback. He dismounted and they started to fight. And they were fighting when the youngster's companions woke up.

Then the companions started saying, "Youngster! Youngster!"

But the boy was fighting because he had become a giant. He was fighting with the man who was going to kill the muchachos and take them away to a cave. When the companions realized that the boy was not there, they saw that he was fighting. Finally, the boy who had become a giant killed the one who came on horseback. He killed him. After this, the boy turned into what he was before—a youngster.

Then his companions said, "And you, who are you?"

"My name is Elías of Santiago Atitlán."

"Ah, great!" said the companions.

And so this boy now had his horse. And thus, they went traveling to the capital of Guatemala, and now the boy was mounted on his horse. Thus they went to the capital of Guatemala, but this boy had great intelligence. He was the one who became president, who was named Ubico, but he was from Santiago Atitlán. And many people said that Ubico was not just any person because in Santiago Atitlán they found out that he was the boy who killed the man who came on horseback to kill the people to take them to a cave. For that reason, in Santiago Atitlán they say that he, Ubico, was not just any person, because he became the government, because this boy said, "When I get to the government, that is, become president, I will fix all these things."

This government of Ubico said that the people were suffering a lot, and there were many thieves, there were many bad things. Then this government of Ubico, the one who became president, sent representatives to the fincas [farms] to see why the people were always on fincas, and he became aware that the people were suffering. Then the representatives whom he sent to the fincas asked how much the workers earned—if they earned a lot or a little, and why it was that they were always on the finca.

Then the people on the finca said that they earned very little and that they also owed money to the finca. And they were almost owned by the finca because they could not leave it since they owed too much money. And if a child was born, it went directly to the finca [that is, it could not escape from the finca]. It could not leave the finca because of the debt. President Ubico became aware of all this.

Then Ubico enacted a law canceling the debts. He called on all the *patrones* [owners, landlords] to cancel all the debts, and the *patrones* of the fincas became very angry, wanting to know why they made that law, the law of cancelation of debts. Then the *finqueros* [farm owners, managers], that is, the *patrones*, got very angry.

So then, indeed, in this way President Ubico was the one who came from Santiago Atitlán as a boy of great intelligence. As a boy, he decided to become president and to govern, and he did. This, then, is the story of that boy from Santiago Atitlán who got to be president, who became Ubico.[7]

El patojo de Santiago Atitlán quien llegó a ser presidente de Guatemala

Durante ese tiempo, había mucho peligro en el camino. Siempre en ese tiempo la gente viajaba a pie porque no había carros o buses. La gente iba a la capital de Guatemala, pero en el camino había peligro. Algunos regresaban a Santiago de Atitlán y otros no.

Pero un día, un patojo [joven] les dijo a los que tenían que ir a la capital de Guatemala, "Yo voy a ir con ustedes."

Pero los muchachos dijeron que él no podía ir. "Tú eres un patojo, y no podemos cuidarte porque algunas veces en el camino hay peligro, y tú eres un muchacho joven."

Pero el patojo dijo, "Yo voy a ir a ayudarles."

"¿Pero cómo puedes ayudarnos si eres un patojo?"

"Sí, pero puedo ir con ustedes. Yo soy el que les va a ayudar."

"Ah, [pero] tú eres un patojo. [Está] bien si quieres ir, [pero] ¿qué vamos a hacer nosotros? Si algo peligroso pasa en el camino, no vamos a ayudarte. Y puede haber peligro."

"No se preocupen. Yo voy a ir con ustedes; yo voy a ayudarles."

Bueno, al siguiente día, se fueron para la capital de Guatemala. Se fueron a pie porque no había carros o buses en ese tiempo. Llegaron a un lugar donde tenían que quedarse. Cenaron y durmieron en ese camino en el bosque.

El patojo, sin embargo, no durmió. No tenía sueño. Todos sus compañeros durmieron, pero él estaba despierto. Como a la una de la mañana, escuchó el ruido de un caballo que venía. Se escuchaba los pasos de un caballo. Entonces el patojo se volvió un gigante porque él era muy inteligente. ¡Se volvió un gigante! Entonces había alguien que venía en un caballo—el hombre que iba a matar a la gente y los iba a llevar a una cueva.

Entonces el patojo que se volvió un gigante le preguntó al que estaba montado, "¿Quién eres?"

"Bueno, soy el que mata a la gente. Yo soy el que se lleva a la gente a las cuevas." Entonces el que estaba montado en el caballo le dijo al patojo que se volvió un gigante, "¿Y tú, de dónde eres?

Grabé este cuento de Alberto Barreno en Panajachel en el otoño del año 1988.

"Yo soy de Santiago Atitlán," dijo el muchacho que se volvió un gigante. Entonces le dijo, "Bájate del caballo, y pelearemos."

Entonces el que estaba montado le dijo, "Tú no puedes pelear conmigo."

"Bien [Sí]," dijo, "yo puedo pelear." Y este patojo que se volvió un gigante llevaba un machete.

Al fin, el que estaba montado en el caballo se bajó. Entonces el que se volvió un gigante le dijo al que estaba montado en el caballo, "Si te mato, este caballo será mío."

"Bien," dijo el que estaba montado en el caballo. Se bajó, y comenzaron a pelear. Y estaban peleando cuando los compañeros del muchacho se despertaron.

Entonces los compañeros comenzaron a decir, "¡Muchacho! ¡Muchacho!"

Pero el patojo estaba peleando porque se había vuelto un gigante. Él estaba peleando con el hombre que iba a matar a los muchachos y llevárselos a una cueva. Cuando los compañeros se dieron cuenta de que el patojo no estaba allí, ellos vieron que estaba peleando. Al fin, el patojo que se había vuelto un gigante mató al que vino montado en el caballo. Él lo mató. Después de esto, el patojo se convirtió en lo que era antes— un muchacho joven.

Entonces sus compañeros dijeron, "¿Y tú, quién eres?"

"Mi nombre es Elías de Santiago Atitlán."

"Ah, ¡qué bueno!" dijeron los compañeros.

Y así este patojo ya tenía su caballo. Y así, se fueron de viaje a la capital de Guatemala, y ahora el patojo iba montado en su caballo. Así se fueron para la capital de Guatemala, pero este patojo tenía una gran inteligencia. Él fue el que se convirtió en presidente, que se llamaba Ubico, pero él era de Santiago Atitlán. Y mucha gente decía que Ubico no era cualquier persona porque en Santiago Atitlán se dieron cuenta que él era el patojo que mató al que venía montado en un caballo a matar a la gente para llevárselos a una cueva. Por eso, en Santiago Atitlán dicen que él, Ubico, no era cualquier persona porque se convirtió en el gobierno, porque este dijo, "Cuando llegue al gobierno, es decir, a ser presidente, arreglaré todas estas cosas."

Este gobierno de Ubico dijo que la gente estaba sufriendo mucho, y que había muchos ladrones, que habían muchas cosas malas. Entonces este gobierno de Ubico, el que se volvió presidente, mandó representantes a las fincas para ver por qué la gente siempre estaba en las fincas, y se dio cuenta que la gente sufría. Entonces los representantes que él mandó a las fincas preguntaron que cuánto ganaban los trabajadores—si ganaban mucho o poco, y que por qué era que siempre estaban en las fincas.

Entonces la gente de la finca dijo que ellos ganaban muy poco y que también le debían dinero a la finca. Y que eran casi propiedad de la finca porque no podían dejarla porque debían demasiado dinero. Y si un niño nacía, iba directamente para la finca [es decir, no podía escapar de la finca]. No podía salir de la finca por la deuda. El presidente Ubico se dio cuenta de todo esto.

Entonces Ubico pasó una ley para cancelar las deudas. Llamó a todos los patrones para cancelar todas las deudas, y los patrones de las fincas se enojaron mucho, queriendo saber por qué se había hecho esa ley, la ley de cancelación de deudas. Entonces los finqueros, o sea, los patrones, se enojaron mucho.

Pero entonces, sí, de esa manera el presidente Ubico fue el que vino de Santiago Atitlán como un joven de gran inteligencia. De patojo, decidió convertirse en presidente y gobernar, y lo hizo. Entonces esta es la historia de ese patojo de Santiago Atitlán quien llegó a ser presidente, quien se convirtió en Ubico.[7]

The Inheritance of the Old Man

A story tells that once there was a man who was very poor, who had a compadre who was rich. The poor compadre asked him [the wealthy man] how and where he had obtained so much wealth.

The rich compadre told him that he had gotten all that wealth from the *dueño* [owner, lord] of an enchanted hill, but that he would not give it to anyone unless they gave him an offering in exchange.

It is said that the poor compadre asked the rich compadre to take him to the enchanted hill to ask for a little wealth because his life was bitter as a result of poverty. Then the rich compadre says, "Compadre, I will take you with much pleasure and I will help you, but you have to take a present. You will present the gift at midnight. You will take your wife or some of your children as a present, so that their souls and their bodies remain there forever. The *dueño* of the hill knows why they are going to serve him."

The poor compadre replies, "Compadre, I could not harm my wife or my children. I don't have the heart to do these things."

Then the rich compadre says to the poor compadre, "Compadre, you could get a friend and give him some drinks so he does not notice when

This traditional story is by the campesino Pedro Cholotío Temó, who mailed it to me in the year 2000.

we take him to the hill. He will serve as your tithe so your fortune will last awhile. Otherwise, it will only last you for a little while and you are going to die, but if you leave some gift in exchange, you will have a long life and your fortune will last."

It is said that in the town lived a poor little man who spent every day drunk. The poor compadre says to the drunkard, "You, if you will, come with me to the hill to pick squash and *güisquiles* [a climbing plant whose gourd-like fruit is the size of an orange]. I need somebody to carry the load of crops for me. But there is no problem; I will give you your drinks along the road so that you don't suffer a hangover." They brought the little drunkard along by trickery, because on that hill there were no squashes or *güisquiles*.

One afternoon the two compadres took the little drunkard away, [and] they gave him his drinks along the way. When they reached the enchanted hill, it is said that the little drunkard could not feel anything at all. It is said that at night the two compadres performed the *costumbre* as an offering to the lord and master of the enchanted hill. They brought food and plenty of guaro [aguardiente, distilled cane liquor]. After the *costumbre*, when it was midnight, they lay down close to where the little drunkard was thrown.

At dawn, it is said that the little drunkard was no longer there. He had disappeared; the *dueño* of the enchantment had taken him away. The two compadres, very content, returned to the town.

Over time, it is said that the poor compadre became rich with many assets. For him poverty no longer existed. Thus his children also grew up surrounded by wealth, surrounded by their father's fortune, which he had requested from the *dueño* of the enchanted hill.

With the passage of time, the compadre who used to be poor got old and planned to distribute his wealth to his two children. He left them a large inheritance—lands, livestock, houses, and a lot of money. Before dying, he gave his children certain recommendations. It is said that he told them, "When I die, don't be sad, because I left each of you an inheritance. But please, before my burial, I want you to put my *caites* on my feet and my silk handkerchief on my neck as a memory of this world.

"My wealth I got from an enchanted hill." It is said that he told his children how he had received the fortune from an enchanted hill. Moreover, he told his children, "If you see little drunkards, it is best if you give them their liquor, because the fortune that I possess is tithed by a little drunkard."

The father of the boys died. Before burying him, they put his *caites* on his feet and his silk handkerchief on his neck, and thus they buried him. The children were left with the wealth of the deceased, but the fortune was not theirs. Little by little, they spent it, until finishing it. When the wealth of the deceased was used up, the two children were again left in poverty, as before.

It is said that one day the two sons of the deceased went to the enchanted hill to ask for wealth from the *dueño*, in the same way as he had given it to their father. Well, they took everything necessary for the *costumbre*, to present it to the lord and master of the enchantment.

It is said that when they entered the cavern they saw a pair of *caites* and a silk handkerchief hanging, but they paid no attention to the things that were hanging. They thought some people were doing *costumbres* because the opening in the rock was large.

They did not even remember the *caites* or the silk handkerchief. So they continued doing what they had planned. They began performing the *costumbres* at midnight, when suddenly they heard a voice that said: "My sons, why are you asking for wealth? The wealth of this hill is good for nothing." It is said that they could hear the voice of the old man very well, saying to them, "My sons, you can no longer see me, but here I am, with a suffering that has no end. Every three days they take my bones, cutting my flesh, and give it to the jaguars and to the mountain lions and to the coyotes; they feed them with my flesh. This is a constant suffering. The sharp knives hurt me greatly; my blood is used as food for the bats who are the servants of the *dueño*. In three days my flesh grows back, and they cut it again."[8]

It is said that the two men, when they heard the voice of their father, felt great fear. The two fell trembling, feeling a great cold that fell from above; their hair stood on end like prickles.

Again the voice said to them, "Take my *caites* and my silk handkerchief." Like that the voice was disappearing little by little with an echo, saying, "Goodbye, my children; don't think anymore about asking for wealth."

It is said that when the two men recovered their physical and mental state, they did not see the handkerchief or the *caites* anymore. But the rest of their life they were sick—their faces and feet swelled up because their spirits remained in the hill. Due to the great fright and fear, they did not linger for long, and they died.[9]

La herencia del viejo

Un cuento dice que antes vivía un hombre que era muy pobre, que tenía un compadre quien era rico. El compadre pobre le preguntó [al rico] cómo y dónde había conseguido tantas riquezas. El compadre rico le dijo que toda esa riqueza la había obtenido del dueño de un cerro encantado, pero que no se la daba a cualquier persona sin que antes le dieran a cambio una ofrenda.

Se dice que el compadre pobre le pidió al compadre rico que lo llevara al cerro encantado para pedirle un poco de riqueza porque su vida estaba amargada por la pobreza. Entonces, el compadre rico le dice, "Compadre, con mucho gusto te llevaré y te ayudaré, pero tienes que llevar un presente. El regalo lo vas a presentar a la medianoche. Vas a llevar a tu mujer o a algunos de tus hijos como obsequio, para que sus almas y sus cuerpos se queden para siempre. El dueño del cerro sabe para qué le van a servir."

El compadre pobre le contesta, "Compadre, no puedo hacerle daño ni a mi mujer ni a mis hijos. No tengo corazón para hacer estas cosas."

Entonces, el compadre rico le dice al compadre pobre, "Compadre, puedes conseguir a un amigo y darle sus tragos para que no sienta cuando lo llevemos al cerro. Él te servirá de diezmo para que te dure la fortuna. De lo contrario, sólo te durará un poco de tiempo y vas a morir, pero si dejas algún presente a cambio, tendrás larga vida y te durará la fortuna."

Se dice que en el pueblo vivía un pobrecito que todos los días pasaba bolo. El compadre pobre le dice al bolo, "Vos [Tú], si quieres, ven conmigo al cerro a cortar ayotes y güisquiles [planta trepadora cuya fruta, similar al ayote, es del tamaño de una naranja]. Es que necesito a alguien para que me traiga cargada la cosecha. Pero no hay pena; yo te daré tu

---

Este cuento típico es del campesino Pedro Cholotío Temó, quien me lo mandó por correo en el año 2000.

guaro [aguardiente] en el camino para que no sufras la goma." Con enga-ños se lo llevaron al bolito, porque en ese cerro no había ayotes ni güisquiles.

Una tarde los dos compadres se llevaron al bolito, [y] en el camino le dieron sus tragos. Cuando llegaron al cerro encantado, se dice que el bolito ya no sentía nada. Se dice que por la noche los dos compadres hicieron la costumbre para ofrecérsela al dueño y señor del cerro en-cantado. Llevaron comidas y mucho guaro. Después de la costumbre, cuando era la medianoche, se acostaron cerca de donde estaba tirado el bolito.

Cuando amaneció, se dice que ya no estaba el bolito. Había desapare-cido; el dueño del encanto se lo había llevado. Los dos compadres muy contentos se regresaron al pueblo.

Con el tiempo, se dice que el compadre pobre se volvió rico con mu-chos bienes. Para él ya no era nada la pobreza. Así también, crecieron sus hijos en medio de la riqueza, en medio de la fortuna de su padre, la cual había pedido al dueño del cerro encantado.

Con el correr del tiempo, el compadre que era pobre se envejeció y pensó repartir sus riquezas a sus dos hijos. Les dejó mucha herencia—terrenos, ganado, casas y mucho dinero. Antes de morir, les dejó a sus hijos ciertas recomendaciones. Se dice que les dijo, "Cuando yo muera, no se pongan tristes porque les dejé a cada uno su herencia. Pero por fa-vor, antes de mi sepultura, quiero que me pongan mis caites en los pies y mi pañuelo de seda en el cuello como recuerdo de éste mundo.

"Mis riquezas las obtuve de un cerro encantado." Se dice que les contó a sus hijos cómo había recibido la fortuna de un cerro encantado. Además, les dijo a sus hijos, "Si miran a los bolitos, es mejor si les dan su guaro porque la fortuna que tengo está diezmada por un bolito [que le ofreci-mos como un sacrificio al dueño y señor del cerro encantado]."

El padre de los muchachos se murió. Antes de enterrarlo, le pusieron sus caites en los pies y su pañuelo de seda en el cuello, y así lo enterraron.

Los hijos se quedaron con la riqueza del muerto, pero la fortuna no era de ellos. Poco a poco, la gastaron, hasta terminarla. Cuando se terminó la riqueza del muerto, los dos hijos se volvieron a quedar en la pobreza como antes.

Se dice que un día los dos hijos del muerto se fueron al cerro encan-tado para pedirle riquezas al dueño [así] como le habían dado a su padre.

Bueno, se llevaron todo lo necesario para la costumbre, para presentarle al dueño y señor del encanto.

Se dice que cuando entraron a la caverna vieron colgados un par de caites y un pañuelo de seda, pero ellos no le dieron importancia a las cosas colgadas. Pensaron que algunas personas estaban haciendo costumbres porque la abertura de la roca era grande.

Ni [siquiera] se acordaron de los caites ni del pañuelo de seda. Así ellos siguieron con lo que habían pensado. Comenzaron a hacer la costumbre a la medianoche, cuando de repente oyeron una voz que decía: "Hijos míos, ¿por qué piden riquezas? Las riquezas de este cerro no sirven para nada." Se dice que bien se oía la voz del viejo, diciéndoles, "Hijos míos, ya no me pueden ver, pero aquí estoy, con un sufrimiento que no tiene fin. Cada tres días cargan mis huesos cortando mi carne y se la dan a los tigres y a los leones y a los coyotes; los alimentan con mi carne. Este es un sufrimiento de todo el tiempo. Duelen mucho los filosos cuchillos; mi sangre sirve de comida a los murciélagos que son los mandaderos del dueño. A los tres días vuelve a crecer mi carne y me la cortan otra vez."[8]

Se dice que a los dos hombres, cuando oyeron la voz de su padre, les dio mucho miedo. Los dos cayeron temblando, sintiendo el gran hielo que les caía encima; el pelo se les paró como espinas.

Otra vez la voz les decía, "Lleven mis caites y mi pañuelo de seda." Así, la voz se fue desapareciendo poco a poco con eco diciendo, "Adiós hijos míos; no piensen más en pedir riquezas."

Se dice que cuando los dos hombres recuperaron su estado físico y mental, ya no vieron el pañuelo ni los caites. Pero el resto de sus vidas se enfermaron—se les hincharon la cara y los pies porque sus espíritus se quedaron en el cerro. Por el gran susto y miedo, ya no dilataron mucho tiempo, y se murieron.[9]

The Spirits of the Dead

Don Rafael Gonzáles told me this story based on actual events.[10] He says that when he was young; that is, when he was twenty years old, he used to go out with his friends Pedro Navichoc and Antonio Navichoc. With them he used to walk the narrow alleys of San Pedro. Back then, these were no more than narrow paths, not like today. Now, they are streets.

He says they used to tell funny stories and jokes. They would sit on the street corners in the dark because back then there was no [electric] light until the time of the then president of Guatemala, Dr. Juan José Arévalo, when an electric plant was donated to provide electricity to the people for three hours—seven, eight, and nine o'clock at night. After nine o'clock at night, the people were left again in darkness.

Thus, recounts Don Rafael, when he was young and walked with his friends, they felt afraid when each returned to his respective house. They felt scared because many times they saw strange things.

One time he says that they were near the cemetery when they heard a windstorm coming, as if it were dragging sticks and stones, and the three of them hid behind some rocks. Looking toward the path, they saw a

Story by Don Rafael Gonzáles, *principal* and native of San Pedro la Laguna, purely a Tz'utujil, ninety-three years old, who does not know how to read or write.

woman being dragged by the wind with her hair disfigured [disheveled]. They could not see her face, [but they could tell] she entered the cemetery crying. Following her were other disfigured women with ugly faces. Their bodies looked good, but their faces were [only] skulls. They also were dragged by the wind.

Inside the cemetery, they could hear a great clamor among the women, like a lament, as if their voices had echoes. Don Rafael says that the three of them [the observers] could not speak or walk. They felt that their faces had swollen up; they felt that their tongues had become thick. They could not walk, so then they held hands.

After a while, nothing could be heard anymore. Everything seemed quiet, but Don Rafael says that they were greatly affected. Little by little, they left walking, but as if they were drunk, staggering, their feet greatly trembling and a great cold in their bodies. In that state, they returned home. Don Rafael says he did not sleep at all. They awoke very scared; they did not want to eat or go to work. At twelve noon on that same day, Señora Encarnación Salquil died.

Costumbres were performed for the three of them; they were taken to the church to ask the saints and the *dueño* of the night for forgiveness because he is the one who rules the things of the dark. Don Rafael strongly suggests not to wander around at night so that the evil hour does not get to one because afterward it is hard to cure.

Don Rafael says that when a person becomes ill; that is, when the person is gravely ill, awaiting death, the spirit of that person leaves and travels through the places where the person used to work, where the person used to live. When the body is dying, the spirit passes through many places.

Don Rafael says that in the past, when he was young, a very strange thing happened to him. He had a girlfriend in town and he went out every four or five days to talk with her. He used to return at six in the evening out of fear, because there wasn't any [electric] light then and because many things had happened to him, now he was afraid of walking at night.

So, he says that one afternoon, he was coming back from visiting his girlfriend, and the path where he walked passed right in front of the cemetery. It wasn't dark yet, and inside of the cemetery he saw one man working, cleaning with a hoe the tomb of a dead person. He says that the man working called him, saying, "Hey, you boy, come here with me!

Help me a little; I want to finish cleaning this tomb. Here my mother is buried."

Don Rafael says that he knew the gentleman who was working in the cemetery. His name was Ventura. So he told him, "Don Ventura, I can't help you; it is very late. I am going home. It is that my mother does not give me my dinner if I arrive late." That's what Don Rafael told the gentleman who was working at the cemetery.

Don Rafael says that he felt as if somebody were telling him to leave soon. He got upset, telling himself, "Why does this man continue working? It is already late." Finally, he continued [on] his journey.

All night he slept soundly. He almost erased from his mind what had happened the day before. At four in the morning, they sounded the bells announcing that there was a fatality in town. Rafael's mother told him, "My son, I wonder who died." At six in the morning, the news went out that Don Ventura had died. He was a *principal* of the town, the same gentleman that Rafael had seen and spoken to the previous day. He says that he told his mother everything that had happened.

His mother told him that if he had entered the cemetery to help, right there he would have fallen dead because he spoke with the spirit of the sick man that was traveling through the places where the body had spent time during his normal life.

Don Rafael says that at the moment when he spoke with that spirit at the cemetery, he did not feel fear. The great fear did not come until the day after, when the news came out about the death of Ventura, the *principal* of the town. He says that he fell sick from fright. He could not walk or go out in the sun.[11] His face was swollen, his feet were swollen, and he was three months sick in bed.

His mother was very poor and did not have the money to cure her son. It was a miracle that he was cured by means of *secretos* [ritual acts] that a *zajorín* did for him at midnight at the cemetery because the spirit of Rafael had remained with the holy souls. He recommends not walking alone; [it is] better [to walk] with friends and not go out at night when there are seriously ill people in town because their spirits go out to chase people. It is in this manner then that sudden death occurs.

Don Rafael says that another scary thing happened to them. When they had forgotten what happened to them last time, the three friends got together again, walking through the narrow streets of the town. When they crossed in front of the Catholic church, they saw a man dressed like a priest loitering by the door of the church. They saw that the church was open. It was more or less twelve midnight, but at that time the church closed at six in the evening.

It was frightful for them; he says that they could not return to their houses. What they did was to go sleep at the house of one of the companions, not knowing that one of them was a *characotel* [person who can transform into his or her *nagual* and do evil things]. There the three of them went to sleep. One of them wanted the oil lamp to be turned off, but the others wanted to sleep with the lamp lit because of how scared they felt from what they had seen in front of the church. Finally, he says that he convinced them, and they turned the oil lamp off and fell asleep.

Don Rafael and the other friend awoke about four in the morning, thinking, "What are we going to say when we get home?" The other boy, that is, the owner of the house, was fast asleep. Because he was in his own home, he had no problems.

Rafael and the other companion could not sleep at all now. So they lit the oil lamp. Rafael says that he went out to urinate and saw a dog running laps around the little hut. The dog wanted to enter but could not because the two companions were awake and the oil lamp was lit.

He says that they observed the preoccupation of the animal who wanted to enter [the hut] because he was the *nagual* of the man who was sleeping. Rafael told the other fellow that outside there was a dog very preoccupied with getting in. The other [companion] went out to see if it was true. The two of them confirmed that the dog was the *nagual* of the one who was sleeping.

He says that daybreak came at about six in the morning, and the two of them left the hut and pretended to go home, but only to watch what happened with the dog. In a little while, they returned to where the fellow was sleeping. They did not see the dog anymore, and the boy had already gotten up. Don Rafael and the other fellow understood that their companion was a *characotel*. From that moment on, they stopped being friends.

Don Rafael thought that there is nothing good in the streets, not even with friends. Certainly he believes that *characoteles* exist.

Los espíritus de los muertos

Don Rafael Gonzáles me contó este cuento basado en hechos reales.[10] Dice que cuando él era joven; es decir, cuando tenía veinte años, salía a pasear con sus amigos Pedro Navichoc y Antonio Navichoc. Con ellos andaba por los estrechos callejones de San Pedro. En ese entonces, no eran más que caminos angostos, no como hoy en día. Ahora, son calles.

Dice que contaban chistes y bromas. Se sentaban en las esquinas en la oscuridad porque en ese entonces no había luz [eléctrica] hasta el tiempo del entonces presidente de Guatemala, Dr. Juan José Arévalo, cuando fue donada una planta eléctrica para dar luz a la población durante tres horas—siete, ocho y nueve de la noche. Después de las nueve de la noche, la población se quedaba otra vez en la oscuridad.

Pues, cuenta don Rafael que cuando él era joven y andaba con sus amigos, les daba miedo cuando cada uno regresaba a su casa. Se sentían asustados porque muchas veces vieron cosas extrañas.

Una vez dice que estaban cerca del cementerio cuando oyeron venir una tormenta de aire, como que [si] venía [viniera] arrastrando palos y piedras, y los tres se escondieron detrás de las rocas. Mirando hacia al camino, vieron a una mujer arrastrada por el viento con el pelo desfigurado [desaliñado]. No se le miraba la cara, [pero se dieron cuenta que] entró llorando al cementerio. Atrás de ella iban otras mujeres desfiguradas con las caras feas. Sus cuerpos se miraban bien pero sus caras eran solamente calaveras. También fueron arrastradas por el viento.

Adentro del cementerio, podían oír una gran bulla de las mujeres, como un lamento, como que [si] sus voces tenían [tuvieran] ecos. Don Rafael dice que ellos tres [los espectadores] ya no podían hablar ni caminar. Sentían que sus caras se les habían hinchado; sentían que sus lenguas las tenían gruesas. No podían caminar, entonces se agarraron de las manos.

Un rato más tarde ya no se oía nada. Todo parecía tranquilo, pero dice don Rafael que a ellos les afectó mucho. Poco a poco, se fueron andando, pero como si estuvieran borrachos, tambaleándose, sus pies temblando

---

Cuento de don Rafael Gonzáles, principal y nativo de San Pedro la Laguna, puramente tz'utujil, de noventa y tres años y que no sabe leer ni escribir.

mucho y con un gran frío en su cuerpos. Así se fueron para sus casas. Don Rafael dice que no durmió nada. Amanecieron muy asustados; no querían comer ni querían trabajar. A las doce del mediodía de esa misma fecha, murió la señora Encarnación Salquil.

A los tres, les hicieron costumbres [ceremonias]; se los llevaron a la iglesia para pedirles perdón a los santos y al dueño [señor o dios] de la noche porque él es quien manda las cosas de la oscuridad. Don Rafael recomienda mucho no andar por las noches para que la mala hora no le llegue a una persona porque después es difícil curarla.

Dice don Rafael que cuando una persona cae enferma; es decir, cuando se encuentra grave, esperando la muerte, el espíritu de esa persona sale y recorre los lugares donde estuvo trabajando, donde estuvo viviendo. Cuando el cuerpo agoniza, el espíritu pasa por muchos lugares.

Don Rafael dice que antes, cuando él era joven, le pasó una cosa muy extraña. Él tenía una novia en el pueblo, y se iba cada cuatro o cinco días para platicar con ella. Se regresaba a las seis de la tarde por miedo porque entonces no había luz [eléctrica], y como a él le habían sucedido muchas cosas, ya le daba miedo andar por las noches.

Entonces, dice que una tarde regresaba de visitar a su novia, y el camino donde transitaba pasaba frente al cementerio. Todavía no era de noche, y dentro del cementerio vio a un hombre trabajando, limpiando con azadón la tumba de un muerto. Dice que el hombre que estaba trabajando lo llamó, diciéndole, "¡Eh, vos [tú], muchacho, ven aquí conmigo! Ayudáme un poco; quiero terminar de limpiar esta tumba. Aquí está enterrada mi mamá."

Don Rafael dice que conocía al señor que estaba trabajando en el cementerio. Se llamaba Ventura. Entonces le dijo, "Don Ventura, no lo puedo ayudar; ya es muy tarde. Me voy para mi casa. Es que mi mamá no me da mi comida si llego tarde." Eso fue lo que don Rafael le dijo al señor que estaba trabajando en el cementerio.

Don Rafael dice que presintió como que [si] alguien le decía [dijera] que se fuera luego. Se molestó, diciéndose a sí mismo, "¿Por qué este hombre sigue trabajando? Ya es muy tarde." Al final, siguió su camino.

Toda la noche durmió tranquilo. Casi borró de su mente lo que había pasado el día anterior. A las cuatro de la mañana, sonaron las campanas anunciando que en el pueblo había un muerto. La mamá de Rafael le dijo,

"Hijo mío, a saber quién murió." A las seis de la mañana salió la noticia de que se había muerto don Ventura. Él era un anciano del pueblo, el mismo señor que Rafael había visto y platicado con él, el día anterior. Él dice que le contó a su mamá todo lo que había sucedido.

Su mamá le dijo que si él hubiera entrado al cementerio a ayudarle [a don Ventura], allí mismo se hubiera quedado muerto porque habló con el espíritu del enfermo que recorría los lugares donde el cuerpo había pasado durante su vida normal.

Don Rafael dice que en el momento cuando habló con ese espíritu en el cementerio, no sintió miedo. El gran miedo fue hasta el día siguiente cuando salió la noticia que había fallecido el principal del pueblo, Ventura. Dice que del susto cayó enfermo. Ya no podía caminar o ponerse al sol.[11] Se le hinchó la cara, se le hincharon los pies y estuvo tres meses enfermo en cama.

Su mamá era muy pobre, no tenía dinero para curar a su hijo. Fue un milagro haberse curado por medio de secretos que le hizo un zajorín a la medianoche en el cementerio porque el espíritu de Rafael se había quedado con las ánimas benditas. Él recomienda no andar solo; [es] mejor [caminar] con amigos, y no hay que salir por las noches cuando en el pueblo hay personas gravemente enfermas, porque sus espíritus salen a perseguir a la gente. Es así cuando resulta la muerte repentina.

Don Rafael dice que les pasó otra cosa que da miedo. Cuando habían olvidado lo que les ocurrió la vez pasada, los tres amigos volvieron a juntarse, caminando por las angostas calles del pueblo. Cuando pasaban frente a la iglesia católica, vieron a un hombre vestido de sacerdote paseándose en la puerta de la iglesia. Vieron que la iglesia estaba abierta. Eran más o menos las doce de la medianoche, pero en ese tiempo la iglesia se cerraba a las seis de la tarde.

Fue espantoso para ellos; dice que ya no pudieron regresar a sus casas. Lo que hicieron fue ir a dormir a la casa de uno de los compañeros sin saber que uno de ellos era characotel [persona que puede convertirse en su nagual y hacer cosas malas]. Allí se quedaron durmiendo los tres. Uno de ellos quería que se apagara el candil, pero los otros dos querían dormir con el candil encendido por el miedo que sentían de lo que habían visto frente a la iglesia. Finalmente, dice que los convenció, y apagaron el candil y se durmieron.

Don Rafael y el otro amigo se despertaron más o menos a las cuatro de la mañana, pensando, "¿Qué vamos a decir cuando lleguemos a nuestras casas?" El otro muchacho, es decir el dueño de la casa, estaba muy dormido. Porque estaba en su casa, no tenía problemas.

Rafael y el otro compañero ya no pudieron dormir para nada. Entonces encendieron el candil. Rafael dice que salió a orinar y vio a un perro dando vueltas alrededor del ranchito. El perro quería entrar pero no podía porque los dos compañeros ya estaban despiertos y el candil estaba encendido.

Dice que observaron la preocupación del animal que quería entrar [al ranchito] porque era el nagual del hombre que estaba durmiendo. Rafael le dijo al otro que afuera había un perro muy preocupado por entrar a la casa. El otro [compañero] salió a ver si era cierto. Los dos comprobaron que el perro era el nagual del hombre que estaba durmiendo.

Dice que al amanecer eran ya cerca de las seis de la mañana, y los dos salieron del ranchito y pretendieron irse a sus casas, pero sólo para ver qué sucedía con el perro. Al ratito, regresaron donde estaba durmiendo el compañero. Ya no vieron al perro, y el muchacho ya se había levantado. Don Rafael y el otro compañero entendieron que el compañero de ellos era characotel. Desde ese tiempo, dejaron de ser amigos.

Don Rafael pensó que nada bueno hay en las calles, ni siquiera con los amigos. Pues don Rafael cree que los characoteles sí existen.

The Midwife

In the past, the midwives who attended childbirths were few. The people of Palestina and Panyevar [*aldeas* of San Juan la Laguna] used to go all the way to Santa Clara to fetch the midwife. Agustín said that he was living with his brother Bernabé when he [Agustín] was a young man around fifteen years old. The day came when Bernabé's wife, who was called Catarina, was about to give birth. They lived in Palestina and the midwife lived in Santa Clara. Bernabé and Agustín went to bring the midwife, who was called Magdalena Tuj.

When the midwife arrived in Palestina, she told them to put together the fire in the *temascal* [sweat bath similar to a sauna]. When the *temascal* was ready, they entered. In the *temascal* Catarina gave birth to their son.

When they left the *temascal*, they began drinking a lot of guaro [aguardiente, distilled cane liquor]. Agustín says that the midwife was already very drunk, but she could not sleep because she had to return to Santa Clara because she was the only midwife who attended childbirths in her town and in Santa María Visitación.

Then Bernabé woke up his brother, Agustín, so that he could accom-

This is a *caso* [a story believed to be true] told by Don Agustín Chavajay Cox, Pedro Cholotío Temó's stepfather. He was a Juanero [inhabitant of San Juan la Laguna] and a famous *zajorín*. Pedro sent me the Spanish version by mail in the year 2000.

pany him on the way to drop off Señora Magdalena, but Bernabé was as drunk as the midwife. They left walking, but the lady went from one side to another because of the guaro and the lack of sleep.

Around one o'clock in the morning, when they were passing through a place named K'onopaa, the lady told them to wait for her a little while. Agustín says that she went in among some *pajonales* [lands covered with coarse straw and other tall grass] to do her necessities. Bernabé and Agustín sat down on the side of the road, waiting for the midwife. Bernabé wanted to go to sleep, so he leaned back for a moment because he felt tired and drunk. But Agustín was annoyed because the lady did not return. Out of curiosity, he wanted to see what the lady was doing because she wasn't coming out of the *pajonal*. So, he went into the *pajonal*, and there he saw a big, fat *cocha* [pig] come out, going from one side to another as if the animal were drunk.

Agustín says that he felt a great fear—he could no longer walk; he shouted to his brother who had stayed at the edge of the road, saying: "You, come and see a very big pig, and the lady is nowhere to be found." Bernabé ran to see his brother, to see what was happening to him. They saw the pig rolling in the *pajonal*. In that place there were no houses, and the lady did not appear, only the pig, who was running many laps within the *pajonal*.

After a while, she returned to her normal state, that of a woman. She told them: "My children, forgive me that I have lingered. I am a midwife; I have my luck, my fortune. I am a woman who, indeed, has her *nagual* [animal form]. Now you saw me. Please don't harm me; don't tell the people what you saw about me. It so happens that today is my day, and when it is my day, by force I have to convert into my *nagual*. Because of the effects of the guaro, I could not hide from you. Now, you already saw me. I feel ashamed, but I can no longer do anything. What I ask from you is that you don't tell anybody, not even your family. Only you know, and with you it will stay. Because if you tell people what you saw, they are going to kill me. And if they kill my *nagual*, my entire body will be lost."

Agustín tells that the midwife took out a bottle of aguardiente from her apron and gave it to the two brothers. Agustín, out of his great fright, drank the guaro. The two siblings proved that the lady midwife was a *characotel* [person who can transform into his or her *nagual* and do evil things], but they also say that she was famous as a midwife.[12]

$$\backsim\backsim\backsim$$

La comadrona

Antes, eran pocas las comadronas que asistían los partos. La gente de Palestina y Panyevar [aldeas de San Juan la Laguna] viajaban hasta Santa Clara a traer a la comadrona. Agustín contaba que él vivía con su hermano Bernabé cuando [Agustín] era un jovencito más o menos de quince años. En aquel tiempo a la mujer de Bernabé, quien se llamaba Catarina, le llegó el día de dar a luz. Ellos vivían en Palestina y la comadrona vivía en Santa Clara. Bernabé y Agustín se fueron a llamar a la comadrona; ella se llamaba Magdalena Tuj.

Cuando la comadrona llegó a Palestina, les dijo que juntaran el fuego en el temascal [baño de vapor semejante a una sauna]. Cuando el temascal estaba listo, entraron. En el temascal, Catarina dio a luz a su hijo.

Cuando salieron del temascal, comenzaron a tomar mucho guaro [aguardiente]. Agustín dice que la comadrona ya estaba muy tomada, pero no podía dormir porque tenía que regresar a Santa Clara porque era la única comadrona que atendía los partos en su pueblo y en Santa María Visitación.

Entonces, Bernabé despertó a su hermano Agustín para que lo acompañara en el camino para ir a dejar a la señora Magdalena, pero Bernabé estaba tomado al igual que la comadrona. Se fueron caminando, pero la señora se iba de un lado a otro por el guaro y el desvelo.

Cerca de la una de la mañana, cuando fueron pasando por un lugar llamado K'onopaa, la señora les dijo que la esperaran por un ratito. Agustín dice que ella se metió entre unos pajonales [terrenos cubiertos con pajón u otras hierbas altas] para hacer sus necesidades. Bernabé y Agustín se quedaron sentados a la orilla del camino, esperando a la comadrona. Bernabé ya quería dormir, entonces se recostó un momento porque se sentía cansado y tomado. Pero Agustín se sentía molesto porque la señora no quería regresar. Por curiosidad, él quería ver qué era lo que estaba haciendo la señora porque no salía del pajonal. Entonces, se

---

Este es un caso [una historia que se cree verídica] contado por don Agustín Chavajay Cox, Juanero, padrastro de Pedro Cholotío Temó. Él fue un famoso zajorín [corrupción de "zahorí": brujo indígena que suele actuar también como curandero]. Pedro me mandó por correo la versión en español en el año 2000.

metió en el pajonal, y por allí venía saliendo una cocha [cerda] grande y gorda, yéndose de un lado para otro, como si el animal estuviera bolo.

Agustín dice que sintió mucho miedo—ya no podía caminar; le gritó a su hermano, que se había quedado a la orilla del camino, diciéndole: "Vos [Tú], vení [ven a] ver, una cocha bien grande, y la señora no aparece." Bernabé corrió a ver a su hermano para saber qué era lo que estaba sucediendo con él. Vieron a la cocha revolcándose entre el pajonal. En ese lugar no había casas, y la señora no aparecía, solamente la cocha que estaba dando muchas vueltas dentro del pajonal.

Al rato, volvió a su estado normal, como una mujer. Les dijo: "Mis hijos, perdónenme que he tardado un poco. Soy una mujer partera; tengo mi suerte, mi fortuna. Soy una mujer que en realidad tengo mi nagual [forma animal]. Ahora me vieron. Por favor no me hagan daño; no le digan a la gente lo que vieron de mi persona. Es que ahora es mi día, y cuando es mi día, por fuerza tengo que convertirme en mi nagual. Por los efectos del guaro, no pude esconderme de ustedes. Ahora, ya me vieron. Siento vergüenza, pero ya no puedo hacer nada. Lo que les pido es que no le cuenten a nadie, ni a su familia. Solamente ustedes saben, y con ustedes se queda. Porque si ustedes le cuentan a la gente lo que vieron, ellos me van a matar. Y si matan mi nagual, todo mi cuerpo estará perdido."

Agustín cuenta que la comadrona sacó una botella de aguardiente de su delantal y se la dio a los dos hermanos. Agustín, del gran susto, se tomó el guaro. Los dos hermanos comprobaron que la señora comadrona era characotel [persona con la habilidad de convertirse en su nagual y hacer cosas malas], pero también dicen que era famosa como partera.[12]

The Donkey-Man

There are people who do not believe in the *naguales* [animal spirits] of human beings, but there are many who do believe that there are people who are born with *naguales* of animals. In other words, we call them *characoteles*. They are those who walk at night; not in the form of people but in the form of animals.

In the past, my grandfather Pedro used to tell us that at night the *characoteles* always went out to sit behind the ranchos [rustic houses] of the sick people to find out when they were going die. At night, my grandfather used to tell us about what he had seen in his youth. He said that he was born in the year 1874. What I do remember very well is that he died on 10 August 1950. When I was a little boy, hearing what he said, I began to like to listen when the old folks talked about what they had seen and gone through.

My grandfather Pedro said that he visited his friends at night to drink with them. He said that the drinks could not be bought in San Juan. The aguardiente was bought in Santa Clara during the market days, or people brought it from the coast when they went out to sell. Also, he said that

---

This is a *caso*, a story believed to be true, told by Pedro Cholotío Pérez, grandfather (now deceased) of Pedro. Pedro mailed me a version in 2005.

they used to bring it from Santiago Atitlán; at the time, there were no taverns in San Juan.

My grandfather used to tell us that he had a friend named Sebastián with whom he always had drinks, but when they finished their drinks, Sebastian used to tell him that he could go at night all the way to Santa Clara and buy drinks. In fact, Sebastián used to go at night as far as Santa Clara to buy the guaro [aguardiente, distilled cane liquor]. He used to climb the Cristalín [in Spanish; K'istalin in Tz'utujil] Hill without any fear; even when it was very dark, he returned in less than an hour. He did the same when he used to go to Santiago Atitlán, although Santiago is even farther away than Santa Clara. My grandfather Pedro used to be very intrigued to know how Sebastián could return so rapidly. This is what Sebastián did when he went to buy aguardiente; he always returned quickly.

My grandfather Pedro said that he used to stay on one of the streets of the town waiting for his friend. When Sebastián returned, they would share the bottles of liquor on the corners of the paths. It was different before, now these are streets. Pedro and Sebastián would get drunk, and then each one would go home.

One time Pedro asked Sebastián, "You, Sebastián, how do you run a lot, because in less than half an hour you return but Santa Clara is far away?"

Sebastián said, "I just go running; I rapidly climb the hill. [It's] better in the dark because the sunlight dazzles my eyes; I cannot run like that." Sebastián said, "You, Pedro, try it! Go buy the liquor in Santa Clara, and you will see that surely you will return quickly! I will go to Santiago, and let's see which one of us returns sooner. We'll meet here with the drinks on this corner where we are right now."

"Very well," said Pedro. That night Sebastián took to the road. He left for Santiago, and my grandfather took the path for Santa Clara. It is only six kilometers to Santa Clara, but to Santiago it is more or less twenty-four kilometers.

Thus it was. He said that the two made a bet because of the heat of the drinks. Sebastián had his *nagual*, but my grandfather Pedro was a simple person. He couldn't make it to Santa Clara; it was a difficult and dark path. He could not climb [the hill]; he only was able to reach midway. Shouting that he could no longer hike up or down, the only way he could return was by crawling.[13]

Not until three o'clock in the morning did he arrive in the town, while Sebastián was happily having the drinks with his two bottles in hand. Then he says to my grandfather, "Pedro, where is the guaro that you brought, because mine is here?"

Pedro answers, "I couldn't make it; it was a very dark and difficult path. I had to return from midway [up the hill]. With great difficulty I was able to arrive here." Thus they remained and drank the drinks that Sebastián had brought from Santiago.

Another time, they decided to have drinks on another corner. That night when they already felt a little drunk, Sebastián says to Pedro, "You, Pedro, let's make another bet to see if you are a real man. Come on," he said.

"Okay," said my grandfather, and they went on foot to the hill where the path ascends to Santa Clara. They were standing and chatting there; they already felt drunk. In the blink of an eye, Sebastián turned into a donkey, jumping around my grandfather. He said that the donkey spoke, saying, "Well, ride me. I'll carry you to climb the hill. Let's go to Santa Clara!"

But my grandfather was dying of great fright. The hair on his head and the fuzz on his arms stood on end. He trembled from fear; the effects of the guaro he had drunk wore off. He did not want to ride the donkey. But he said that the donkey told him again, "Well, ride me because if you are not going to ride me, I am going to kill you with kicks." Pedro felt much fear, but he did not want to die. At last he was encouraged to ride, but first he asked the donkey if he was going to harm him.

The donkey said again, "Ride me! I won't harm you. We are friends." When the other mounted the donkey, the latter said, "Secure yourself; grab onto my hair so that you don't fall off."

"Okay," said Pedro. He secured himself, and he grabbed on to the donkey's hair. The donkey, running, climbed the hill. He didn't feel the weight of the one he was carrying. It did not even take him a half hour to get to Santa Clara. When he was about to arrive in Santa Clara; that is, when he was close to the town, Pedro didn't even feel when he stepped down from the donkey. When he realized it, the two of them were hugging; they had already arrived at the cantina. There they drank a bottle and they brought back two more. On the way back, when they already were outside of town, the donkey-man says to Pedro, "Close your eyes!"

"Okay," says the other, closing his eyes.

When he opened them again, the donkey was again jumping around, and he said again, "Ride on me so we can get there. Brace yourself well because I am going to run."

Again, out of fear, my grandfather did not want to ride because the descent was very dangerous. The donkey-man says to him, "If you don't want to ride, you will remain dead, right here." Without a choice, my grandfather mounted the donkey again, and they went running as if they were flying through the air. They went down the Cristalín Hill in less than fifteen minutes, and soon they arrived in town. For my grandfather, the strangest thing was what the donkey did to convert into a person. When my grandfather realized it, they were already standing at the place where they set out, now each with a bottle of guaro in his hand.

My grandfather's friend began to cry, saying to him, "Pedro, my friend, I am already drunk, but I feel sad and ashamed for everything I did. I let you know my *nagual*. Well, my *nagual* is a little animal (donkey), which only you know. What I ask of you is not to say anything to other people or your family about what you saw me do because then they will chase me at night and kill me. I did this because of the warmth of the drinks. Maybe I am going to die. A great sadness will grip me for the rest of my life for what I've done in front of you because I alone know what I have [his *nagual*] and no one else should know. What I ask from you is, if you encounter me at night, please don't kill me because when a person shows his *nagual*, he is no longer worth the same as before."

My grandfather Pedro said, "You, Sebastián, don't worry. We are friends of the same age. I won't tell anybody, not even my wife when I get married."

So that was how it was. Drunk they left for their houses.

My grandfather said that he no longer was encouraged to go out at night. He spent many days and nights alone, thinking about what had happened, that he had ridden a donkey that was a *characotel*. He said it was difficult to forget it.

Another time, around a year and a half or two years later, my grandfather Pedro went to visit his uncle, who was sick. His uncle was gravely ill, and his relatives were taking care of him. At that point, my grandfather Pedro said that he became sleepy. So he said goodbye to his sick uncle. At that time, there was no electricity, but thankfully, the moon was very bright. When my grandfather left on the road through there, he says that a donkey *characotel* appeared to him, running. My grandfather already knew who it was and spoke to him by name. He said that the donkey brayed twice. Then my grandfather went running after the *characotel*, and he said that he [the donkey-man] surely entered his house. He thought that it was another one, but no, it was his friend, the one he used to spend time with.

∿∿∿

El hombre burrito

Hay gente que no cree en los naguales [espíritus animales] de las personas, pero sí hay muchos que creen que existen personas que nacen con naguales de animales. En otras palabras, les llamamos characoteles. Son los que andan por las noches; no en forma de personas, sino en forma de animales.

Antes, mi abuelo Pedro nos contaba que por las noches siempre salían los characoteles a sentarse atrás de los ranchos de las personas que estaban enfermas para averiguar cuándo iban a morirse. Por las noches, mi abuelo nos contaba lo que él había visto en su juventud. Decía que él nació en el año de 1874. Lo que sí recuerdo muy bien, es que él murió el 10 de agosto de 1950. Cuando yo era niño, oyendo lo que él contaba, comenzó a gustarme escuchar cuando los viejitos contaban lo que habían visto y pasado.

Mi abuelo Pedro decía que él visitaba a sus amigos por las noches para tomar con ellos. Decía que los tragos no se conseguían en San Juan. El aguardiente lo compraban en Santa Clara los días de mercado, o lo traían de la costa cuando la gente salía a vender. También, decía que lo traían de Santiago Atitlán; entonces, en San Juan no había cantina.

Contaba mi abuelo que él tenía un amigo que se llamaba Sebastián, con el cual siempre tomaba los tragos, pero cuando se terminaban los tragos, Sebastián le decía a mi abuelo que él podía ir por las noches a comprar

---

Este es un caso, una historia que se cree que vérdica, contado por Pedro Cholotío Pérez, el abuelo difunto de Pedro. Pedro me mandó una versión por correo en el año 2005.

los tragos hasta Santa Clara. En verdad, Sebastián se iba a comprar el guaro [aguardiente] hasta Santa Clara por las noches. Subía el cerro Cristalín [en español; K'istalin en tz'utujil] sin ningún temor; aunque cuando estaba muy oscuro, se regresaba en menos de una hora. Y así hacía cuando se iba para Santiago Atitlán, aunque Santiago está todavía más lejos que Santa Clara. A mi abuelo Pedro le inquietaba mucho saber qué era lo que Sebastián hacía para llegar tan pronto. Así hacía Sebastián cuando salía para comprar el aguardiente; él siempre regresaba rápidamente.

Decía mi abuelo Pedro que él se quedaba en una de las calles del pueblo para esperar a su amigo. Cuando Sebastián regresaba, se compartían las botellas de aguardiente en las esquinas de los caminos. Antes era diferente; ahora ya son calles. Pedro y Sebastián se embolaban y luego cada quien se iba para su casa.

Una vez Pedro le preguntó a Sebastián: "Vos [Tú], Sebastián, ¿cómo haces para correr mucho? porque en menos de media hora regresas, pero Santa Clara está lejos."

Sebastián le dijo: "Sólo voy corriendo; subo la cuesta rápido. [Es] mejor en la oscuridad porque la luz del sol me encandila los ojos; así no puedo correr." Sebastián le dijo: "¡Vos [Tú], Pedro, probá [prueba]! Andá [Ve] a comprar el aguardiente a Santa Clara, y verás que sí regresas luego! Yo voy a Santiago a ver quién de nosotros dos regresa luego. Aquí estaremos con los tragos en esta esquina donde estamos ahorita."

"Muy bien," dijo Pedro. Esa noche Sebastián agarró camino. Se fue para Santiago, y mi abuelo agarró camino para Santa Clara. Solamente hay seis kilómetros hasta Santa Clara, pero hasta Santiago hay más o menos veinticuatro kilómetros.

Así fue. Dijo que los dos hicieron una apuesta por el calor de los tragos. Sebastián tenía su nagual, pero mi abuelo Pedro era una simple persona. No pudo llegar a Santa Clara; era un camino costoso y oscuro. Él no podía subir [la cuesta], solamente pudo llegar a media cuesta. Dando gritos que ya no podía subir ni regresar, de la única forma que pudo regresar fue gateando.[13]

Llegó al pueblo hasta las tres de la mañana, mientras Sebastián estaba feliz tomándose los tragos con sus dos botellas en la mano. Entonces, le dice a mi abuelo, "Pedro, ¿dónde está el guaro que trajiste? porque aquí está el mío."

Pedro le contesta, "No pude llegar; era muy oscuro y el camino estaba

malo. Tuve que regresar a media cuesta. A duras penas pude llegar aquí."
Así quedaron y se tomaron los tragos que había traído Sebastián desde
Santiago.

Otra vez, decidieron tomarse los tragos en otra esquina. Esa noche
cuando ya se sentían un poco bolos, Sebastián le dice a Pedro, "Vos [Tú],
Pedro, hagamos otra apuesta para ver si sos [eres] hombre de verdad.
Vamos," le dijo.

"Bien," dijo mi abuelo, y se fueron a pie de la cuesta donde sube el
camino a Santa Clara. Allí estuvieron parados y platicando; ya se sentían
ebrios. En un abrir y cerrar de ojos Sebastián se volvió un burrito, dando
saltos alrededor de mi abuelo. Dijo que el burro habló, diciendo: "¡Montáme pues. Te llevo cargado para subir la cuesta. Vamos a Santa Clara!"

Pero mi abuelo se moría del gran susto. Se le pararon los pelos de la
cabeza y las pelusas de los brazos. Temblaba del miedo; se le quitó el
efecto del guaro que había tomado. No quería montarse al burro. Pero
dice que el burro le volvió a decir, "Montáme pues porque si no me vas
a montar, te voy a matar a patadas." Pedro sentía mucho miedo, pero no
quería morir. Al fin se animó para montar pero primero le preguntó si
no le iba hacer algún daño.

El burro le volvió a decir, "¡Montáme! No te haré daño. Somos amigos." Cuando el otro se montó al burro, el último le dice, "Asegúrate;
agárrate de mis pelos para que no vayas a caerte."

"Bien," dijo Pedro. Se aseguró, y se agarró del pelo del burro. El burro,
corriendo, subió la cuesta. No sentía el peso del otro que llevaba cargado.
No tardó ni media hora para llegar a Santa Clara. Cuando ya estaba por
llegar a Santa Clara; es decir, estando ya cerca del pueblo, Pedro ni siquiera sintió cuando se bajó del burro. Cuando él se dio cuenta, los dos estaban abrazados; ya llegando donde estaba la cantina. Allí se tomaron una
botella y se trajeron dos más. De regreso cuando ya estaban afuera del
pueblo, el hombre burro le dice a Pedro, "Cerrá [Cierra] tus ojos."

"Bien," dice el otro, cerrando los ojos.

Cuando volvió a ver, otra vez estaba el burrito dando saltos, y le vuelve
a decir, "Móntame para llegar. Asegúrate bien porque yo voy corriendo."

Otra vez, por el miedo, mi abuelo no quería montarse porque la bajada
era muy peligrosa. El hombre burro le dice, "Si no me querés [quieres]
montar, aquí mismo te quedas muerto." Sin más remedio, mi abuelo volvió a montarse al burro, y se fueron corriendo como que [si] estuvieran

volando en el aire. Bajaron el cerro Cristalín en menos de quince minutos, y llegaron pronto al pueblo. Para mi abuelo, lo más extraño fue cómo hizo el burro para convertirse en persona. Cuando mi abuelo se dio cuenta, ya estaban parados en el lugar de donde habían salido, ya con una botella de guaro en la mano cada uno.

El amigo de mi abuelo comenzó a llorar, diciéndole, "Pedro, amigo mío, ya estoy bolo, pero me siento triste y apenado por todo lo que hice. Te dí a conocer mi nagual. Pues, mi nagual es un animalito (burrito), el cual sólo vos lo sabés [tú lo sabes]. Lo que te pido es que no le digas nada a la gente ni a tu familia de lo que me viste hacer porque entonces me perseguirán por las noches y me van a matar. Esto lo hice por el calor de los tragos. Tal vez me voy a morir. El resto de mi vida me embargará una gran tristeza por lo que hice delante de vos [ti] porque sólo yo sé lo que tengo [su nagual] y no debe de saber otra persona. Lo que te pido si me encuentras por las noches, por favor no me vayas a matar porque cuando una persona enseña su nagual, ya no vale igual que antes."

Mi abuelo Pedro le dijo, "Vos [Tú], Sebastián, no tengas pena. Somos amigos y de la misma edad. Yo no se lo contaré a nadie, pero ni [siquiera] a mi mujer cuando yo me case."

Así pasó. Bolos se fueron para sus casas.

Mi abuelo dijo que ya no se animaba a salir por las noches. Dilató muchos días y noches solo pensando en lo que había pasado, en que él se había montado en un burro que era characotel. Dijo que le costó mucho para olvidarlo.

Una otra vez, más o menos año y medio o dos años después, mi abuelo Pedro fue a visitar a su tío que estaba enfermo. El tío estaba muy grave, y los familiares lo estaban cuidando. En eso, mi abuelo Pedro dijo que le dio sueño. Entonces se despidió de su tío enfermo. En ese tiempo, no había luz, pero afortunadamente, estaba muy luciente la luna. Cuando mi abuelo salió en el camino por allí, dice que se le apareció un burrito characotel corriendo. Mi abuelo ya sabía quién era, y le habló por su nombre. Dijo que el burro rebuznó dos veces. Mi abuelo se fue corriendo detrás del characotel, y cabal [el hombre burro] entró en su casa. Él pensó que era otro, pero no, era su amigo, con el cual él antes compartía.

The Arrival of the Dog into the World

It is said that when the dog arrived into the world he was lonely and lost.[14] He walked through the deserts, the mountains, and all parts of the world, without any consolation, howling to see if somebody would give him a hand and be his companion. He walked like this in all of the places of the world. At last, the god of the animals spoke to the dog, telling him, "You, what is your name?"

The dog answers, "I don't have a name. I don't know what I am called."

The god of the animals says to him, "You will be called Dog, and so you will be called forever." And he continued, saying, "I see you sad, forlorn, and solitary in the world; you need to search for a being, and this being, which you will find, will be your companion. You have to go wherever he goes, and he will give you your food, even if it is just the leftovers from his food. You will be fed with these, and the two of you will be very good friends. At night, you will look after the house. The being that you find is going to be your owner and your best friend because he is the strongest being in the world."

The dog replied, "Thank you, great lord; I know you are the god of the

Story by Santiago Cuc, a Kaqchikel of Sololá, who is seventy-nine years of age and is the father-in-law of Pedro's eldest daughter. It was retold by Pedro Cholotío Temó, who mailed it to me in 2003.

animals. You have power over us, the animals, and I will obey your commands." The dog continued walking around the world, searching for the being who was going to be his owner, or in other words, in search of the strongest being in the world. The dog continued walking and walking for a lifetime, sad and crying, because he could not find the being whom he wanted to find, to feel a little bit of happiness in his life.

When he arrived at the bank of a great river, there was the deer drinking water from the river. The dog greets the deer, saying to him, "Brother Deer, very good morning!" The deer does not answer because he feels proud of his flashy horns and his large body. The dog speaks to the deer once again, saying, "Very good morning, Señor Deer! Perhaps you are the being I am searching for, to be my lord and master. It's been a long time that I have been searching for him, and I have not found him. He is going to be my lord and master."

It is said that the deer replies to the dog, "Of course I am the strongest being in the world. Look at my body, my horns, and my hooves; nobody can catch me when I run. I am the strongest being among the animals, and there is no other animal that can catch me when I run."

Then, the dog says to the deer, "Señor Deer, you can be my owner, and I will stay with you forever. You have to give me my food; I will be with you, and I will look after you." The deer continued walking by the banks of the river and the dog went walking behind him, waiting to receive his food. The deer came to a *bejuquero* [place of vines and other tropical vegetation]. There he began eating the tree vines, but the dog could not feed on tree vines, and so he became sad again.

When night fell, the deer went to the dog's cave and says to him, "In order to sleep, I have to hide from my enemies; the jaguar and the mountain lion look for me to kill me and feed off my meat. That is why every night, I have to hide to be able to sleep peacefully. Right now, I am going to sleep, but you have to stay at the entrance of the cave to look after me."

The poor dog stayed there where the deer left him. Thinking about his life, and very hungry; he said to himself, "I have not found the being that I am searching for. The deer is not the strongest being, because he has to hide so he can sleep, and he leaves me here as a mouthful for the jaguar and the mountain lion; this cannot be."

The following day at dawn, the dog had to leave the deer. He left alone, walking and walking through many places in the world, until one day he met the raccoon. There, they became friends. The dog says to the raccoon, "Brother Raccoon, maybe you are the strongest being. I am searching for a being stronger than me so he will give me my food. He will be my lord and master."

"Fine," said the raccoon. "I am that being that you are searching for. You will be with me. I will give you your food; I will take care of everything. Let's go," said the raccoon. They left, the raccoon [walking] ahead and the dog behind. Walking, they came to the bank of a river. "Here we are going to eat," said the raccoon to the dog. "Stay here while I go search for our food," said the raccoon. And so he went swimming; he crawled under the rocks to look for fish and crab. Awhile later, the raccoon came out, shouting, "Dog, my friend, throw me two *bejucos* [tree vines] to carry our food."

The dog cut two tree vines and tossed them to the raccoon. Awhile later, the raccoon came out with two strings of fish and crab which he had taken out from under the rocks. The raccoon began to eat the raw crab and fish, and he told the dog to join him, but the dog could not eat raw crab or fish. He wanted them cooked. The dog had to endure the hunger that he felt, hurt because of his bad luck. They continued walking and walking until night fell.

The raccoon said to the dog: "Well, it's nighttime; I have to sleep up in this tree because if I stay down here on the ground, there are three enemies that always search for me so they can eat me. That is why I have to hide, so I can sleep. But it is not a problem because you will stay under the tree to look after me. Tomorrow is another day; I will get you some food. I know that you don't like raw crab or fish. I will sleep up in this tree, and you will stay down here to take care of me. When my enemies approach, with your barks, they will flee."

The dog says to the raccoon, "Brother Raccoon, I do not know who your enemies are."

The raccoon answers, "You're right, my enemies are the coyote, the mountain lion, and the jaguar. Many of my brothers have been lost; they have been eaten up, and that is why I fear for my life." It is said that the dog remained sleeping under the tree. At dawn, the dog was sad again, thinking of where he would go to find the strongest being to be his master and his lord.

The dog left, walking and walking. While he was howling in a very sad voice, he met the mountain lion and the jaguar. They asked who he was, and the dog answered, "I am the dog who travels lost in the world, in search of a very strong being, so that he will be the one who gives me my food. I will follow him wherever he goes and he will be my owner."

The mountain lion and the jaguar say to the dog, "We are two big, powerful, and strong brothers. There are no animals in this world like us. We are the kings of everyone."

The dog, while he was listening to what the mountain lion and the jaguar were saying, was thinking that he had found what he was looking for, and he says to them, "Speaking with you two, I think that surely you are the strongest and most powerful beings. Maybe you are my owners, and you are the ones who have to give me my food, because I feel sad and forlorn. There is nobody to look after me; I feel that every day my heart weakens due to my loneliness."

"Fine," said the jaguar and the mountain lion. "We are your owners and you will be safe with us; we will give you your food. We only eat meat, and what we have left over we will give to you." But it is said that the mountain lion and the jaguar said to each other, "This dog is going to be our morsel when we don't have any other animal to eat." It is said that the dog stayed there with the jaguar and the mountain lion.

When night fell, the mountain lion and the jaguar said to the dog: "The two of us have to go deeper into the cave so we can sleep. You will stay out here to look after us because we have an enemy that always looks for us so he can kill us. That is why we hide, in order to sleep."

The dog asked them, "And who is our enemy? Aren't you the strongest and the most powerful?"

"Yes, it is true, we are the strongest. We are fast at running and we have great power, but there is a being that is even more intelligent and powerful than us. The strongest being is "man," who is looking for us in order to kill us and then eat us. Of him, yes, we are very afraid, because he is evil. At any moment, he can kill us," said the jaguar and the mountain lion, and they went inside the cave to sleep. The dog stayed sleeping outside, thinking sadly about his life. At dawn he left, howling with a sad voice, thinking of where he would find the being that he was looking for.

The dog continued walking and walking in search of the most powerful being in the world. When he was arriving near a grove of trees, he thought he would rest there. He arrived under the trees, and there was the "man," the strongest being in the world, eating lunch in the shade of the trees.

The dog says to him, "Señor, you are the strongest being in the world. I am looking for a being so that he can be my owner and so that he gives me the scraps of his food. I am a poor dog without an owner; I have been walking in the world for so long. I have found only sadness, bitterness, heartache, and disappointment in others."

The man says to the dog, "Gladly; you are going to stay with me. We are going to be great friends. I will give you your food, and I will bathe you in my free time. You have to accompany me when I go to work in the field, and you are going to look after the house so that the thieves don't come in. And when we go to the field, you will have to hunt some animals for our food. Now, we are going to the house; from now on my house is your house. I am your owner, I will take good care of you, and you will no longer suffer."

The dog says to the man, "Thank you, Señor, I will be with you; I will look after you day and night. And whenever you want to hunt any animal, then with much pleasure we will do it. I know where the raccoon sleeps, where the deer sleeps, and I know [where] the caves [are] where the mountain lion and the jaguar sleep."

That is what happened when the dog found his owner. That is why the dog lives with the man. The two are great friends, and when the dog hunts animals, it is in revenge for the tricks they played on him.

La llegada del perro al mundo

Se dice que el perro cuando llegó al mundo estaba solitario y perdido.[14] Pasaba por los desiertos, en las montañas y en todas partes del mundo, sin ningún consuelo, aullando para ver si alguien le daba la mano para que fuera su compañero. Así andaba en todos los lugares del mundo. Al

Cuento de Santiago Cuc, kaqchikel de Sololá, quien tiene setenta y nueve años de edad, y es el suegro de la hija mayor de Pedro. Fue recontado por Pedro Cholotío Temó, quien me lo mandó por correo en el año 2003.

fin, el dios de los animales le habló al perro, diciéndole, "Vos [Tú], ¿cómo te llamas?"

El perro le contesta, "No tengo nombre, no sé cómo me llamo."

El dios de los animales le dice, "Vos [Tú] te llamarás perro, y así te llamarás para siempre." Y continuó, diciéndole, "Te veo triste, desconsolado y solitario por el mundo; necesitas buscar un ser, y este ser que encuentres, será tu compañero. Vos tenés [tú tienes] que ir adondequiera que él vaya, y él te dará tu comida, aunque sea las migajas de su comida. Con eso te alimentarás, y ustedes dos serán muy buenos amigos. Por las noches, vos [tú] vas a cuidar la casa. El ser que encuentres va a ser tu dueño y tu mejor amigo porque él es el ser más fuerte del mundo."

El perro le contestó, "Gracias, gran señor; sé que tú eres el dios de los animales. Tienes poder sobre nosotros, los animales, y obedeceré tus mandatos." El perro siguió andando por el mundo buscando el ser quien iba a ser su dueño, o vale más decir, en busca del ser más fuerte del mundo. El perro continuó andando y andando por toda una vida, triste y llorando, porque no encontraba al ser que él quería encontrar para sentir un poco de alegría en su vida.

Cuando llegó a la orilla de un gran río, allí estaba el venado bebiendo agua del río. El perro saluda al venado, diciéndole, "¡Hermano venado, muy buenos días!" El venado no contesta por sentirse orgulloso de sus relumbrantes cachos (cuernos) y su gran cuerpo. El perro le habla otra vez al venado y le dice, "¡Muy buenos días, señor venado! Quizás tú eres el ser que yo ando buscando para que sea mi dueño y señor. Hace tiempo que ando en busca de él, y no lo encuentro. Él va a ser mi dueño y señor."

Se dice que el venado le contesta al perro, "Claro que sí, yo soy el ser más fuerte del mundo. Mira mi cuerpo, mis cachos, y mis patas; nadie me puede alcanzar cuando corro. Soy el ser más fuerte entre los animales, y no hay otro animal que me pueda alcanzar cuando corro."

Entonces, el perro le dice al venado, "Señor venado, tú puedes ser mi dueño, y contigo me quedaré para siempre. Tú tienes que darme mis alimentos; con vos [contigo] voy a estar y te cuidaré." El venado continuó andando por las orillas del río, y el perro andando atrás de él, esperando para recibir su comida. El venado llegó a un bejuquero [bejucal]. Allí comenzó a comer bejucos, pero el perro no podía alimentarse con bejucos, y se puso triste otra vez.

Cuando entró la noche, el venado se fue a la cueva del perro y le dice,

"Para dormir, yo tengo que esconderme de mis enemigos; el tigre y el león me buscan para matarme y se alimentan con mi carne. Mas por eso, todas las noches tengo que esconderme para poder dormir tranquilo. Ahorita me duermo, pero vos tenés [tú tienes] que quedarte a la entrada de la cueva para cuidarme."

El pobre perro se quedó allí donde el venado lo dejó. Pensando acerca de su vida y con mucha hambre, él mismo se decía, "No he encontrado el ser que ando buscando. El venado no es el ser más fuerte, porque para dormir tiene que esconderse, y a mí me deja de bocado del tigre y del león; esto no puede ser."

Al día siguiente cuando amaneció, el perro tuvo que dejar al venado. Se fue solo, andando y andando por muchos lugares del mundo, hasta que un día se encontró con el mapache. Allí, se hicieron amigos. El perro le dice al mapache, "Hermano mapache, quizás vos sos [tú eres] el ser más fuerte. Yo ando buscando por un ser que sea más fuerte que yo, para que él me dé mi comida. Él será mi dueño y mi señor."

"Bien," dijo el mapache. "Yo soy ese ser que andas buscando. Conmigo vas a estar. Yo te daré tu comida; me encargaré de todo. Vamos," dijo el mapache. Se fueron, el mapache [caminado] adelante y el perro atrás. Caminando llegaron a la orilla de un río. "Aquí vamos a comer," le dijo el mapache al perro. "Quédate aquí mientras yo voy a buscar nuestra comida," dijo el mapache. Y así se fue nadando; se metió debajo de las piedras para buscar pescados y cangrejos. Al rato salió el mapache, gritando, "Amigo perro, tírame dos bejucos para llevar nuestra comida."

El perro cortó dos bejucos y se los tiró al mapache. Al rato, el mapache venía con dos ensartas [sartas] de pescados y cangrejos que había sacado [de] debajo de las piedras. El mapache empezó a comerse los cangrejos y pescados crudos, y le dijo al perro que comieran juntos, pero el perro no podía comer cangrejos ni pescados crudos. Los quería cocidos. El perro tuvo que aguantar el hambre que sentía, dolido por su mala suerte. Siguieron andando y andando hasta entrar la noche.

El mapache le dijo al perro: "Bueno, ya entró la noche; yo tengo que dormir sobre este árbol porque si me quedo aquí en el suelo, hay tres enemigos que siempre me buscan para comerme. Por eso tengo que esconderme para dormir. Pero no hay pena porque vos [tú] te quedarás debajo del árbol para cuidarme. Mañana es otro día; yo te conseguiré comida. Sé que no te gustan los cangrejos ni los pescados crudos. Yo voy a estar durmiendo sobre este árbol, y vos [tú] te quedarás aquí abajo para cuidarme. Cuando mis enemigos se acerquen, con tus ladridos se irán huyendo."

El perro le dice al mapache: "Hermano mapache, yo no sé quiénes son tus enemigos."

El mapache le contesta, "Tienes razón, mis enemigos son el coyote, el león y el tigre. Muchos de mis hermanos se han perdido; ellos se los han comido, y por eso yo temo por mi vida." Se dice que el perro se quedó durmiendo debajo del árbol. Cuando amaneció, se puso otra vez triste, pensando a donde iría a encontrar al ser más fuerte para que fuera su señor y su dueño.

El perro se fue, andando y andando. Mientras aullaba con una voz muy triste, se encontró con el león y el tigre. Le preguntaron quién era él, y el perro les contestó, "Yo soy el perro que anda perdido en el mundo en busca de un ser muy fuerte, para que sea él quien me dé mi comida. Yo le seguiré adonde vaya, y él será mi dueño.

El león y el tigre le dicen al perro, "Nosotros somos dos hermanos grandes, poderosos y fuertes. No hay animal en el mundo como nosotros. Somos los reyes de todos."

El perro, mientras escuchaba lo que decían el león y el tigre, estaba pensando que había encontrado lo que andaba buscando, y les dice, "Hablando con ustedes dos, pienso que sí, ustedes son los seres más fuertes y poderosos. Quizás ustedes son mis dueños, y son ustedes los que me tienen que dar la comida, porque me siento triste y desamparado. No hay nadie quien vele por mí; siento que cada día mi corazón desfallece por mi soledad."

"Bien," dijeron el tigre y el león. "Nosotros somos tus dueños y con nosotros vas a estar seguro; te daremos tu comida. Nosotros solamente comemos carne, y lo que nos sobre te lo daremos a vos [ti]." Pero se dice que entre ellos, el león y el tigre se decían, "Este perro va a ser para nuestro bocado cuando no tengamos ningún otro animal para comer." Se dice que allí se quedó el perro con el tigre y el león.

Cuando entró la noche, el león y el tigre le dijeron al perro: "Nosotros dos tenemos que ir dentro de la roca para dormir. Vos [Tú] te quedarás aquí afuera para cuidarnos porque nosotros tenemos un enemigo que siempre nos busca para matarnos. Por eso nos escondemos para dormir."

El perro les preguntó, "¿Y quién es nuestro enemigo? ¿Acaso no son ustedes los más fuertes y poderosos?"

"Sí, es cierto, nosotros somos los más fuertes. Somos veloces para correr y tenemos mucha fuerza, pero hay todavía un ser más inteligente y poderoso que nosotros. El ser más fuerte es el "hombre" quien nos anda buscando para matarnos y luego para comernos. A él, sí, le tenemos miedo, porque es muy malo. En cualquier momento nos puede matar," dijeron el tigre y el león, y se metieron dentro de la cueva para dormir. El perro se quedó durmiendo afuera, triste pensando por su vida. Al amanecer se fue, aullando con una voz triste, pensando en donde encontraría al ser que andaba buscando.

El perro continuó andando y andando en busca del ser más poderoso del mundo. Cuando estaba llegando cerca de unas matas de árboles, pensó que allí descansaría. Llegó debajo de los árboles, y allí estaba el "hombre," el ser más fuerte del mundo, almorzando en la sombra de los árboles.

El perro le dice, "Señor, tú eres el ser más fuerte del mundo. Yo ando buscando un ser para que sea mi dueño y para que me dé las migajas de su comida. Soy un pobre perro sin dueño; tengo tanto tiempo de estar andando en el mundo. Sólo he encontrado tristezas, amarguras, penas y desengaños de otros."

El hombre le dice al perro, "Con mucho gusto, vos [tú] vas a estar conmigo. Vamos a ser grandes amigos. Yo te daré tu comida, y te bañaré en mis horas libres. Vos tenés [tú tienes] que ir para acompañarme cuando vaya a trabajar por el campo, y vas a cuidar la casa para que no entren los ladrones. Y cuando vayamos al campo, tendrás que cazar algunos animales para nuestra comida. Ahora, nos vamos para la casa; de hoy en adelante mi casa es tu casa. Yo soy tu dueño, te cuidaré mucho, y ya no vas a sufrir.

El perro le dice al hombre, "Gracias, señor, con vos [contigo] voy a estar. Te cuidaré de día y de noche. Y cuando quieras cazar algún animal, pues con mucho gusto lo haremos. Yo sé donde duerme el mapache, donde duerme el venado y [donde están] las cuevas donde duermen el león y el tigre."

Así pasó cuando el perro encontró a su dueño. Por eso el perro vive con el hombre. Los dos son grandes amigos, y cuando el perro caza animales, es en venganza por el engaño que le hicieron.

The Pot That Spoke in the Hard Times

In the past, it is said, the world was punished for the wickedness and disobedience of the people. God got tired of seeing so much wickedness on the earth, and so he sent punishment. The punishment was that it did not rain on the earth for a long time. The corn and the beans no longer yielded their harvest; the people used up the reserves of food they had stored. A great famine spread around the world; the people no longer had corn or beans to eat. The rivers and lakes dried up little by little. There was great famine and drought on the earth. It is said that the people no longer got sick; [instead,] their punishment was famine and drought.

At that time, there was a lady with twelve children who lived in extreme poverty. Her husband had died a long time ago. The lady remained alone with the twelve children; they were the poorest people who were living in a town. The clothes of the lady and her children were all mended. The only thing the lady taught her twelve children was respect. She educated them with simple words: "Give love instead of stealing; don't be envious; don't be selfish; and don't desire the wealth of other people."

The rest of the people in town lived well. They had corn and beans and dressed well; they were not lacking anything. But, for the poor lady and

The teller of the tale is Catarina Ujpán, grandmother of Pedro Cholotío Temó. She died at 104 years of age. Pedro sent me this story by mail in 2003.

her twelve children, it was a challenge to get food for a day. Their life was an ordeal because of the lack of corn and beans to eat.

The lady always kneeled down, facing the east, to invoke the holy name of Heart of Heaven [Ruc'ux Caj], asking for a little food for herself and her children. In the afternoons, the lady also kneeled down, facing the west, to ask the *dueño* [owner or lord] of the sacred world to bless her with some grains of corn and beans to pacify her hunger and that of her children. But it is said that although she did not receive anything she asked for, with great faith she continued; that is, she did not tire of asking the *ajau* (owner, *dueño*).

When the hard times came to the world and the people began to suffer from hunger and thirst, it was a calamity for many. But, for the lady and her children, this was a time of great blessing from the Heart of Heaven and from the *dueño* of the sacred world. It is said that they told the lady in a dream what she had to do to satisfy her hunger. In her dream they told her, "Put your clay pot on the fire and fill it up with small stones; do it as if you were cooking *tamalitos* [little tamales made of the first harvest of corn] and you will realize the result of your faith."

At dawn, she put the small clay pot on the fire and filled it up with small stones, as if she were cooking *tamalitos*. The children, really happy, went out to collect firewood. It is said that people treated the lady like a crazy woman because she was putting stones on the fire. When the lady took the clay pot out of the fire, it was filled with *tamalitos*. She ate quite a lot, along with her children, and they were at peace. They no longer felt hungry like the other people. Thus, they got through the hard times.

It is said that the people discovered what the lady was doing, cooking stones that turned into *tamalitos*. The rest of the people put their clay pots on the fire or filled them with small stones, adding plenty of firewood, but when they took the pot off the fire there were only stones. The stones did not turn into *tamalitos* as did the stones of the lady. The people tried to guess the secret; they thought that the lady's secret was the clay pot. One night, when the lady and her children were sleeping, the people stole the clay pot. The pot still had some *tamalitos* inside, and the people ate them due to their great hunger.

It is said that in a dream, the protectors warned the lady: "The pot where you cook the stone *tamalitos* has been stolen, and the people are not going to return it; it is going to disappear. But I am with you; I will continue helping you. At dawn, put your comal [circular griddle of clay or iron] on the fire and prepare a little mud. Do it as if you were making tortilla dough and putting it on the comal. Do this every day."

At dawn, the people had already stolen the pot, but the lady very calmly ignited the fire. She set the comal on it and prepared the mud as she had dreamed. She began to make tortillas, and on the comal, they turned into corn tortillas with a strong aroma that provoked the desire to eat them. The lady did this, and so they ate every day and gave thanks to the *ajau*.

It is said that the situation worsened in the town; the famine was a great calamity. The people began to gossip about the lady because only she and her twelve children received the blessing from the *ajau*.

With the clay pot they had stolen, the people kept doing what the lady did, but the small stones did not turn into *tamalitos*. All they got out of the clay pot were stones, and they became angry because they had nothing to eat. So great was their anger that they wanted to break the pot, but they could not break it because the pot of clay converted into a pot of stone. They gave it many kicks but they could not break it because it converted itself into a stone pot.

After so many blows, the pot spoke, saying: "You are beating me a lot. My body is hurt, but I am without sin; I am only a stone pot. You are receiving this punishment because of your wickedness. I don't have even one sin, I do not mistreat anyone, I am not envious, I am not a hypocrite, I don't commit crimes, I don't commit sins with women, I am not a thief, and I don't have bad habits. Remember that because of the great wickedness you have committed on earth, that is why you are receiving this punishment. Now you are paying for all the evil you have done to the poor, the blind, the mute, and the unfortunate. Look at this poor woman and her twelve children who were suffering from so much poverty. They had nothing to eat or wear. Did you give them the aid they needed? No, instead, you did the opposite. Now the lady and her twelve children have everything they need; they are not going to suffer from hunger or thirst in this harsh time. You and your children will grind your teeth due to your own wickedness."

After talking to the people, the pot disappeared.[15]

La olla que habló en los malos tiempos

En los tiempos pasados, se dice que el mundo fue castigado por las maldades y desobediencia de la gente. Dios se cansó de ver tanta maldad en la tierra, y entonces mandó un castigo. El castigo fue que no llovió sobre la tierra por mucho tiempo. El maíz y el frijol ya no dieron su cosecha; la gente se terminó las reservas de los alimentos que tenían guardados. Se desató una gran hambre en el mundo; la gente ya no tenía maíz ni frijoles para comer. Los ríos y los lagos poco a poco se iban terminando [secando]. Era mucha el hambre y la sequía en la tierra. Se dice que la gente ya no se enfermaba; [en vez de eso,] el castigo era el hambre y la sequía.

En ese tiempo, había una señora con doce hijos que vivía en una pobreza extrema. Hacía mucho tiempo que se le había muerto su marido. La señora se quedó sola con doce hijos; eran los más pobres que vivían en un pueblo. La ropa de la señora y de sus hijos estaba toda remendada. Lo único que les enseñó a sus doce hijos fue el respeto. Los educó con palabras sencillas: "Dar amor en vez de robar; no tener envidia; no ser egoístas; y no desear las riquezas de los demás."

La demás gente del pueblo vivía bien. Tenían maíz y frijoles y se vestía bien; no les faltaba nada. Pero, para la pobre señora y sus doce hijos, era un esfuerzo conseguir la comida de un día. La vida de ellos era un calvario a causa de la falta de maíz y frijoles para comer.

La señora siempre se ponía de rodillas con la cara al oriente para invocar al santo nombre del Corazón del Cielo [Ruc'ux Caj], pidiendo un poco de alimento para ella y sus hijos. También, por las tardes, la señora se ponía de rodillas con la cara al poniente, pidiéndole al dueño del Santo Mundo que le diera su bendición con unos granos de maíz y de frijoles para calmar el hambre de ella y de sus hijos. Pero se dice que aunque no recibía nada de lo que pedía, con gran fe continuaba; es decir, no se cansaba de pedirle al *ajau* (dueño).

Cuando vinieron los malos tiempos en el mundo y la gente comenzó a padecer del hambre y la sed, fue una calamidad para muchos. Pero para

---

La narradora del cuento es Catarina Ujpán, la abuela de Pedro Cholotío Temó. Ella murió a los 104 años de edad. Pedro me mandó por correo este cuento en el año 2003.

la señora y sus hijos, este tiempo fue de mucha bendición del Corazón del Cielo y del dueño del Santo Mundo. Se dice que en un sueño le decían a la señora lo que tenía que hacer para sustentarse del hambre. En el sueño le decían, "Pon tu olla de barro en el fuego y llénala de piedras pequeñas; hazlo como que [si] estuvieras cociendo tamalitos y te darás cuenta del resultado de tu fe."

Cuando amaneció, ella puso la pequeña olla de barro en el fuego y la llenó de piedras pequeñas, como que [si] estuviera cociendo tamalitos. Los hijos, muy contentos, salían a juntar leña para el fuego. Se dice que la gente trataba a la señora como una mujer loca porque ponía piedras sobre el fuego. Cuando la señora sacó la olla de barro del fuego, estaba llena de tamalitos. Comía bastante, junto con sus hijos, y quedaban tranquilos. Ya no sentían hambre como la demás gente. Así pasaban ellos los malos tiempos.

Se dice que la gente descubrió lo que la señora estaba haciendo, cocinando piedras que se volvían tamalitos. La demás gente puso sus ollas de barro en el fuego o las llenaban de piedras pequeñas, metiéndole mucha leña, pero cuando sacaban la olla del fuego solamente había piedras. Las piedras no se convertían en tamalitos como hacían las piedras de la señora. La gente trató de adivinar el secreto; pensaron que el secreto de la señora era la olla de barro. Una noche cuando la señora y sus hijos estaban durmiendo, la gente se robó la olla de barro. La olla todavía tenía tamalitos adentro, y las personas se los comieron a causa de la gran hambre que sentían.

Se dice que en un sueño los protectores le avisaron a la señora: "La olla donde cocinas los tamalitos de piedra se la han robado, y la gente no la va a devolver; se va a desaparecer. Pero yo estoy contigo; te seguiré ayudando. Cuando amanezca, pon tu comal en el fuego y prepara un poco de lodo. Vas a hacer como que [si] estuvieras torteando masa y poniéndola en el comal. Esto vas a hacer todos los días."

Cuando amaneció, ya se habían robado la olla, pero la señora, bien tranquila, juntó [encendió] el fuego. Colocó el comal y preparó el lodo como lo había soñado. Se puso a hacer las tortillas, y en el comal se convirtieron en tortillas de maíz con mucho aroma que daban ganas de comérselas. Esto hacía la señora, y así todos los días comían y le daban gracias al *ajau*.

Se dice que en este pueblo la situación empeoró; el hambre era una gran calamidad. La gente comenzó a murmurar en contra de la señora porque solamente ella y sus doce hijos recibían la bendición del *ajau*.

Con la olla que habían robado, la gente continuaba haciendo lo que hacía la señora, pero las pequeñas piedras no se convertían en tamalitos. Solamente sacaban piedras dentro de la olla de barro, y se enojaron porque no tenían nada para comer. Era tanto el enojo que querían quebrar la olla, pero no la podían quebrar, porque la olla de barro se convirtió en una olla de piedra. Le dieron muchas patadas pero no la pudieron quebrar porque ya se había convertido en olla de piedra.

De tantos golpes, la olla habló, diciendo: "Me están golpeando mucho. Mi cuerpo está lastimado, pero yo no tengo pecado, solamente soy una olla de piedra. Ustedes están recibiendo este castigo por sus maldades. Yo no tengo ni un solo pecado, no maltrato a nadie, no tengo envidia, no guardo hipocresía, no cometo crímenes, no cometo pecados con mujeres, no soy ladrón y no tengo vicios. Recuerden ustedes que por tanta maldad que han hecho en la tierra, es por eso [que] están recibiendo este castigo. Ahora están pagando todo el mal que les han hecho a los pobres, a los ciegos, a los mudos y a los desamparados. Miren a esta pobre mujer y a sus doce hijos quienes venían padeciendo de mucha pobreza. No tenían nada para comer ni para vestirse. ¿Les dieron ustedes la ayuda que ellos necesitaban? No, en vez [de eso], hicieron lo contrario. Ahora la señora y sus doce hijos tienen todo lo necesario; ellos no van a sufrir hambre ni sed en este tiempo duro. Ustedes y sus hijos rechinarán sus dientes por sus mismas maldades."

Después de hablar con la gente, la olla se desapareció.[15]

The Cricket and the Jaguar

One time the cricket and the jaguar met. The cricket was jumping because crickets always jump. Then the jaguar asked him, "Why do you jump?"

"Ah, because I am happy."

The jaguar asked him, "But you [crickets] think a great deal of yourselves, right?"

"Ah, yes. We think a lot of ourselves. We are small, but we are very smart."

"If you want," said the jaguar, "let's fight."

"Umm," said the cricket, "you can't fight with me."

"How am I not going to fight with you if you are so small?"

"Ah, I look small. But you can't fight with me. You are big, but you can't fight with me. I am a cricket, but you can't fight with me."

The jaguar asked, "What if we start the fight?"

"Fine, if you want to, let's start! But you have to give me time to be able to fight with you," he said to the jaguar.

"Fine, tomorrow we can meet for a very big battle," said the cricket to the jaguar.

Alberto Barreno told me this story. I taped it in Panajachel during the fall of 1988.

The next day, the cricket started gathering all the wasps and all kinds of insects that sting. Then he put them in some jugs, in some pots—a bunch of wasps. All the insects that sting, he put them there in some pots in a row.

The next day, the jaguar arrived with lots of jaguars. Then the cricket was jumping again, but now he had prepared his entire army well, but only of bees and all the other insects that sting.

The cricket met again with the jaguar, "Again, you are jumping," he told him.

"Ah, yes, I always jump because that's what I always do."

"And are you now ready for the battle?" asked the jaguar of the cricket.

"Yes, I am ready now. What a long time I've been here, and you, you come only now."

The jaguar said, "It's that we don't run much."

"You see then that you don't run. Meanwhile, we run through the air. We do run."

"And where are your comrades?" said the jaguar.

"Ah, they are ready; they are prepared. Maybe you can't manage to see us because we are very small, but we are dangerous."

The jaguar said, "Well, my comrades are going to get closer, and they are ready for the fight."

"You can get closer," said the cricket. "You can now be close; all of you can be close. But you will not be able to fight with us. We are many; you will not be able to fight. You're going to regret it. I see that you are many and big, but we are small but powerful."

The jaguar replied, "Why do you talk so much? Why don't we start to fight?"

"As a matter of fact, I talked to you first because you will regret it later. So now we can start to fight. Start then! Come on!"

The cricket began to tip over all the jugs and pots where all the wasps were. And all the insects that sting came out. They started flying over the jaguars. They went for the eyes, the ears, everywhere. And the jaguars began to go crazy. They went running to get into a river, and all the wasps were flying on top of them. There went all the jaguars with all the wasps, because they were many. The crickets were many. The wasps were many, and they stung the jaguars well. And they went into that river.

There in that river, there was a parrot on a log. "What a pity, you jaguars," said the parrot. "How big you are, and you couldn't fight with a cricket! Ha, ha, ha," said the parrot. "You surely are big and shameful. You jaguars are very big, and you couldn't even fight with a cricket. They beat you now. Ha, ha, ha," said the parrot.

But since there was a big river there, suddenly the parrot also went over the water, but the parrot could fly. The parrot went flying, and a few wasps also stung it. But the parrot escaped because it had wings.

There the story ended, of the cricket and the jaguar. But the cricket won; he beat the jaguars.[16]

El grillo y el tigre

Una vez se encontraron el grillo y el tigre. El grillo brincaba porque los grillos siempre brincan. Entonces el tigre le preguntó, "¿Por qué brincas?"

"Ah, porque estoy contento."

El tigre le preguntó, "¿Pero ustedes [grillos] se creen mucho, verdad?"

"Ah, sí, nosotros nos creemos mucho. Somos pequeños, pero somos muy listos."

"Si quieres," dijo el tigre, "¡luchemos!"

"Umm," dijo el grillo, "Tú no puedes pelear conmigo."

"¿Cómo no voy a pelear contigo si eres tan pequeño?"

"Ah, me miras pequeño. Pero no puedes pelear conmigo. Tú eres grande, pero no puedes pelear conmigo. Yo soy un grillo, pero no puedes pelear conmigo."

El tigre le preguntó, "¿Qué tal si comenzamos la pelea?"

"¡Bueno, si quieres, comencemos! Pero me tenés [tienes] que dar tiempo para poder pelear contigo," le dijo al tigre.

"Bueno, mañana podemos vernos para una batalla muy grande," le dijo el grillo al tigre.

El siguiente día, el grillo comenzó a juntar todas las avispas y toda clase de insecto de los que pican. Luego, los puso en unos jarros, en unas ollas—un montón de avispas. Todos los insectos que pican, los puso allí, en unas ollas en una fila.

Alberto Barreno me contó este cuento. Yo lo grabé en Panajachel en el otoño del año 1988.

Al siguiente día llegó el tigre con un montón de tigres. Entonces el grillo estaba brincando otra vez, pero él ya había preparado bien todo su ejército, pero sólo de abejas y todos los otros insectos que pican.

El grillo se encontró de nuevo con el tigre. "Otra vez, estás brincando," le dijo.

"Ah, sí, yo siempre brinco porque así lo hago siempre."

"¿Ya estás listo para la batalla?" le preguntó el tigre al grillo.

"Sí, ya estoy listo; [hace] tiempo que estoy aquí, y vos [tú] hasta ahora venís [vienes]."

El tigre le dijo, "Es que nosotros no corremos mucho."

"Ya ves pues, que ustedes no corren. Entre tanto, nosotros corremos por los aires. Nosotros corremos."

"¿Y dónde están tus compañeros?" dijo el tigre.

"Ah, ya están listos; ya están preparados. Tal vez no nos alcanzan a ver porque somos muy pequeños, pero somos peligrosos."

El tigre le dijo, "Pues, se van a acercar mis compañeros, y ellos ya están listos para la pelea."

"Pueden acercarse," dijo el grillo. "Pueden estar ya cerca; todos pueden estar cerca. Pero ustedes no van a poder pelear con nosotros. Nosotros somos bastantes; ustedes no van a poder pelear. Se van a arrepentir. Veo que ustedes son bastantes y son grandes, pero nosotros somos pequeños pero poderosos."

El tigre replicó, "¿Por qué hablas mucho? ¿Por qué no comenzamos a pelear?"

"En realidad, yo te hablé primero porque después te vas a arrepentir. Entonces ahora ya podemos comenzar a pelear. ¡Comiencen pues! ¡Vengan ustedes!"

El grillo comenzó a botar todos los jarros y ollas donde estaban todas las avispas. Y salieron todos los insectos que pican. Comenzaron a volar sobre los tigres. Entraron por los ojos, por los oídos, por todos lados. Y los tigres comenzaron a enloquecerse. Se fueron a meter a un río, y todas las avispas estaban volando sobre ellos. Allá se fueron todos los tigres con todas las avispas porque eran bastantes. Los grillos eran bastantes. Las avispas eran bastantes, y picaron bien a los tigres. Y se fueron en ese río.

Allá en ese río, en un tronco, estaba un loro. "¡Qué lástima de ustedes tigres!" dijo el loro. "¡Tan grandes que son ustedes, y no pudieron pelear con un grillo! Ja, ja, ja," dijo el loro. "Ustedes sí son grandes y vergonzosos. Ustedes los tigres son muy grandes, y ni siquiera pudieron pelear con un grillo. Ya les ganaron. Ja, ja, ja," dijo el loro.

Pero como había un gran río allí, de repente se fue también el loro sobre el agua, pero el loro podía volar. Se fue volando el loro, y también lo picaron algunas avispas. Pero el loro se escapó porque tenía alas.

Allí se terminó el cuento del grillo y el tigre. Pero el grillo ganó; les ganó a los tigres.[16]

The Mother Who Never Wanted Her Son to Work

This woman had two children, and then her husband died. But she had an older daughter and a son. Then this daughter grew up and got married to a man. The son, however, always stayed with his mother, and he was never put to work. The mother worked for many years. To this son she gave shoes, clothing, and food. But the mother never gave her son work.

Then, one day, the mother was old, tired, and sick. She said, "Now then, I am now tired; I am now old; I am sick. Now my son should work for me." That is what she thought. So one day she called her son. "Son!"

"What?" said the muchacho.

"Look, *m'hijo* [*mi hijo, mijo*; my son, dearest], you see how I am? I have worked a long time; I am now old, I am sick, and I am tired. Do you realize, my son?"

"Yes," said the muchacho.

"Now I want you to go to work. Because just as I helped you—I gave you shoes, I gave you clothes, and I gave you food for many years—now you will work for me. You will give me food, you will give me clothes, and you will help me because I am now old. You see that your sister already got married; she already has a husband. You see that your *papá* died when you were small. Now you will work for me."

Alberto Barreno told me this story, which I taped in Panajachel in the fall of 1988.

"That's fine," said the muchacho. "That's fine, Mamá," he told her. The next day, the mother got up very early and began to make breakfast. The muchacho also ate breakfast. After the muchacho finished having breakfast, "Mother," he said, "we're going to go for a walk for a while in the *campo* [countryside]."

"Fine," the mother said. So they left, but in that *campo* there was a crooked tree with a very thick trunk.

The muchacho told his *mamá*, "Mother, look at that tree; it's crooked."

"Yes, my son," she said, "that tree is crooked. What a pity!" said the mother. "This tree would not be bent if from the time it was little it had been straightened.

"Listen, Mamá," said the muchacho, "and can this tree be straightened now?"

"Ah, it can't, my son," she told him. "This tree cannot be straightened because this tree is too thick. Because of that, it can't be straightened."

"Mother," he told her, "that tree is me because I am now big and crooked. That tree is me. Mother, why do you put me to work now? I'm already big. When I was little, you never made me sweep the house, wash dishes, or sent me to run an errand. You never helped me to look for a job. You didn't help me at all, Mamá. That's why I say that tree is me; I am crooked, I can't work, I am now big. Mother, now come here."

And then he took her close to that tree that was crooked. The muchacho pulled out a knife and cut out his mother's heart. He cut open her chest, took out her heart, and put it in a bag. He killed his mother and left her body by the crooked tree. Then the muchacho took the bag with his mother's heart and went to his sister, who was married to a man. When he got there, he said, "How are you, sister?"

"Oh, how are you?" said the sister. "You came to visit me!"

"Yes," he told her, "I came here to visit you. Here I bring the heart of a bull," he told her.

"Ah, how good!" said his sister, "and why don't we grill it?"

"Grill it and we will eat that heart."

"All right," said the sister. Then she washed the heart well and put it on a grill.

When she put it on the grill, the mother screamed, "Daughter, why are you putting me on the grill? I am your mother," said the heart. But the daughter put the heart into the fire. "No, *m'hija* [my daughter]," don't burn me. I am your mother," said the heart.

Then the daughter asked her brother, "Is it the heart of our mother?"

"No," he said, "it's not the heart of our mother."

"Of course, indeed it shouted! When I put it on the grill, it shouted. It told me, 'Daughter, why are you putting me on the grill?' And when I put it in the fire, it told me, 'Daughter, why are you burning me?' That's what the heart told me."

Then the brother of the girl left. What the sister did was to go get the police. They caught the muchacho, and there the muchacho had to confess to the police that he had killed his mother. He went to show them where that crooked tree was where he had killed his mother. There was the body. He had taken out her heart.

He was a bad son, but why did all this happen? Because this son was never put to work from the time he was little. Therefore, my advice, the reason I'm telling this story, is that every father and mother should put their children to work from the time they are little, because once big, children can't be straightened out. Because of that I advise all fathers and mothers to teach their children well and to put them to work, as the parents that we are. This is the story of that son who killed his mother.[17]

La madre que nunca quiso que su hijo trabajara

Esta señora tenía dos hijos, y entonces se le murió el marido. Pero tenía una hija ya grandecita y un hijo. Entonces esta hija creció y se casó con un hombre. Sin embargo, el hijo siempre se quedó con su madre, y nunca lo puso a trabajar. La mamá trabajó por muchos años. A su hijo le dio zapatos, ropa y comida. Pero la madre nunca le dio trabajo a su hijo.

Entonces, un día la madre ya estaba vieja, cansada y enferma. Ella dijo, "Ahora ya estoy cansada, ya estoy vieja, ya estoy enferma. Ahora que tra-

Alberto Barreno me contó este cuento, el cual grabé en Panajachel en el otoño de 1988.

baje mi hijo por mí." Esto pensó ella. Entonces un día le llamó a su hijo. "¡Hijo!"

"¿Qué?" dijo el muchacho.

"Mira, m'hijo [mi hijo, mijo], ¿ya ves cómo me encuentro? He trabajado mucho tiempo; ya estoy vieja, estoy enferma y estoy cansada. ¿Te das cuenta, m'hijo?"

"Sí," dijo el muchacho.

"Ahora quiero que te vayas a trabajar. Porque así como yo te ayudé—te di zapatos, te di ropa y te di comida por muchos años—ahora, tú vas a trabajar por mí. Me vas a dar comida; me vas a dar ropa, y me vas a ayudar porque ya estoy vieja. Ya ves que tu hermana ya se casó; ya tiene marido. Ves que tu papá murió cuando ustedes estaban pequeños. Ahora tú vas a trabajar por mí."

"Está bien," dijo el muchacho. "Está bien, Mamá," le dijo. El siguiente día, la madre se levantó tempranito y comenzó a hacer el desayuno. El muchacho desayunó también.

Después de que el muchacho terminó de desayunar, "Madre," le dijo, "vamos a ir a pasear un rato en el campo."

"Está bien," dijo la madre. Entonces se fueron, pero en ese campo había un árbol torcido y muy grueso.

El muchacho le dijo a su mamá, "Madre, mira ese árbol; está torcido."

"Sí, m'hijo" dijo [la madre], "ese árbol está torcido. ¡Qué lástima!" dijo la madre. "Este árbol no se hubiera torcido si desde pequeño lo hubieran enderezado."

"Oiga Mamá," dijo el muchacho, "¿y ese árbol se puede enderezar ahora?"

"Ah, no se puede, m'hijo," le dijo. "Este árbol no se puede enderezar porque está muy grueso. Por eso ya no se puede enderezar."

"Madre," le dijo, "ese árbol soy yo porque yo ya estoy grande y torcido. Ese árbol soy yo. Madre, ¿por qué usted me pone ahora a trabajar? Yo ya soy grande. Cuando era pequeño, usted nunca me puso a barrer la casa, a lavar trastes o me mandó a hacer un mandado. Nunca me ayudó a buscar un trabajo. Para nada me ayudó, Mamá. Por eso digo que ese árbol soy yo; estoy torcido, no puedo trabajar, ya soy grande. Madre, ahora venga para acá."

Y entonces, la llevó cerca de ese árbol que estaba torcido. El muchacho sacó un cuchillo y le partió el corazón de su madre. Le abrió el pecho, le sacó el corazón y lo puso en una bolsa. Mató a su madre y dejó su cuerpo cerca del palo torcido. Luego, el muchacho se llevó la bolsa con el corazón de su madre y fue con su hermana, quien estaba casada con un hombre. Cuando llegó, le dice, ¿Qué tal, hermana?"

"Oh, ¿qué tal?" dijo la hermana. "¡Venís [Vienes] a visitarme!"

"Sí," le dice, "aquí vengo a visitarte. Aquí traigo el corazón de un toro," le dice.

"Ah, ¡qué bueno!" dijo su hermana. "¿y por qué no lo vamos a asar?"

"Ásalo y vamos a comer ese corazón."

"Está bien," dijo la hermana. Entonces lavó bien el corazón y lo metió en un asador.

Cuando lo metió en el asador, gritó la madre, "Hija, ¿por qué me estás metiendo en el asador? Yo soy tu madre," dijo el corazón. Pero la hija metió el corazón al fuego. "No, m'hija, no me quemes. Yo soy tu madre," dijo el corazón.

Entonces la hermana le preguntó a su hermano, "¿Es el corazón de nuestra madre?"

"No," dijo, "no es el corazón de mi madre."

"¡Cómo no, sí gritó! Cuando le metí al asador, gritó. Me dijo, '¿Hija, por qué me estás metiendo al asador?' Y cuando lo puse al fuego, me dijo, 'Hija, ¿por qué me estás quemando?' Eso fue lo que dijo el corazón."

Entonces el hermano de la muchacha se fue. La hermana, lo que hizo fue ir a traer la policía. Agarraron al muchacho, y ahí el muchacho tuvo que confesarle a la policía que había matado a su madre. Fue a enseñarles donde estaba aquel palo torcido donde había matado a su madre. Ahí estaba el cuerpo. Le había quitado su corazón.

Éste era un hijo malo, ¿pero por qué ocurrió todo esto? Porque a este hijo nunca lo pusieron a trabajar desde pequeño. Por eso, mi consejo, por lo cual estoy contando este cuento, es que todo padre y madre deben de poner a sus hijos a trabajar desde pequeños porque ya grandes los hijos ya no se pueden enderezar. Por eso yo aconsejo a todos los padres y madres que deben inculcarles bien a sus hijos y ponerlos a trabajar, como padres que somos. Este es el cuento de ese hijo que mató a su madre.[17]

The Young Lad and His Sister

Once there was a story of the old folks, "The Young Lad and His Sister." Well, the *mamá* of a young lad and his sister had died, and the *papá* looked for another woman. The woman, however, didn't like the children because they were stepchildren. But the *papá* of the children (the young man and his sister) said to the woman, "Don't worry, because I will take my children and leave them on the mountain."[18]

"Well, if it's like that, fine," said the señora who was going to be the woman of the *papá* of the young lad and lass. Then this señora began living with the father of the young lad and girl. But there came a day that the señora said to the *papá* of the youngsters, "And when are you going to go to leave your children?"

"Well, now, for sure I will go leave them soon; don't worry."

There came a day that the *papá* told the young lad—his son—and his daughter, "Get ready because tomorrow we will go to gather and chop firewood."

The young lad said, "Fine, we will go." But the young lad, since he was very smart, put lots of corn in his bag and also in the bag of the girl. Also, the young lad got some tortillas with salt.

Alberto Barreno told me this story in Panajachel in the fall of 1988.

Early in the morning, the dad himself woke them up, and the pair, the young lad and his sister, since they were very obedient, left for the mountain with their dad. However, the boy and girl left the corn all along the path. They left all the corn that they carried all along the path so they could return by that same path.

There on the mountain, the father, who was carrying a rifle, said to them, "You can prepare the firewood while I go to kill a bird or some little animal." Then they started gathering firewood, preparing the firewood, but they waited for their dad, and he did not come. And the sun went down, it was now evening, and the dad didn't arrive.

Because the boy and girl left the corn along the path, they returned to their house by the same path where they saw the corn. They got there, but it was now very late at night. Then they knocked on the door.

Then the *papá* said, "Who is it?"

"It's us," said the young lad and his sister.

"These devils have already come back," said the *papá*, and he let them in, but he did not give them anything to eat. "And why did you come back?" he told them.

"We came back because this is our house."

Then he left them without dinner, but since the young lad was very smart, he grabbed the tortillas and food, and he gave some to his sister, too.

Then the father told them again, "Tomorrow early, you are going to get up. We are going to gather firewood again." Since they were very obedient, they got up very early. But the boy, since he was very smart, again put lots of corn in his bag and also in the bag of the girl. Again, they took lots of corn.

And thus, they went again with the *papá* to the mountain to make firewood. And the *papá* did the same thing that he did the first time. He told them to gather and chop firewood, and that he would go to kill a bird [or] some animals to eat, because the *papá* had a rifle.

And so it was; they waited again for the dad to return, but he did not come back. Again evening came. Before this, however, the boy and the girl again left the corn along the path. And thus they returned by the same path where they saw the corn. And again they returned to their house and knocked on the door.

"Who is it?" said the father. Again the father was in the house.

Then they said, "It's us."

"Again these devils have come back," said the *papá* from inside. "What's happening with you? You have come back again."

"Yes, we came back because this is our house."

Once again, he didn't want to give them dinner. But since the young lad, that is, the son of the father, was very smart, again he grabbed tortillas with salt and also gave some to his sister for dinner.

And once again said the father, "Tomorrow, you are going to get up early. We're going again to chop firewood."

"All right," said the young lad and his sister. And once again they [prepared to leave]. They put lots of ashes in their bags. They carried ashes to leave on the path so that they could return by the same path.

And like that they left early the next day, leaving ashes all along the path. And the *papá* took them farther into the mountain. What he wanted was that these children not return to him again because the stepmother didn't like her stepchildren. And like that they went.

Again the *papá* said to his children, "Make lots of firewood, and I will go to kill a bird [or] some animals to eat. Today, I will come back; today I won't lie." Then the father left, and once again, as he had done before, he did not return.

But that afternoon, it rained a lot. It rained, and the ashes they had left on the path were washed away by the water, the downpour. And like that they stayed on the mountain.

Since the muchacho was very intelligent, he started to make a little house on the mountain, along with his sister. So they stayed there on that mountain. The muchacho continued chopping firewood. They ate birds [and] animals from the mountain, and like that they grew up there on the mountain.

But once when he went to make firewood, a female jaguar appeared. "How are you?" she asked him.

"Fine," he said to the jaguaress.

"I'm going to give you a gift," she told him.

"That's fine," he said, "what's the gift?"

"I'm going to give you a son who may help you with something," she told the youth.

"Thank you very much," said the young lad to the female jaguar. And he took the young jaguar to the house.

The sister comes and asks him, "What are you bringing there?"

"It's a jaguar," he says. "I met a female jaguar, and she talked to me and gave me her little son."

"Ah, how good," says his sister.

Again he went to chop firewood on the mountain, and a mountain lioness appeared. "How are you?" she asked him.

"Fine."

"I'm going to give you a gift."

"Thank you," said the young man. Then in the same manner as the female jaguar she gave him a small mountain lion. That's how it was with the mountain lioness, too. The jaguaress talked, and also the mountain lioness talked. And like that, now he had his jaguar and a mountain lion. And like that they grew up in his house as if they were dogs. And this jaguar and this mountain lion were very obedient to their owner, the young man.

One day he went farther away from his house, beyond the mountain, and he saw a house that shined a lot, that was gold. The house was pure gold. But that house belonged to the devil. And the young lad went to see what was in that house. He saw that there was an old lady. But that old woman was blind, and she was making tortillas. She had her cat there, close to where she was making the tortillas.

Then the young lad, since he was very clever, looked for a pole in the shape of a pitchfork, opened the roof of the house, and began to take out tortillas. And the old lady, when she wanted to get tortillas and there were none on the comal [circular griddle of clay or iron], said that maybe the cat was eating them. And she went over and began to hit the cat.

"Meow!" went the cat.

And when once again she wanted to get tortillas but there was none on the comal, she thought the cat was eating them. And she hit him, and "Meow!" went the cat.

Well, after that, the muchacho left with the tortillas. He went to his sister to show her the tortillas he had taken. "And what is that?" said the girl, his sister.

"They are tortillas," he told her.

"And how did you get them?"

"I went to get them at a house, in a house that is of gold, and there was an old woman there, making tortillas. I took out tortillas with a pole."

"How good," she tells him, "and when are you going to take me there?"

"You can't go with me," he tells her, "because if you go with me, what you will do is begin to laugh, and if you laugh, they will catch us there."

"Ah, I will go with you on the next trip. When you go, tell me!" she says to him.

Well, that's how they were; they ate the hot tortillas because it had been years since they had eaten tortillas, because they had been on the mountain a long time. They ate only birds and animals. But meanwhile, the jaguar and the mountain lion were growing up. They were already big, the mountain lion and the jaguar.

Well, one day the young lad, the muchacho, went again, but his sister always told him that she wanted to go. Her brother, however, said, "No, because if you go with me, you will begin to laugh, and if you laugh, they will catch us there." Well, finally, the brother told her, "Let's go, then, but don't you laugh."

"No," his sister said.

And like that they left and they came to that house. In that house, the old lady, the blind woman, was making tortillas again.

"Did you hear?" said the brother to the sister. "There will be tortillas."

"How good!" said his sister.

And like that he did it again. He took the tortillas off the comal, but the poor cat suffered because the old lady hit her cat. And when she hit him, he said, "Meow!" And every time that she hit him, "Meow!" went the cat.

Well, the muchacho was taking out the tortillas, and then his sister began to laugh. The old woman caught them, chained them, and put them in a hallway. And there they stayed. Well, the old lady, the blind woman, would come to test them every day to see if they were fat enough to eat.

But there in that house there was a [an image of the] Virgin. And the Virgin told the muchacho, "Catch a mouse and take off its tail."

"Ah, that's good," said the muchacho. So he did. A mouse passed by, and he managed to catch the mouse, and he took off the tail.

Another day the old woman came with a ring to test him [to see if his finger was fat]. What he did was put the mouse's tail in the ring. When the old woman grabbed it, she said, "I have been feeding you for so long, and you certainly are not getting fat. Well, now what we are going to do is, we are going to have a dance. We will have a fiesta."

The old lady left, and once again, the Virgin spoke. "You will be taught how to dance, but say that you can't dance. It is better if she does it first because this señora, what she wants with you is to kill you. Because if you go to dance, she will kill you; she will make a pot of hot water, and she is going to push you into it. But say that you can't dance. Then, let her be the one to teach you."

"Well," said the young man, "that's fine; that's how we'll do it."

And another day the old woman came; she went to bring them. She took them there, inside, where the pot of hot water was. It was boiling, that pot with hot water. Now she told them, "Start dancing."

Then they said, "We don't know how to dance."

"Dance!" she ordered them.

"We can't dance," said the young lad and the girl, his sister. Finally, he said, "Why don't you teach us how to dance? If you teach us how to dance, then we will learn."

Well, the old woman began to dance. The old woman was dancing when the young lad went and pushed her into the hot water. And there, the little old woman died in that hot water.

"So now," said the muchacho to his sister, "we are the owners of the house. Now we have a house of pure gold." But the house really belonged to the devil, a man with horns who came to visit the boy's sister. And she liked this man because he was the real owner of the house of gold. The devil wanted to kill the boy, and she began to ally herself with him to do harm to her brother.

But meanwhile the jaguar and the mountain lion now were big. Well, they stayed there for some time. But the muchacho liked to make firewood; he would go to the mountain to make firewood. Always he would do it.

One day the jaguar said to his owner, that is, the muchacho, "Look, I want to tell you a story."

"And what story are you going to tell me?"

"But let's go behind the house," he tells him, "I want to tell you a story."

"And what is the story?"

"Look, a very tall señor comes here, but that señor has horns. In this world there is hardly anyone like that señor."

Then the muchacho said, "Surely it is the devil."

"Well, I don't know," said the jaguar.

Well, he went on another day to bring firewood, but the mountain lion stayed in the house to see if it was true. So the jaguar went with the muchacho to make firewood. When he returned, the mountain lion said to his owner, that is, the muchacho, "I want to tell you a story."

"And what is it?"

"Well, I will tell you, but outside, there."

"Let's go, then," said the muchacho.

The mountain lion went with the muchacho and told him, "A señor came here, but that señor had horns. We had never seen a señor with horns before."

"Ah, well," the young lad said, "then what the jaguar says is true."

"Well, I am warning you because the señor with horns could kill you. He might harm you."

Well, once again, the next day the muchacho took the jaguar and the mountain lion to go to make firewood. And then there in the forest, the muchacho told the jaguar and the mountain lion, "Look, if that one that you saw, that man who has horns, if he wants to harm me, you jump on him and eat him."

"That's fine," said the jaguar and the mountain lion, "that's what we will do."

The muchacho arrived at his house, and there was nothing; there was no danger. But the next day, again he went to make firewood, again taking the jaguar and the mountain lion. He told them again, "And if this man jumps on me, then you jump on him and eat him."

"All right," said the mountain lion and the jaguar.

Well, so that day passed. When they returned in the afternoon, there was the man who has horns. When the young lad was pitching his load of firewood, that man threw himself against the muchacho, but the jaguar and the mountain lion were ready, and they caught and ate that devil, that man who has horns.

The muchacho realized that his sister had been working with the devil to kill him. "Well, now," said the muchacho to his sister, "why are you doing me this harm? Remember that we are in a good house. We are in a place where there is food, where there is something to eat. Why are you doing me this harm? Well, now I will leave you."

Finally, the muchacho left with the jaguar and the mountain lion. He left the girl in that house.

With the passage of time, one day, in another place on the mountain, very far from the house of the she-devil, a sign appeared that said, "There is a princess there at the shore of the sea. He who saves her will earn a fortune."

Then the muchacho went and told the mountain lion and the jaguar: "It [the sign] says that a princess, the daughter of a king, is in danger. It says that a very big animal will come out of the sea. But you can eat that animal, as you did that man who had horns, the devil. Just as you ate that man, you can do the same with that animal that comes out of the sea. The sign says that it will eat the daughter of the king, the princess. And it says that they will give us a fortune, that they will give the girl to me, that she will be my wife."

"Well, let's go then," said the jaguar and the mountain lion. And they went to the seashore. And there was the girl, crying, crying bitterly because the animal was going to come out from that place to eat her up.

But the muchacho approached the princess and told her, "Don't cry, because I am going to save you."

"Really?" said the princess, the girl. Then she no longer cried.

"Don't worry, because we have come to help you. Here I'm bringing the mountain lion and the jaguar. Don't worry because we will help you. Okay, now we are going to hide, and when that animal comes out, we will save you."

"That's fine," said the princess.

And that's what they did. They hid. And really, when the animal came out of the sea, "Uuuhhh!" said this giant, this animal. And it came up against the girl. But as the muchacho had already advised the jaguar and the mountain lion, they went running, and they pounced on the animal, the one who came out of the sea. And so they ate it up. They saved the girl, the princess, the daughter of the king.

Then the daughter of the king told the muchacho, "Well, now we are going to get married. We will go to my father. We will have much wealth. Now I am yours. Now I am your wife. Let's go," she told him. And she took him to the house of the king; in other words, the house of the girl.

But when they got there to that place, the king became scared and said, "And those animals?"

"They are the ones who take care of me; they are the ones who guard me," said the muchacho.

But the mountain lion and the jaguar approached the king, and the king became scared because he thought that they were going to eat him. The animals, however, were very obedient because they had to receive the order of their owner to eat some animal. So in this way, the king got scared from seeing the jaguar and the mountain lion. At last the king showed them in. There he took them to the table, the dining room, but then the young lad realized that there was his sister, working for the king. She felt lonely living by herself in the house of the devil, and so she had left. She had found work with the king.

"And how are you?" says the boy to his sister.

"Well, here I am working, here in this house."

"Ah, how good that you are working here," he tells her.

Well, that's how they were. His sister came and then went to bring food. She started to serve the king and his daughter.

But the king began to ask, "How did you rescue my daughter?"

"Well, I read a sign that said, 'The one who rescues my daughter, I will give her to him at once, and I also will give him a fortune.' That's what the sign said. And because of that, we went to that place to save your daughter."

"Ah, how good," said the king. "A good deed. Well, now you have my daughter. Now I have many riches that are yours."

"Thank you," said the muchacho.

But the food that the girl brought the young man he did not eat because he thought it might be poisoned by his sister out of vengeance for having ordered the jaguar and mountain lion to eat the devil and for having left her alone in the house. What the muchacho did was to eat fruit that was on the table. And then that is how it was.

So now, what the muchacho said later to the mountain lion and the jaguar, but alone, outside the house, was, "You can eat that girl, my sister. When she goes to the market, there by the road, you can eat my sister."

"All right," said the mountain lion and the jaguar. And that's what they did; they ate the girl up. And there ended the story.

El joven y su hermana

Una vez pasó un cuento de los viejitos, "El joven y su hermana." Pues, la mamá de un joven y su hermana se había muerto, y el papá buscó otra mujer. La mujer, sin embargo, no quería a los niños porque eran entenados [hijastros]. Pero el papá de los niños (del joven y su hermana) le dijo a la mujer, "No tengas pena, porque a mis niños los voy a ir a dejar a una montaña."[18]

"Bueno, si es así, está bien," dijo la señora quien iba a ser la mujer del papá del joven y de la muchacha. Entonces la señora esta se juntó con el papá del joven y de la muchacha. Pero llegó un día en que la señora le dijo al papá de los jóvenes, "¿Y cuándo vas a ir a dejar a tus hijos?"

"Pues, ahora de seguro voy a ir a dejarlos; no tengas pena."

Llegó el día en que el papá le dijo a su hijo y a su hija, "Prepárense porque mañana vamos a ir a hacer leña."

El joven dijo, "Está bien, vamos a ir." Pero el muchacho, como era muy listo, puso mucho maíz en su bolsa y también en la bolsa de la muchacha. También el joven obtuvo algunas tortillas con sal.

Temprano por la mañana, el mismo papá los despertó, y los dos, el joven y su hermana, como eran muy obedientes, salieron para la montaña con su papá. Sin embargo, el muchacho y la muchacha dejaron el maíz por todo el camino. Todo el maíz que llevaron lo dejaron por todo el camino para que pudieran regresar por el mismo camino.

Ya estando allá en la montaña, el papá, que cargaba un rifle, les dijo a ellos, "Ustedes pueden hacer la leña mientras yo voy a matar un pájaro o algún animalito." Entonces ellos comenzaron a juntar leña, a hacer la leña, pero esperaban al papá, y no venía. Y cayó el sol y ya era la tarde, y no llegaba el papá.

Porque el muchacho y la muchacha dejaron el maíz por el camino, regresaron a su casa por el mismo camino donde vieron el maíz. Llegaron a casa, pero ya muy tarde en la noche. Entonces tocaron a la puerta.

Entonces dijo el papá, "¿Quién es?"

"Somos nosotros," dijeron el joven y su hermana.

Alberto Barreno me contó este cuento en Panajachel en el otoño de 1988.

"Ya vinieron estos demonios," dijo el papá, y los dejó entrar, pero no les dio de comer. "¿Y por qué vinieron ustedes?" les dijo.

"Venimos porque esta es nuestra casa."

Entonces los dejó sin cena, pero como el joven era muy listo, él agarró las tortillas y comida, y le dio a su hermana también.

Entonces el papá les dijo otra vez, "Mañana temprano se van a levantar. Vamos a ir a hacer leña otra vez." Como ellos eran muy obedientes, así se levantaron muy temprano. Pero el muchacho, como era muy listo, otra vez metió bastante maíz en su bolsa y también en la bolsa de la muchacha. Otra vez, llevaron bastante maíz.

Y así, se fueron otra vez con el papá a la montaña a hacer leña. Y el papá hizo la misma cosa que hizo la primera vez. Les dijo que juntaran e hicieran leña, y que él se iba a matar algún pájaro [o] algunos animales para comer, porque el papá tenía un rifle.

Y así fue; esperaron otra vez ellos a que el papá volviera, pero él ya no volvió. Otra vez vino la tarde. Antes de esto, sin embargo, el muchacho y la muchacha dejaron otra vez el maíz por el camino. Y así, ellos volvieron por el mismo camino donde ellos miraban el maíz. Y nuevamente ellos llegaron a su casa y tocaron a la puerta.

"¿Quién es?" dijo el papá. Otra vez el papá estaba en su casa.

Entonces ellos dijeron, "Somos nosotros."

"Otra vez vinieron estos demonios," dijo el papá adentro. "¿Qué pasa con ustedes? Volvieron otra vez."

"Sí, volvimos porque esta es nuestra casa."

Nuevamente, él no quería darles cena. Pero como el joven, es decir el hijo del papá, era muy listo, agarró tortillas otra vez, con sal, y le dio a su hermana también, para la cena.

Y nuevamente dijo el papá, "Mañana se levantan temprano. Nos vamos otra vez a hacer leña."

"Está bien," dijeron el joven y su hermana. Y ellos otra vez [se prepararon para salir]. Echaron bastante ceniza en sus bolsas. Llevaron ceniza para dejarla en el camino para que ellos pudieran volver por el mismo camino.

Y así se fueron temprano al otro día, dejando cenizas por todo el camino. Y el papá los llevo más lejos en la montaña. Lo que él quería es que ya no volvieran estos hijos con él porque la madrastra no quería a sus entenados. Y así, se fueron.

Otra vez dijo el papá a sus hijos, "Hagan bastante leña, y yo voy a ir a matar un pájaro [o] algunos animales para comer. Hoy voy a regresar; hoy no voy a mentir." Entonces se fue el papá, y nuevamente él no regresó, como lo hizo antes.

Pero esa tarde, llovió bastante. Llovió y la ceniza que habían dejado en el camino fue lavada por el agua, el aguacero. Y así ellos se quedaron en la montaña.

Como el muchacho era muy listo, él comenzó a hacer una casita en la montaña, juntamente con su hermana. Entonces se quedaron ahí en esa montaña. El muchacho siguió haciendo leña. Ellos comían pájaros [y] animales de la montaña, y así ellos crecieron allá en la montaña.

Pero una vez cuando él fue a hacer leña, apareció una tigra. "¿Qué tal?" le dijo al muchacho.

"Bien," le dijo él a la tigra.

"Te voy a dar un regalo," le dijo.

"Está bien," le dijo él. "¿Cuál es el regalo?"

"Te voy a regalar un hijo, para algo te puede ayudar," le dijo al joven.

"Muchas gracias," dijo el joven a la tigra. Y se llevó al tigrito a su casa.

Viene la hermana y le pregunta, "¿Qué traes ahí?"

"Es un tigre," le dice. "Encontré una tigra, y me habló y me regaló su hijito."

"Ah, qué bueno," dice su hermana.

Otra vez se fue a hacer leña a la montaña, y le salió una leona. "¿Qué tal?" le dijo.

"Bien."

"Te voy a dar un tu regalo."

"Gracias," dijo el joven. Entonces le regaló un león pequeño de la misma forma como la tigra. Así fue con el león, también. La tigra habló, y también la leona habló. Y así, él tenía ya su tigre y un león. Y así, crecieron en su casa como que [si] fueran perros. Y este tigre y este león eran muy obedientes con su dueño, el joven.

Un día él se fue más retirado de su casa, ya más allá de la montaña, y vio una casa que brillaba mucho, que era de oro. La casa era de oro puro. Pero esa casa era del diablo. Y el joven se fue a ver qué había en esa casa. Y vio que había una viejita. Pero esa viejita era ciega, y estaba torteando. Tenía un su gato ahí, cerca de donde estaba haciendo las tortillas.

Entonces el joven, como él era muy listo, buscó una vara en forma de una horqueta, destapó el techo de la casa, y comenzó a sacar tortillas. Y la viejita, cuando quería sacar tortillas y no habían en el comal, dijo que tal vez el gato se las estaba comiendo. Y fue ella y comenzó a pegarle al gato.

"¡Miau!" hacía el gato.

Y cuando nuevamente quería sacar tortillas y no había ninguna en el comal, ella pensaba que el gato se las estaba comiendo. Y le pegó, y "¡Miau!" hacía el gato.

Bueno, después de eso, se fue el muchacho con las tortillas. Se fue con su hermana a enseñarle las tortillas que había sacado. "¿Y qué es eso?" dijo la muchacha, su hermana.

"Son tortillas," le dijo.

"¿Y cómo las conseguiste?"

"Las fui a conseguir a una casa, en una casa que es de oro, y estaba una viejita ahí, haciendo tortillas. Yo saqué las tortillas con una vara."

"Qué bueno," le dice."¿Y cuándo me vas a llevar ahí?"

"No podés [puedes] ir conmigo," le dice, "porque si te vas a ir conmigo, lo que vas a hacer es que te vas a poner a reír, y si te ríes, ahí nos van a agarrar."

"Ah, yo me voy contigo en el próximo viaje. Cuando vayas, ¡me avisas!" le dice.

Bueno, así quedaron; comieron las tortillas calientes porque ya tenían años ellos de no comer tortillas porque ya tenían tiempo de estar en la montaña. Sólo comían pájaros y animales. Pero mientras tanto el tigre y el león estaban creciendo. Ya estaban grandes, el león y el tigre.

Bueno, un día se fue otra vez el joven, el muchacho, pero su hermana siempre le dijo que quería ir. Su hermano, sin embargo, decía, "No, porque si te vas conmigo, [te] vas a reír, y si te vas a reír, ahí nos van a agarrar." Bueno, al fin, su hermano le dijo, "Vamos pues, pero no te vayas a reír."

"No," dijo su hermana.

Y así se fueron y llegaron a aquella casa. En aquella casa, la viejita, la ciega, estaba haciendo otra vez tortillas.

"¿Oíste?" le dijo a su hermana. "Van a haber tortillas."

"¡Qué bueno!" dijo su hermana.

Y así lo hizo nuevamente. Sacó las tortillas del comal, pero el pobre gato sufría porque la viejita le pegaba a su gato. Y cuando le pegaba, decía, "¡Miau!" Y cada vez que le pegaba, "¡Miau!" le hacía el gato.

Bueno, estaba sacando las tortillas el muchacho, y entonces su hermana comenzó a reírse. La viejita los agarró, les puso una cadena y los puso en un corredor. Y ahí se quedaron. Bueno, venía la viejita, la ciega; los probaba cada día para ver si estaban gordos para poder comerlos.

Pero ahí en esa casa había una [imagen de la] virgen. Y la virgen le dijo al muchacho, "Agarra un ratón y le quitas la cola."

"Ah, está bueno," dijo el muchacho. Y así lo hizo. Pasó un ratón; él procuró agarrar el ratón y le quitó la cola.

Otro día vino la viejita con un anillo para probarlo [para ver si su dedo estaba gordo]. Él lo que hizo fue meter la cola del ratón en el anillo. Cuando la viejita lo agarró, dijo, "Tanto tiempo que les he dado de comer a ustedes, y no hay modo de que se engorden. Bueno, ahora lo que vamos a hacer es que vamos a hacer un baile. Vamos a tener una fiesta."

La viejita se fue, y nuevamente la virgen habló. "A ustedes les van a enseñar a bailar, pero digan ustedes que no pueden bailar. Es mejor que lo haga ella primero porque esta señora, lo que quiere con ustedes es matarlos. Porque si ustedes van a bailar, ella los va a matar; va a hacer una olla de agua caliente, y los va a empujar en ella. Pero digan ustedes que no pueden bailar. Entonces, ella que les enseñe a ustedes."

"Bueno," dijo el joven, "está bien; así lo vamos a hacer."

Y otro día vino la viejita; los fue a traer. Los llevó allá adentro donde estaba la olla de agua caliente. Estaba hirviendo esa olla con agua caliente. Ahora les dijo, "Comiencen a bailar." Entonces ellos dijeron, "Nosotros no sabemos bailar."

"¡Bailen!" les ordenó a ellos.

"Nosotros no podemos bailar," dijeron el joven y la muchacha, su hermana. Al fin, él le dice, "¿Por qué no nos enseñas a bailar? Si nos enseñas a bailar, entonces nosotros vamos a aprender."

Bueno, la viejita comenzó a bailar. Estaba bailando la viejita cuando se fue el joven y la empujó al agua caliente. Y ahí murió la viejita en esa agua caliente.

"Entonces, ahora," le dijo el muchacho a su hermana, "nosotros somos los dueños de la casa. Ahora tenemos una casa de puro oro." Pero la casa en realidad le pertenecía al diablo, un hombre con cachos quien vino a visitar a la hermana del muchacho. Y a ella le gustó este hombre porque él era el verdadero dueño de la casa de oro. El diablo quería matar al muchacho, y ella comenzó a aliarse con él para hacerle daño a su hermano.

Pero mientras tanto el tigre y el león ya estaban grandes. Bueno, ahí estuvieron por un tiempo. Pero al muchacho le gustaba hacer leña; se iba a la montaña a hacer leña. Siempre así lo hacía.

Un día le dijo el tigre a su dueño, o sea el muchacho, "Mira, te quiero contar un cuento."

"¿Y qué cuento me vas a contar?"

"Pero, vamos atrás de la casa," le dice. "Yo quiero contarte un cuento."

"¿Y cuál es el cuento?"

"Mira, aquí viene un señor muy alto, pero ese señor tiene cachos. En este mundo, casi no hay nadie como este señor."

Entonces dijo el muchacho, "De seguro, es el diablo."

"Pues yo no sé," dijo el tigre.

Bueno, él se fue otro día a traer leña, pero se quedó el león en la casa para probar si era cierto eso. Entonces se fue el tigre con el muchacho para ir a hacer leña. Cuando regresó, el león le dijo a su dueño, es decir, el muchacho, "Quiero contarte un cuento."

"¿Y qué es?"

"Pues te lo voy a contar, pero allá, afuera."

"Vamos pues," dijo el muchacho.

Se fue el león con el muchacho y el león le dijo, "Un señor vino aquí, pero ese señor tenía cachos. Nosotros nunca [antes] habíamos visto a un señor con cachos."

"Ah, bueno," dijo el joven, "entonces es cierto lo que dice el tigre."

"Pues, esto te aviso porque el señor con cachos puede matarte. Puede ser que te haga un daño."

Bueno, nuevamente, el muchacho llevó al tigre y al león al siguiente día para ir a hacer la leña. Y entonces allá en el monte, el muchacho le dijo al tigre y al león, "Miren, si ése que ustedes vieron, ese hombre que tiene cachos, si me quiere hacer un daño, se tiran ustedes y se lo comen."

"Está bien," dijeron el tigre y el león, "así vamos a hacer."

El muchacho llegó a su casa, y no hubo nada; no hubo peligro. Pero al otro día, otra vez él se fue a hacer leña; llevándose al tigre y al león otra vez. Les dijo otra vez, "Y si este hombre se tira contra mí, entonces se tiran ustedes y se lo comen."

"Está bien," dijeron el león y el tigre.

Bueno, pasó pues ese día. Cuando regresaron por la tarde, ahí estaba el hombre que tiene cachos. Cuando él estaba tirando la leña de la carga, se tiró ese hombre contra el muchacho, pero el tigre y el león estaban listos, y lo agarraron y se comieron a ese diablo, a ese hombre que tiene cachos.

El muchacho se dio cuenta de que su hermana estaba trabajando con el diablo para matarlo a él. "Bueno, ahora," le dijo el muchacho a su hermana, "¿por qué me estás haciendo este daño? Acuérdate que estamos en una buena casa. Estamos en un lugar donde hay comida, donde hay algo para comer. ¿Por qué me estás haciendo este daño? Bueno, ahora te voy a dejar."

Al fin, se fue el muchacho con el tigre y el león. Dejó a la muchacha en esa casa.

Con el pasar del tiempo, un día, en otro lugar en la montaña muy lejos de la casa de la diabla, un rótulo apareció que decía, "Hay una princesa allá a la orilla del mar. El que la salve se va a ganar una riqueza."

Entonces el muchacho se fue y le dijo al león y al tigre, "Dice [el rótulo] que una princesa, la hija de un rey, está en peligro. Dice que en el mar, va a salir un animal muy grande. Pero ustedes se pueden comer a ese animal, así como lo hicieron con ese hombre que tiene cachos, el diablo. Así como ustedes se comieron a ese hombre, así pueden hacer lo mismo con ese animal que sale del mar. El rótulo dice que se va a comer a la hija del rey, la princesa. Y dice que nos van a dar una riqueza, que la muchacha me la van a dar a mí, que va a ser mi esposa."

"Entonces, vamos pues," dijo el tigre y el león. Y se fueron para la orilla del mar. Y allá estaba la muchacha llorando, llorando amargamente porque el animal iba a salir de ese lugar para comérsela.

Pero el muchacho se acercó a la princesa y le dijo, "No llores, porque yo te voy a salvar."

"¿De veras?" dijo la princesa, la muchacha. Entonces ella ya no lloró.

"No tengas pena porque nosotros hemos venido a ayudarte. Aquí traigo al león y al tigre. No tengas pena porque te vamos a ayudar. Bueno, ahora nosotros nos vamos a esconder, y cuando salga ese animal, nosotros te vamos a salvar."

"Está bien," dijo la princesa.

Y así lo hicieron. Se escondieron. Y de veras, cuando salió el animal del mar, "Uuuhhh" decía este gigante, este animal. Y se vino contra la muchacha. Pero como al tigre y al león los había aconsejado el muchacho, se fueron corriendo y saltaron sobre el animal, el que salió del mar. Y así se lo comieron. Salvaron a la muchacha, la princesa, la hija del rey.

Entonces la hija del rey le dijo al muchacho, "Pues ahora nos vamos a casar. Nos vamos a ir con mi papá. Nosotros tendremos mucha riqueza. Ahora ya soy tuya. Ya soy tu esposa. Vamos," le dijo. Y lo llevó hasta la casa del rey, o sea a la casa de la muchacha.

Pero cuando llegaron allá, a ese lugar, se asustó el rey y dijo, "¿Y esos animales?"

"Son los que me cuidan; son los que me guardan," dijo el muchacho.

Pero el león y el tigre se acercaron al rey, y el rey se asustó porque pensaba él que quizás se lo iban a comer. Los animales, sin embargo, eran muy obedientes porque tenían que recibir la orden de su dueño para comerse a algún animal. Entonces, de esta forma, el rey se asustó por ver al tigre y al león. Al fin el rey los hizo entrar. Allá los entró a la mesa, al comedor, pero entonces el joven se dio cuenta que ahí estaba su hermana, trabajando para el rey. Se sintió solitaria viviendo por sí misma en la casa del diablo, y entonces se había ido. Había encontrado trabajo con el rey.

"¿Y qué tal vos?" le dice el muchacho a su hermana.

"Pues, aquí estoy trabajando, aquí en esta casa."

"Ah, qué bueno que estás trabajando aquí," le dice.

Bueno, así quedaron. Vino su hermana y entonces se fue a traer la comida. Ella comenzó a servirles al rey y a la hija.

Pero el rey comenzó a preguntar, "¿Cómo salvaste a mi hija?"

"Pues, yo leí un rótulo que decía, 'El que salve a mi hija, se la daré de una vez, y también le daré una riqueza.' Eso es lo que decía el rótulo. Y por eso nosotros nos fuimos para ese lugar a salvar a su hija."

"Ah, qué bueno," dijo el rey, "buena obra. Pues ahora, tienes a mi hija. Ahora tengo mucha riqueza que es tuya."

"Gracias," dijo el muchacho.

Pero la comida que trajo la muchacha no se la comió el joven por-que pensó que podría estar envenenada por su hermana en venganza por haberle ordenado al tigre y al león que se comieran al diablo y por haberla dejado sola en la casa. Lo que el muchacho hizo fue comer la fruta que estaba en la mesa. Y entonces, así quedaron.

Entonces, ahora lo que les dijo el muchacho al león y al tigre, pero así a solas afuera de la casa, fue, "Ustedes pueden comerse a esa muchacha, mi hermana. Cuando se vaya al mercado, allá por el camino, ustedes se la pueden comer a mi hermana."

"Está bien," dijeron el león y el tigre. Y así lo hicieron; se comieron a la muchacha. Y ahí se terminó el cuento.

The Three Gringos

Some gringos arrived in a town, but what these gringos wanted was to learn Spanish, because they only spoke English. Days later, these three gringos went to the marketplace. Then people saw them there and said, "There go the three. There go the three." Then the three gringos, on that first day, learned "the three." Like that they were learning Spanish.

The next day, the gringos went again to the market to learn Spanish. They were there in the market when suddenly the police arrived to grab a person. Then some people said, "Why did they take that man away? Why did the police grab him?"

Then other people said, "For one ear of corn that this man has stolen." Then the gringos listened well: "For one ear of corn, they took that man." Well, they learned that. That was the second day.

The next day, they went again to the marketplace, and there was a señora selling cheese and cream. Another señora arrived and approached the one selling cheese and cream and told her, "Please give me a *cuarterón* [quarter of a pound] of cheese."

"With much pleasure," said the one who was selling cheese and cream.

"Could you give me a little bag, please?" said the one who was buying.

Story by Alberto Barreno, Panajachel, 1988.

"With much pleasure," said the one who was selling cheese and cream. Then the three gringos learned, "with much pleasure." Already they had learned two expressions: "the three" and "for one ear of corn." Now they had learned "with much pleasure." They had started to study, to learn Spanish.

Well, for a few days they stopped going to the market. Instead, they practiced the expressions and learned them by heart. They learned "the three," "for one ear of corn," and "with much pleasure." They memorized the three expressions.

Afterward, they went again to the market. There, many people were crowded together. Then the three gringos wanted to see what was happening. They squeezed in between all the people, but in the middle of all those people was a dead body. A man had died.

When the police arrived, they said, "Who killed this person? Who killed him?" But the people did not respond at all. Little by little each person left. Only the three gringos remained there, staring at the body that was dead. Then the police said, "Well, respectable señores, don't you know who killed this person?"

Since they could not speak Spanish, they did not respond. They had only learned: "the three," "for one ear of corn," and "with much pleasure."

Then the police asked again, "You, señores, don't you know who killed this person?"

But the gringos only continued crowding and looking. Since they could not speak Spanish, they did not respond.

But finally, one of them said, "The three."

"Ah," said the police, "and why did you do it?"

The second one said, "For one ear of corn."

Then the police said, "Ah, now I will take you to jail."

"With much pleasure," said the third one.

The three answered very well, using the three expressions they had learned, but it was those same three expressions that were used to accuse them. They took them to jail, but there the judge realized that these three gringos were just beginning to learn Spanish. They only knew "the three," "for one ear of corn," and "with much pleasure." This was all that the three gringos had learned, and unfortunately, with these three phrases they accused them of murder. The judge, however, realized that they were just learning Spanish. That is to say, he realized that they were innocent because that body had already been there when the police asked them who had killed him.

Well, they kept them in jail for just three days and then released them. They set them free, but when they went again to the marketplace, all the people laughed at them for having answered [the policemen] with: "The three," "for one ear of corn," and "with much pleasure." For that reason, all the people laughed at them. And finally the gringos laughed [at themselves] too, because they had learned [only]: "the three," "for one ear of corn," and "with much pleasure." The people would say these phrases and laugh, and the gringos would laugh too. They laughed and learned more Spanish, but they had to suffer. That is the story of the three gringos.

Los tres gringos

Unos gringos llegaron a un pueblo, pero estos gringos, lo que querían era aprender el español porque ellos sólo hablaban inglés. Días después, estos tres gringos fueron al mercado. Entonces ahí la gente los miraba y decían, "Allá van los tres. Allá van los tres." Entonces los tres gringos en ese primer día aprendieron, "Los tres." Así fueron aprendiendo español.

El próximo día, los gringos fueron otra vez al mercado para aprender el español. Estaban ahí en el mercado cuando de repente llegó la policía a agarrar a una persona.

Entonces algunas personas dijeron, "¿Por qué se llevaron a ese hombre? ¿Por qué lo agarró la policía?" Entonces otra gente dijo, "Por un elote que este hombre se ha robado." Entonces los gringos pusieron bien el oído [escucharon bien]: "Por un elote, se llevaron a ese hombre." Bueno, eso aprendieron. Ese fue el segundo día.

Al siguiente día, fueron otra vez al mercado, y había una señora vendiendo queso y crema. Llegó otra señora y se le acercó a la que estaba vendiendo queso y crema y le dijo, "Por favor déme un cuarterón [un cuarto de libra] de queso."

"Con mucho gusto," le dijo la que vendía queso y crema.

Cuento de Alberto Barreno, Panajachel, el año 1988.

"¿Podría darme una bolsita, por favor?" dijo la que estaba comprando.

"Con mucho gusto," dijo la que estaba vendiendo queso y crema. Entonces los tres gringos aprendieron, "con mucho gusto." Ya habían aprendido dos expresiones: "los tres" y "por un elote." Ahora habían aprendido, "Con mucho gusto." Ellos habían comenzado a estudiar, a aprender el español.

Bueno, dejaron de ir al mercado por unos días. En vez de eso, comenzaron a practicar sus expresiones y las aprendieron muy bien. Aprendieron "los tres," "por un elote" y "con mucho gusto." Se memorizaron las tres expresiones.

Después, se fueron otra vez al mercado. Allá un montón de gente estaba amontonada. Entonces los tres gringos querían saber lo que estaba pasando. Ellos se metieron entre toda la gente, pero entre toda esa gente había un cuerpo muerto. Un hombre había muerto.

Cuando llegó la policía, dijeron, "¿Quién mató a esta persona? ¿Quién lo mató?" Pero la gente no respondía nada. Poco a poco cada persona se fue. Solamente los tres gringos quedaron ahí, mirando al cuerpo que estaba muerto. Entonces la policía dijo, "Bien, señores respetables, ¿no saben ustedes quién mató a esta persona?"

Como ellos no podían hablar el español, no respondieron. Sólo habían aprendido: "los tres," "por un elote" y "con mucho gusto."

Entonces la policía preguntó otra vez, "Ustedes señores, ¿no saben quién mató a esta persona?"

Pero los gringos solo continuaron amontonándose y mirando. Como no podían hablar el español, no respondieron.

Pero al fin, uno de ellos dijo, "Los tres."

"Ah," dijo la policía, "¿y por qué lo hicieron?"

El segundo dijo, "Por un elote."

Entonces, la policía dijo, "Ah, ahora los voy a llevar a la cárcel."

"Con mucho gusto," dijo el tercero.

Los tres respondieron muy bien, usando las tres expresiones que habían aprendido, pero fueron esas mismas tres expresiones las que se usaron para acusarlos. Los llevaron para la cárcel, pero allá el juez se dio cuenta que estos tres gringos sólo estaban comenzando a aprender el español. Ellos solamente sabían: "los tres," "por un elote" y "con mucho gusto." Eso fue todo lo que habían aprendido los tres gringos, y desafortunadamente, por esas tres frases los acusaron de homicidio. El juez, sin embargo, se dio cuenta de que ellos solamente estaban aprendiendo español. Es decir, se dio cuenta de que ellos eran inocentes porque el cuerpo ya estaba ahí cuando la policía les preguntó que quién lo había matado.

Bueno, los mantuvieron en la cárcel solamente por tres días y después los sacaron. Salieron libres, pero cuando fueron otra vez al mercado, toda la gente se reía de ellos por haber respondido [a la policía]: "Los tres," "por un elote" y "con mucho gusto." Por eso, toda la gente se reía de ellos. Y al final los gringos se reían también porque [solamente] habían aprendido: "los tres," "por un elote" y "con mucho gusto." La gente decía estas frases y se reía, y los gringos se reían también. Se reían y aprendieron más español, pero tuvieron que sufrir. Ese es el cuento de los tres gringos.

The Man Who Defeated the Devil

In the past, during the times of Tatalapo, there lived a man who had great wealth; he was an only son.[19] His parents were rich and miserly. They took possession of many things that were in the world, and when they died, all of their inheritance was left to their only son.

The son, however, was lost in bad habits with street women, and he sunk into drunkenness. In this way he wasted all of the money that they had left him, and he sold all the goods until he used up his fortune upon selling the house. The man was completely forsaken, even living on the street, begging every day for drinks and food. People would tell him to quit drinking, but he continued with his bad habits.

In the end, one day an evil man appeared to him who was the devil, and he says to the drunkard, "You are mine now. Your body and your soul belong to me now. All of the drunkards and those who live an immoral life are mine; I am going to burn them in hell."

The drunkard answers him, "You are the devil; well, I want to talk with you. It is very well that my body and my spirit are going to be yours, but not until my last day, the day of my death; spare me more life so that

Manuel González of San Pedro la Laguna, who died in 2004, told Pedro Cholotío Temó this story. Pedro sent it to me by mail in 2003.

I can enjoy more time on earth. What I ask from you is that you give me my drinks and my women."

The devil says to him, "Very well, I will give you your drinks and your women, but on the condition that on the last day of your life you will serve as my food."

Like that they remained. The drunkard continued drinking; the people gave him money for drinks and women, due to the power of the devil.

On another occasion the devil appeared again in person, and he said to the drunkard, "Well, I already gave you a lot of time, and I gave you everything you asked for. Right now, I need your body and your soul. You are going to die in the streets, and I will feed on your blood. Your spirit I will take to the eternal fire." Thus spoke evil.

The drunkard says, "You, devil, don't be so mean to me. Allow me more time to live in this world; I don't care about my body and my spirit. They are for you, but it will not be until the last day of my life. What I now ask from you is that you help me be a thief because the townspeople do not like me anymore. Now they deny me the money to buy my *guaro* [aguardiente, distilled cane liquor] and women. And for that reason, I want to be a thief."

The devil answers him, "Very well, you can rob whatever you want. I will help so that the owners of the houses do not see you when you go to steal. I will make the owners of the businesses leave their stores open so you can rob and enjoy life awhile longer, but on the condition that your body and your spirit are going to be for me." So said the horned one.

The drunkard turned into a first-class thief. He went into businesses, restaurants, taverns, and houses to rob without the owners realizing it. Thus it went on for a long time.

The devil, tired of waiting so long, appears one day to the thief and says to him, "I did everything that you asked of me. Now you are going to die; now it is time. I will take advantage of your blood and your spirit. Today is the last day. Your life is over, and you are in my hands," said the devil.

The thief says to him, "I still have life in me; you have not defeated me, far from it. Now, let us make some bets. You will have to take the bets that I propose. If you win, then my blood and my spirit will be yours, but if you lose, you will never take advantage of my body or my spirit. I will be the winner."

In the first bet, the thief says to the devil, "You, who are the devil, can do many things. Climb up this volcano and throw yourself down without worrying about the bumps. I will be waiting for you below. I do not want to see any scrapes on your body, and bring me a big fish in your hands.[20] If you win, I will be yours."

The devil went running up the volcano. He jumped headfirst and landed on his feet, but without the [slippery] fish in his hands. He lost the first bet.

The thief says to him, "I will give you another opportunity. You are a clever man, and you can do many things in the world." For the second bet, the thief says, "Go underneath this lake. On the bottom there is a terrestrial elephant. Bring him to me by the ears, and you will be the winner."

"Very well," said the poor devil. He went down to the bottom of the lake in search of the elephant. But below the lake there are only fish and other [aquatic] species, but no elephants. The devil came out from the bottom of the lake and didn't bring anything, and he lost the bet. The devil asked the thief to make more bets with him because the thief owed him many favors.

"Let's make the third bet, and if you win, I will be yours," said the thief. Here you have a net made out of maguey cord. I want you to fill it up with water, and when it is full, move it."

"I cannot" said the devil. "How do you think that water can be stored in a net made of maguey cord?"

The thief says to him, "As you see, I am the winner. Never will I give you my body or my spirit. Now I am who I am," he said.

The devil asked for one last opportunity because he felt frustrated by all the favors that the thief owed to him.

"Very well," said the thief, "this is the last bet and the last chance you will have."

For the fourth bet, the thief says to the devil, "I am going to break wind (fart). You have to catch it and show me what it is and what color it is."

The devil says to the thief, "I cannot catch it. It is very difficult, and the wind cannot be caught or seen."

So the devil lost, and the thief said to him, "Now you see, I am the winner, and you can go back to hell and nothing more."

For having lost the bets, the devil left crying, and now he is nowhere to be found.[21]

El hombre que venció al diablo

Antes, en los tiempos de Tatalapo, vivía un hombre que tenía mucha riqueza; era hijo único. Sus padres eran unos ricos y ávaros.[19] Se apoderaron de muchas cosas que había en el mundo, y cuando ellos murieron, toda la herencia se le quedó al único hijo.

El hijo, sin embargo, se perdió en los vicios con mujeres de mala vida, y se hundió en la borrachera. Así derrochó todo el dinero que le habían dejado, y vendió todos los bienes hasta que terminó con la fortuna al vender la casa. El hombre se perdió por completo, hasta quedarse en la calle, todos los días mendigando para los tragos y para la comida. La gente le decía que dejara de tomar, pero él seguía en los vicios.

Al fin y al cabo, un día se le apareció un hombre malo que era el diablo, y le dijo al bolo, "Vos ya sos [Tú ya eres] mío. Tu cuerpo y tu alma ya me pertenecen. Todos los bolos y los de mala vida son míos; los iré a quemar en el infierno."

El bolo le contesta, "Vos sos [Tú eres] el diablo; pues, con vos [contigo] quiero hablar. Está muy bien que mi cuerpo y mi espíritu vayan a ser para vos [ti], pero será hasta el último día, el día de mi muerte; permítame más tiempo de vida para que yo disfrute más tiempo en la tierra. Lo que te pido es que me des mis tragos y mis mujeres.

El diablo le dice, "Muy bien, te daré tus tragos y tus mujeres, pero con la condición de que el último día de tu vida servirás para mi alimento."

Así quedaron. El bolo siguió tomando; la gente le daba su dinero para los tragos y para las mujeres, debido al poder del diablo.

En otra oportunidad se le apareció otra vez el diablo en persona, y le dijo al bolo, "Bueno, vos [tú], ya te di mucho tiempo, y te di todo lo que me pediste. Ahora mismo, necesito de tu cuerpo y de tu alma. Vas

---

Manuel González, de San Pedro la Laguna, quien se murió en 2004, le contó este cuento a Pedro Cholotío Temó. Pedro me lo mandó por correo en el año 2003.

a morir en la calle, y me alimentaré de tu sangre. Tu espíritu lo llevaré al fuego eterno." Así dijo el mal.

El bolo le dice, "Vos [Tú], diablo, no seas tan mal conmigo. Déjame más tiempo para vivir en este mundo; no me importa mi cuerpo y mi espíritu. Son para vos [ti], pero no será hasta el último día de mi vida. Lo que ahora te pido es que me ayudes a ser ladrón porque la gente del pueblo ya no me quiere. Ya me niegan el dinero para comprar mi guaro y para las mujeres. Y por esa razón, yo quiero ser ladrón."

El diablo le dice, "Está muy bien, puedes robar lo que quieras. Yo te ayudaré para que los dueños de las casas no te miren cuando vas a robar. Yo haré que los dueños de los negocios los dejen abiertos para que puedas robar y puedas gozar otro tiempo más, pero con la condición de que tu cuerpo y tu espíritu van a ser para mí." Así dijo el cachudo.

El bolo se volvió un ladrón de primera clase. Entraba a negocios, en los restaurantes, en cantinas y en las casas para robar sin que los dueños se dieran cuenta. Así pasó por mucho tiempo.

El diablo, cansado de tanto esperar, un día se le aparece al ladrón y le dice, "Yo cumplí con todo lo que me pediste. Ahora vas a morir; ya es tiempo. Me aprovecharé de tu sangre y de tu espíritu. Hoy es el último día. Tu vida está terminada, y en mis manos estás," dijo el diablo.

El ladrón le dice, "Todavía tengo vida en mí; no me has ganado, falta mucho. Ahora, vamos a hacer algunas apuestas. Las apuestas que yo proponga vos [tú] las vas a hacer. Si ganas, entonces mi sangre y mi espíritu serán tuyos, pero si fallas, nunca te aprovecharás de mi cuerpo ni de mi espíritu. Yo seré el ganador."

En la primera apuesta, el ladrón le dice al diablo, "Vos [Tú], que sos [eres] el diablo, puedes hacer muchas cosas. Sube sobre este volcán y te echas hacia abajo sin importar los golpes. Yo te estaré esperando abajo. No quiero ver raspones en tu cuerpo, y me traes un pescado grande en tus manos.[20] Si ganas, seré tuyo."

El diablo subió corriendo sobre el volcán. Se dejó venir de cabeza y vino a caer parado, pero sin el pescado [escurridizo] en la mano. Perdió la primera apuesta.

El ladrón le dice, "Te doy otra oportunidad. Tú eres un hombre listo, y puedes hacer muchas cosas en el mundo." Para la segunda apuesta, el ladrón le dice, "Métete debajo de este lago. Abajo hay un elefante terrestre. Me lo traes de las orejas, y serás el ganador."

"Bien," dijo el pobre diablo. Se metió debajo del lago en busca del elefante. Pero debajo del lago solamente hay peces y otras especies [acuáticas], pero no elefantes. El diablo salió debajo del lago y no traía nada, y perdió la apuesta. El diablo le pidió al ladrón que le hiciera más apuestas porque el ladrón le debía los favores.

"Hagamos la tercera apuesta, y si me ganas seré tuyo," dijo el ladrón. Aquí tienes una red de pita de maguey. Quiero que la llenes de agua, y cuando esté llena, muévela."

"No puedo," dijo el diablo. "¿Cómo crees que el agua se puede guardar dentro de una red de pita de maguey?"

El ladrón le dice, "Ya ves, soy el ganador. Nunca te daré mi cuerpo ni mi espíritu. Ahora soy quien soy," dijo.

El diablo pidió la última oportunidad porque se sentía frustrado por los favores que le debían.

"Muy bien," dijo el ladrón, "esta es la última apuesta y la última oportunidad que tendrás."

Para la cuarta apuesta, el ladrón le dice, "Yo voy a expulsar un pedo. Vos [Tú] lo tienes que agarrar y me vas a enseñar cómo es y de qué color es."

El diablo le dice al ladrón, "No lo puedo agarrar. Es muy difícil, y el aire no se puede agarrar ni se puede ver."

Así perdió el diablo, y el ladrón le dijo, "Ya ves, soy el ganador, y te puedes ir de regreso al infierno y nada más."

Por haber perdido las apuestas, el diablo se fue llorando, y ahora no se le encuentra por ninguna parte.[21]

The Messenger of the Lord and the Poor Man with Seven Children

This is a very old story. There was a poor man who had seven children. And he had a very humble home. One time he told his wife, "*M'hija* [Dearest], what are we going to do? What I earn is very little, and we have seven children. What are we going to do?"

Then the wife tells him, "One day we will be rich."

"Really?"

"Yes, one day we will become rich. It's better to be poor in the beginning. Later, we will get to be rich."

"And why do you talk like that?"

"Well, I think that life is like that," said the wife; "let's be patient."

One day a señor—a *viejito* [little old man] about a hundred years of age, with a very long beard and an old hat—arrived at their house. He arrived, but in the guise of a priest, with an outfit that we call *sotán* [*sotana*, cassock]. He arrived knocking at the door in the afternoon, entering nightfall. Well, he knocked on the door, and the owner of the house, the poor man, came out.

"*Buenas noches*, señor," said the *viejito*.

"*Buenas noches*."

Alberto Barreno, Panajachel. I taped this story in the fall of 1988.

"I want you to do me a favor."

"What [favor] could it be?"

"I want you to give me shelter. I want to stay one night with you. I have no place to stay," said the elderly visitor.

"Very well," said the señor, owner of the humble house. They were poor. They had a house of straw and *bajareque* [walls made of cane and mud], which was customary in earlier times. Well, the señor came inside. They gave him some sacks to put on the floor and a sheet so that the *viejito* could sleep there. They did not give him dinner. They only gave him the place to stay.

Early the next day, the owner of the house asked the *viejito*, "Did you sleep well, señor?"

"Yes, I slept well."

"Forgive me," said the owner of the house, "that I didn't give you a bed. We don't have a bed. Pardon me because I didn't give you dinner, because I didn't have food to give you. We are nine in this house. I have seven children; my wife and I make nine. Yesterday at dinner, we barely ate some tortillas. We are very poor."

"What a pity," said the *viejito*, "that you are poor. I am rich," said the *viejito*.

"Really?"

"Yes, I am very rich. I am the owner of heaven and earth."

"*Alá* [an expression indicating surprise]! How good," said the señor, the owner of the house.

"I have much wealth. Look," he said to him, "you told me that you are poor. You have a very simple home, but soon you will be rich."

"And when will that be?"

"Very soon; I'm not telling you what day, but you will be rich. You gave me shelter; you did well. That is enough. That's why I tell you that you are now rich."

"Really?"

"Yes, really."

"Well, then, I will wait for what you told me."

"Now," said the *viejito*, "*El que oye consejo de viejos llega a viejo* [He who listens to the advice of the old lives to be old]."[22]

"Oh, how good," said the señor. "You console me a lot, señor," said the owner of the house to the elderly man. "You console me a lot."

"Well, I will go now. Take care of yourself and regards to your family."
And the elderly man left.

And then the owner of the house went to his wife and told her what
the elderly man had told him. "*M'hija, m'hija*, the elderly man told me
that we will be rich within a few days."

"Didn't I tell you, then?" said the wife. "Indeed, I have told you that
today we are poor, but very soon we will be rich."

"The old man told me that he who takes the advice of the old folks
lives to be old. Enough with all this, was what he said."

"Now, let's wait; let's wait and any time now, we will be rich," said the
wife. The wife had that hope that one day they would be rich.

They were chatting when the seven children arrived. "Papá, Papá, how
are you?"

"Fine, children. How are you?"

"And what good news is there, Papá?"

"Good news. Just think, the old man who stayed with us yesterday
has already gone, and he left us a piece of good news."

"And what news?"

"He said that we will be rich, that he is the owner of heaven and earth,
and that he is very rich."

"How good!" said the children, and they started to jump up and down
because they had the hope that they would soon become rich.

Then the shape of the house changed. The entire house started to
change itself. Everything started to make itself new, all of a sudden.
Suddenly, everything changed, beginning with the floor, the walls, the
roof, and everything. And they were astonished, because they didn't
see anyone doing it.

Suddenly, the furniture was of a different form. Then all were amazed.
The owner of the house, the wife, and the children all were astounded.
And in the yard there appeared a *pila* [water basin] and a spout for potable
water. Soon a swimming pool appeared in the house for taking a swim.
And everything changed very quickly. Then the owner of the house said,
"How strange that man is. I hope he comes back, to thank him."

And the next day, the *viejito* arrived again. "And how are you, my
son?" he asked him.

"Señor," he told him, "I am taking the advice of the old folks. What
you told me is true. Look how you find me now. Look at my house; look

at my floor; look at my potable water. I now have a *pila*. I now have a pool; now I have everything. But I owe it to you, señor. Thank you for the favor you did me. Thank you for the favor because you told me that he who listens to the advice of the old will become old. At the same time, I am very grateful to you, and I don't know how to repay you."

"Don't worry," said the old man, "I am the owner of heaven and earth, and now, don't worry. Is there a box around here? I want to leave you a present." And soon they looked for a box. They looked for a box, and the old man was carrying a pack of bills, and he left them there in the box. "You can spend all this money, and this money will never end. You will always have this money, but I'll give you a piece of advice. Any poor man that comes here, give him food; give him clothes; and if it is possible, give him money, too. And this money will never end. Always help the poor," said the elderly one.

And there the story ended. That is the story.

El enviado del Señor y el pobre hombre con siete hijos

Este es un cuento muy viejo. Había un hombre pobre que tenía siete hijos. Y él tenía una casa muy humilde. Una vez le dijo a su esposa, "M'hija, ¿qué vamos a hacer? Lo que gano es muy poco, y tenemos siete hijos. ¿Qué vamos a hacer?"

Entonces la esposa le dice, "Un día vamos a ser ricos."

"¿De veras?"

"Sí, un día vamos a llegar a ser ricos. Es mejor ser pobre en el principio. Más tarde llegaremos a ser ricos."

"¿Y por qué lo dices así?"

"Pues, yo pienso que la vida es así," dijo la esposa; "tengamos paciencia."

Un día un señor—un viejito, como de cien años de edad, con una

Alberto Barreno, Panajachel. Yo grabé este cuento en el otoño del año 1988.

barba muy larga y un sombrero viejo—llegó a la casa de ellos. Llegó en forma de un sacerdote, con un traje que le llamamos sotán [sotana]. Llegó tocando a la puerta ya por la tarde, entrando la noche. Bueno, tocó la puerta, y salió el dueño de la casa, el hombre pobre.

"Buenas noches, señor," dijo el viejito.

"Buenas noches."

"Yo quiero que me hagas un favor."

"¿Cuál sería [ese favor]?"

"Yo quiero que me des posada. Yo quiero quedarme una noche con ustedes. No tengo donde quedarme," dijo el anciano visitante.

"Bueno," dijo el señor, dueño de la casa humilde. Ellos eran pobres. Tenían una casa de paja y de bajareque, así se acostumbraba en los tiempos de antes. Bueno, el señor entró. Le dieron unos costales para que los pusiera en el suelo y una sábana para que el viejito durmiera ahí. No le dieron cena. Solamente le dieron el lugar para que se quedara.

Al otro día, temprano, el dueño de la casa le dice al viejito, "¿Durmió bien, señor?"

"Si, dormí bien."

"Perdón," le dijo el dueño de la casa, "que no le di una cama. No tenemos una cama. Perdóneme porque no le di cena, porque no tenía comida para darle. Nosotros somos nueve en esta casa. Yo tengo siete hijos; conmigo y mi esposa somos nueve. Ayer, para la cena, apenas comimos unas tortillas. Somos muy pobres."

"Qué lástima," dijo el viejito, "que ustedes son pobres. Yo soy rico," dijo el viejito.

"¿De veras?"

"Sí, yo soy muy rico. Yo soy el dueño del cielo y de la tierra."

"¡Alá! Qué bueno," dijo el señor, dueño de la casa.

"Yo tengo mucha riqueza. Mira," le dijo, "me contaste que eres pobre. Tienes una casa muy sencilla, pero muy pronto vas a ser rico."

"¿Y cuándo va a ser eso?"

"Muy pronto; yo no te digo qué día, pero vas a ser rico. Me diste mi posada; hiciste bien. Con eso basta. Por eso te digo que ya eres rico."

"¿De veras?"

"Sí, de veras."

"Bueno, pues esperaré por lo que usted me dijo."

"Ahora," dijo el viejito, "el que oye consejo de viejos llega a viejo."[22]

"Oh, qué bueno," dijo el señor. "Usted me consuela mucho, señor," le dijo el dueño de la casa al anciano. "Usted me consuela mucho."

"Bueno, yo ya me voy a ir. Cuídate y saludos a tu familia." Y se fue el anciano.

Y luego, se fue el dueño de la casa donde su esposa y le dijo lo que el anciano le había contado, "M'hija, m'hija, el anciano dijo que nosotros vamos a ser ricos entre pocos días."

"¿No te lo he dicho, pues?" dijo la esposa. "Si yo te lo he dicho que hoy somos pobres, pero muy pronto seremos ricos."

"El anciano me dijo que el que sigue el consejo de viejos llegará a viejo. Basta con todo esto, fue lo que dijo."

"Ahora, esperemos; esperemos y de un momento a otro seremos ricos," dijo la esposa. La esposa tenía esa esperanza de que un día llegaran a ser ricos.

Estaban platicando cuando llegaron los siete hijos. "Papá, Papá, ¿cómo está?"

"Bien, hijos. ¿Cómo están ustedes?"

"¿Y qué buena noticia hay, Papá?

"Buenas noticias. Fíjense que el anciano que se quedó ayer aquí con nosotros ya se fue, y nos dejó con una buena noticia."

"¿Y qué noticia?"

"Dijo que nosotros vamos a ser ricos, de que él es el dueño del cielo y de la tierra y de que él es muy rico."

"¡Qué bueno!" dijeron los hijos, y comenzaron a brincar porque tenían la esperanza de que al poco tiempo llegarían a ser ricos.

Entonces, cambió la forma de la casa. Comenzó a cambiarse toda la casa. Todas las cosas comenzaron a hacerse nuevas, de repente. De repente, cambió todo, comenzando con el piso, las paredes, el techo y todo. Y ellos se extrañaron, porque no vieron a nadie que lo haya hecho.

De repente, los muebles ya eran de otra forma. Entonces todos estaban extrañados. El dueño de la casa, la esposa y los hijos todos estaban extrañados. Y en el patio apareció una pila y un chorro de agua potable. Luego una piscina apareció en la casa para bañarse. Y todo cambió muy pronto. Entonces el dueño de la casa dijo, "¡Qué extraño es ese hombre. Ojalá que él vuelva otra vez, para darle gracias!"

Y el otro día, llegó otra vez el viejito. "¿Y cómo estás, m'hijo?" le dijo.

"Señor," le dijo, "Estoy siguiendo el consejo de los viejos. Lo que usted me dijo es realidad. Mire como me encuentro ahora. Mire mi casa; mire mi piso; mire el agua potable. Ya tengo pila. Ya tengo una piscina; ya tengo todo. Pero a usted se lo debo, señor. Gracias por el favor que me hizo. Gracias por el favor porque usted me dijo que el que oye el consejo de viejos, llegará a ser viejo. Al mismo tiempo, estoy muy agradecido con usted y no sé cómo pagarle."

"No tengas pena," dijo el anciano. "Yo soy el dueño del cielo y de la tierra, y ahora pues no te apenes. ¿Hay un cajón por aquí? Quiero dejarte un regalo." Y luego buscaron un cajón. Buscaron un cajón, y el anciano llevaba un paquete de billetes, y los dejó ahí en el cajón. "Ustedes pueden gastar todo este dinero, y este dinero nunca se terminará. Este dinero siempre lo van a tener ustedes, pero les doy un consejo. Cualquier pobre que venga aquí, denle comida; denle ropa, y si es posible, denle dinero también. Y este dinero nunca se acabará. Siempre ayuden a los pobres," dijo el anciano.

Y ahí se terminó el cuento. Ese es el cuento.

The Twin Sisters

Well, they were twins. Always they were together. If they would go to do an errand, they did it together. If they would do a job, they would do it together. The clothes that they would wear were always the same color. If the color of the dress was white, then the two had to be the same color. The people say that when the twins looked at other people, it caused these people's clothes to make their skin itch. But some people believe it, and some do not.[23]

These twins always slept together in one room. Later, when they were growing up, one of the twins fell in love with a muchacho. And the muchacho fell in love with one of the twins. She got married and left. This twin left with the muchacho, but over time, she became sad. She said, "I left my little sister; I'm sad."

But the husband told her, "Why do you become sad? Your little sister is alive."

"Yes, but I'm sad for her. Always we went out together; we did the errands together. We worked together, but now I am sad for her."

"Look," he told her, "you can go see her once in a while because I'll give you permission."

I taped this story by Alberto Barreno in the fall of 1988.

"Yes, but at the distance that I am, I am very far from her."

"Look," he told her, "if you are truly too sad, you can go to see her."

"But," she told him, "can you go with me?"

"I'm not going," the muchacho said, "I will not go."

"But I want you to go with me."

"Well, give me time. I will think about it. One of these days we are going to go see her."

Well, that girl always was sad for her little sister who stayed at home. But one night the sister who remained at home appeared in a dream to the sister that was married. She told her, "Don't worry, sister; I'm fine." But the married sister got sadder for her little sister, who always appeared to her in a dream and said, "Don't worry, sister; I'm fine."

One day she got even sadder for her little sister and asked her husband again, "Look, and when are we going to go to the house to see my little sister?"

"Yes, but I don't have time now."

"But you always say there isn't time."

"Well, yes, but let me think about it a little while longer, and any time now I will let you know. We will go see your little sister."

But one day her little sister arrived at her house.

"My little sister!" she said. "Ah, you have come already!"

"Yes, I came because I also was sad. I was sad for you."

"Well, come in." She spread a table and gave her something to eat. Then the married sister got very happy because her little sister had arrived. Well, they were drinking coffee and eating bread when suddenly the husband of one of the twins came. Then he told her, "Your sister came already?"

"Yes, she came."

"Did you send her a letter?"

"No."

"A telegram?"

"Not that either."

"And how come you left?"

"I came because I knew that my sister was sad for me, because I also have had dreams that my sister always has been sad for me. Isn't it true?"

"Yes," said the husband, "I told her that when we had time we would

go see you. But you see that the time passed by for us, and we never got
to go see you. But you beat us because you are now with us. Now you can
stay here with us because your sister gets very sad."

"Well, I will stay for a while because I truly miss my sister. Later I will
go back home."

"Well, now we are going to have a party because you have arrived."

Then there the story ended of the twins, of the two girls.

Las gemelas

Bueno, ellas eran gemelas. Siempre estaban juntas. Si iban a hacer un
mandado, lo hacían juntas. Si hacían algún trabajo, lo hacían juntas. La
ropa que les ponían siempre era del mismo color. Si el color del vestido
era blanco, entonces las dos tenían que llevar el mismo color. La gente
dice que cuando las gemelas miraban a otra persona, la ropa de estas
personas hacía que les causaba comezón en la piel. Pero algunos creen,
y algunos no creen.[23]

Estas gemelas siempre dormían juntas en un cuarto. Más tarde,
cuando fueron creciendo, una de las gemelas se enamoró de un muchacho. Y el muchacho se enamoró de una de las gemelas. Ella se casó
y se fue. Esta gemela se fue con un muchacho, pero con el tiempo, se
puso triste. Ella dijo, "A mi hermanita la dejé; estoy triste."

Pero el marido le decía, "¿Por qué te pones triste? Tu hermanita vive."

"Sí, pero estoy triste por ella. Siempre andábamos juntas; hacíamos los
mandados juntas; trabajábamos juntas, pero ahora estoy triste por ella."

"Mira," le dijo, "puedes ir a verla de vez en cuando porque yo te doy
permiso."

"Sí, pero la distancia a la que estoy, estoy muy lejos de ella."

"Mira," le dijo, "si verdaderamente estás demasiado triste, te puedes
ir a verla."

Grabé este cuento por Alberto Barreno en el otoño de 1988.

"Pero," le dijo, "¿te puedes ir conmigo?"

"Yo no voy," dijo el muchacho, "yo no voy a ir."

"Pero yo quiero que vayas conmigo."

"Bueno, dame tiempo. Lo voy a pensar. Un día de estos vamos a ir a verla."

Bueno, esa muchacha siempre estaba triste por su hermanita que quedó en casa. Pero una noche la hermana que se quedó en casa se le reveló en un sueño a la hermana que estaba casada. Le dijo, "No tengas pena hermana; yo me encuentro bien." Pero la hermana casada se puso más triste por su hermanita, quien se le revelaba siempre en un sueño y le decía, "No tengas pena hermana; yo me encuentro bien."

Un día ella se puso más triste por su hermanita y le preguntó a su marido otra vez, "Mira, ¿y cuándo vamos a ir allá a la casa a ver a mi hermanita?"

"Sí, pero ahora no tengo tiempo."

"Pero siempre me dices que no hay tiempo."

"Pero sí, déjame pensarlo otro poquito, y de un momento a otro te aviso. Nos vamos a ir a ver a tu hermanita."

Pero un día llegó su hermanita a la casa de la que estaba casada.

"¡Hermanita!" le dijo. "¡Ah, ya viniste!"

"Sí, vine porque yo también estaba triste. Estaba triste por ti.

"Bueno, pasa adelante." Preparó la mesa y le dio algo de comer. Entonces la hermana casada se puso muy contenta porque había llegado su hermanita. Bueno, estaban tomando café y comiendo pan cuando de repente llegó el marido de una de las gemelas. Entonces le dice, "¿Ya vino tu hermanita?"

"Sí, ella vino."

"¿Le mandaste alguna carta?"

"No."

"¿Algún telegrama?"

"Tampoco."

"¿Y cómo te dejaste venir?"

"Me vine porque yo sabía que mi hermana estaba triste por mí, porque yo también he tenido sueños de que mi hermana siempre ha estado triste por mí. ¿Verdad que es cierto?

"Sí," dijo el marido, "yo le dije a ella que cuando tuviéramos tiempo iríamos a verte. Pero ves que se nos fue el tiempo, y nunca llegamos a verte. Pero nos ganaste porque tú ya estás con nosotros. Ahora te puedes quedar aquí con nosotros porque tu hermana se pone muy triste."

"Bueno, voy a quedarme por un tiempo porque verdaderamente extraño a mi hermana. Despés volveré a mi casa."

"Bueno, ahora vamos a hacer una fiesta porque tú has llegado."

Entonces ahí se terminó el cuento de las gemelas, de las dos muchachas.

Three Men Who Became *Characoteles*

There were three men who became *characoteles* [persons who turn into *naguales*, or spirits, and act as spies or bother others], but these men would go to the cemetery, or what they call the *camposanto*. They would go there and turn into *characoteles*. And they would leave their clothing in the cemetery, or *camposanto*. These three men would go to the houses of the people in the town and act as if they were vomiting, leaving diseases behind.

So in that time, people would get sick. But they found it strange. They asked some intelligent men in the town, "Why is it that people are getting sick; what is the reason?" Afterward, they realized that what was happening was that there were three men who turned into *characoteles*. Because in every town there are very prepared and strong men, they said, "These men who become *characoteles*, we will catch them and beat them."

But there was one who said, "But a *characotel* can't be hit with a machete or with a stone or stick."

Then another said, "With what, then?"

"With the stick of *izote* [*Yucca guatemalensis*, a plant of erect, grooved

---

Alberto Barreno told me this story, which I taped in Panajachel during the fall of 1988.

stems, ending in a panicle of strong bracts in the form of daggers, which have an edible white flower] and with the cane from a reedbed.

"Ah, then that's good," said one, "then that is what we are going to do." But the men who turned into *characoteles* went to the *camposanto*, or cemetery, on Monday, Wednesday, and Friday, where they changed shape and left their clothes. Then one of the townspeople who knew that they changed into *characoteles* there, said, "And why don't we go see them there?"

"But," said another, "they can kill us because those *characoteles* have much strength."

"It doesn't matter even if they kill us; the thing is to go see," said one.

Well, only five people had the courage to go. When the men who would turn into *characoteles* ran in, they did *vueltegatos* [somersaults that are done squatting, putting the head on the ground and impelling oneself forward] and became *characoteles*. And they left their clothes there in the cemetery. And then, in that way, the *characoteles* went to the towns to cause illnesses.

Then one of the five men said, "Let's grab their clothing and burn it. Let's burn their clothes." And that's what they did. They grabbed the clothes of the *characoteles* and burned them in the said cemetery. And like that the five men left to advise the other companions that they had burned the clothes of the *characoteles*.

Then one of them said, "See if they don't eat one of you because those *characoteles* have a lot of strength."

"Bah, if they grab us, you'll see how we defend ourselves," said the five.

But the problem was that those *characoteles* went into the houses. They went where the pretty *patojas* [young girls] were. Sometimes at a very early hour of the night they made as if they were vomiting, "rrrach, rrrach," like that. And they did it like this behind the houses, but for each regurgitation that they did, they left an illness because if the children did not get sick, the parents would get sick. Always someone got ill. All the time it was like that—a lot of townspeople got very sick because of the *characoteles*.

Finally, the people got upset. They carefully prepared the stick of *izote* and the cane from the reedbed, and they began to wait in the place where the *characoteles* passed. But since the *characoteles* are very smart, they knew that the people were waiting for them there, and on that day they did not go. It's that the *characoteles* have a presentiment when they are going to be caught, when they are going to be hit, or when they will be harmed. These *characoteles* have a premonition.

Then the townspeople started to hurry to wait for them where the *characoteles* would pass, but on that day the *characoteles* didn't come. And when the people didn't wait for them, the *characoteles* came out. But when the people waited, nothing happened.

But several days later, the *characoteles* came. Then almost all the people of the town started catching some *characoteles*. They hit them with canes of *izote*; they hit them with canes of milpa. One fell dead. And also, among all the townspeople, they caught another, but one escaped. But two fell. They left the two *characoteles* almost in pieces. They beat them with canes of *izote* and with the cane from a reedbed, and they left them dead once and for all. But the next day, the bodies did not appear; they did not appear.

There was a house, however, in which a man who became a *characotel* appeared. His name was Juan, and the story goes that he appeared very injured. There was another who was named Agustín, who also appeared very injured. Then the people said, "Then they are the ones. They are the ones we beat last night." It is said that they were at the point of dying, and indeed those two men died, but one had not died yet.

And they waited for that other one, too. And one day they also caught that other one. They hit him with the cane, or that is to say, the stick of *izote*, with the cane from a reedbed. They also gave it to him hard; they left him dead. Also another *characotel* fell. The other *characotel* was called Miguel. Then the people heard that he was very ill and that he was very injured.

Then the townspeople said, "Then they are the *characoteles*. Now we beat the *characoteles*, and if there are more, we will kill them with the cane of *izote*, with the cane of a reedbed. Indeed, we now are going to finish off all the *characoteles*."

Because of what happened in that time, nowadays there aren't many *characoteles*, because earlier the people hit the *characoteles* and killed them. And thus, some of the *characoteles* were exterminated. Perhaps some still exist, but now they are very few. In earlier times, there were many more *characoteles* than there are now.

There ended the story of the three men who would become *characoteles*.[24]

Tres hombres que se volvieron characoteles

Había tres hombres que se volvieron characoteles [personas que se convierten en naguales, o espíritus, y actúan como espías o molestan a otros], pero estos hombres iban al cementerio, o a lo que le llaman el camposanto. Iban allá y se convertían en characoteles. Y sus ropas, las dejaban en el cementerio, o camposanto. Estos tres hombres iban a las casas de la gente en el pueblo y actuaban como si estuvieran vomitando, dejando enfermedades.

Entonces en ese tiempo, la gente se enfermaba. Pero lo hallaban extraño. Les preguntaron a unos hombres inteligentes en el pueblo, "¿Por qué es que se está enfermando la gente; cuál es la razón? Después, se dieron cuenta que lo que pasaba era que había tres hombres que se convertían en characoteles. Como que en cada pueblo hay hombres muy preparados y fuertes, ellos dijeron, "Estos hombres que se vuelven en characoteles, los agarraremos y los golpearemos."

Pero hubo uno que dijo, "Pero un characotel no puede ser golpeado con un machete o con una piedra o vara."

Entonces otro dijo, "¿Con qué, entonces?"

"Con un palo de izote [*Yucca guatemalensis*, planta de tallos erectos y estriados, que terminan en una panoja de brácteas fuertes en forma de dagas, y las cuales tienen una flor comestible blanca] y con la caña (bastón) de cañaveral."

"Ah, entonces está bueno," dijo uno, "entonces eso es lo que vamos a hacer."

Pero los hombres que se convertían en characoteles fueron al camposanto el lunes, miércoles y viernes, donde se convertían y dejaban sus ropas. Entonces uno de los ciudadanos que sabía que allí se convertían en characoteles dijo, "¿Y por qué no los vamos a ver allá?"

Alberto Barreno me contó este cuento, el cual grabé en Panajachel durante el otoño del año 1988.

"Pero," dijo otro, "ellos pueden matarnos porque esos characoteles tienen mucha fuerza."

"No importa aunque nos maten; la cosa es que vayamos a ver," dijo uno.

Bueno, solamente cinco personas tuvieron valor de ir. Cuando los hombres que se convertían en characoteles llegaron corriendo, ellos dieron vueltegatos [volteretas que se dan encuclillándose, apoyando la cabeza en el suelo e impulsándose hacia adelante] y se volvieron characoteles. Y dejaron sus ropas allí en el cementerio. Y entonces así los characoteles se fueron a los pueblos a hacer enfermedades.

Entonces uno de los cinco hombres dijo, "Vamos a agarrarles su ropa y la quemamos. Quemémosles su ropa." Y eso fue lo que hicieron. Les agarraron la ropa a los characoteles y la quemaron en el dicho cementerio. Y así, los cinco hombres se fueron a avisarle a los otros compañeros que ellos les habían quemado la ropa a los characoteles.

Entonces uno de ellos dijo, "Vean si no se comen a uno de ustedes porque esos characoteles tienen mucha fuerza."

"Bah, si nos agarran, verás como nos defendemos," dijeron los cinco.

Pero el problema fue que esos characoteles fueron adentro de las casas. Se fueron donde las patojas [jovenes] guapas estaban. Algunas veces a hora temprana en la noche hacían como si estuvieran vomitando, "rrrach, rrrach," así. Y así hacían atrás de las casas, pero por cada arrojada que dejaban, dejaban una enfermedad porque si los niños no se enfermaban, los padres se enfermaban. Siempre alguien se enfermaba. Todo el tiempo era así—mucha gente del pueblo se enfermaba por los characoteles.

Finalmente, la gente se molestó. Cuidadosamente prepararon el palo de izote y el bastón de cañaveral, y comenzaron a esperar en el lugar donde los characoteles pasaban. Pero como los characoteles son muy inteligentes, ellos sabían que allá los estaba esperando la gente, y ese día no fueron. Es que los characoteles tienen un presentimiento cuando van a ser agarrados, cuando van a ser golpeados o cuando van a ser lastimados. Estos characoteles tienen una premonición.

Entonces la gente del pueblo comenzó a apurarse a esperarlos donde los characoteles pasarían, pero ese día los characoteles no vinieron. Y cuando la gente no los esperaba, entonces los characoteles salían. Pero cuando la gente esperaba, nada pasaba.

Pero muchos días después, los characoteles vinieron. Entonces casi toda la gente del pueblo comenzó a agarrar a algunos characoteles. Los golpearon con bastones de izote; los golpearon con cañas de milpa. Uno se quedó muerto. Y también, entre toda la gente del pueblo, agarraron a otro, pero uno escapó. Pero dos cayeron. Dejaron a los dos characoteles casi en pedazos. Los pegaron con bastones de izote y con la caña de cañaveral, y los dejaron muertos de una vez por todas. Pero el siguiente día, los cuerpos no aparecieron; ellos no aparecieron.

Había una casa, sin embargo, en donde aparecía un hombre que se volvía characotel. Se llamaba Juan, y el cuento dice que apareció muy lastimado. Había otro que se llamaba Agustín, quien también apareció lastimado. Entonces la gente dijo, "Entonces estos son. Estos son los que golpeamos anoche." Se dice que estuvieron a punto de morir, y sí esos dos hombres murieron, pero uno no se había muerto todavía.

Y esperaron al otro también. Y un día también agarraron a ese otro. Lo golpearon con un bastón, es decir, el palo de izote, con la caña de cañaveral. También le dieron duro; lo dejaron muerto. También otro characotel cayó. El otro characotel se llamaba Miguel. Entonces la gente también sabía que él estaba muy enfermo y que él estaba muy lastimado.

Entonces, la gente del pueblo dijo, "Entonces ellos son los characoteles. Ahora les ganamos a los characoteles, y si hay más, los mataremos con el bastón de izote, con cañaveral. Sí, ahora vamos a terminar con todos los characoteles."

Por lo que pasó en ese tiempo, ahora no hay muchos characoteles, porque más antes la gente golpeó a los characoteles y los mataron. Y así, algunos de los characoteles fueron exterminados. Tal vez todavía existen algunos, pero ahora son muy pocos. En los tiempos de antes, había mucho más characoteles de los que hay hoy en día.

Allí se terminó el cuento de los tres hombres que se volvían characoteles.[24]

The *Cadejos*

The People Who Turned into Animals at That Time

Then I'm going to tell the story. Some people used to become bulls. Some became cows, some became stones, some became cats, some became snakes, and some became tree trunks. Some became *characoteles* [persons who turn into *naguales*, or spirits, and act as spies or bother others], a black-colored animal; some became *cadejos* [imaginary animals that lurk at night].

But they say that the *cadejo* is a bad spirit and that, in this form, it is a *characotel*. We know the *cadejo* more as an evil spirit because at one time it used to pass by this place. One time all of us neighbors started to watch for that animal, but that night it did not appear. We had about four people ready to kill it, but it did not appear. Then we realized that in fact this animal was a bad spirit because how could it sense that we were waiting for it that evening?

[As I said before,] some people became coyotes; some, snakes and other kinds of animals. In earlier times many people turned into animals, but I think in these times they are not doing this anymore because now some have accepted the gospel and God is with them. They no longer practice these things.

I remember one person who was named Francisco who practiced this.

I taped this story in the fall of 1988 at Alberto Barreno's house.

And I remember a woman named Catarina who also did this. Francisco is now dead, but Catarina still lives, but she no longer does these things. Some of us practiced some bad things, but now no more. I think that these persons now understand that what they were doing is bad. Some now have accepted the gospel; I think that the gospel took over their minds; it made them consider that what they were doing was not good. I think that in the past there was a lot of that because that's what the old folks told me.

I remember that once, near the cemetery, I worked in a place they call José María Herrera, a chalet [cottage, vacation house, or luxurious house]. I stayed with a man who was working there as a guard. But that guard liked to hunt; he liked to go kill animals at night, such as wildcats and other kinds of animals.

One time he asked me, "Are you going to go with me to the hunt?"

I told him, "Fine." We left at about nine at night, but by the road to the cemetery there was a big animal, the same animal as I said, the *cadejo*. And it would go half the way up and would go into the *cafetales* [coffee groves]. This I saw with my own eyes.

Well, we went up and headed toward Pachichiyut. Near Pachichiyut we arrived at the hot springs, and the wildcat was in that vicinity. Since that hunter whom I was going with was truly a hunter of animals, he was carrying a good flashlight of five batteries. And there on a rock above the hot water was a wildcat. This hunter hardly ever misses his shots. Then he was aiming at the wildcat, and I was taking a dog. I was taking him chained, tied.

The hunter told me, "When I shoot, release the dog."

And I said, "Okay."

And when he discharged the rifle, I let go of the dog, and it went running to catch the animal, but it didn't find anything. We arrived at the place where the wildcat had been, but there was nothing there. We stayed there for a long while. Afterward, the hunter shined [the flashlight] again on that rock where the wildcat had been previously, and started shooting, but no shot hit it.

Then the hunter said, "This isn't a wildcat. It could be some bad spirit."

But we continued ahead up to Pachichiyut, where he killed an armadillo. But then on the return, we again saw the wildcat in that same place. Then again the hunter shot but did not kill it. Again the hunter said, "This is a bad spirit. Well, what we already have is enough," said the hunter, of the armadillo that he had killed.

And like that we returned again by way of the cemetery, and we saw again the animal. I think that it was the *cadejo*, all black and big, big like a jaguar. We realized that indeed there are bad things in this world that a lot of people practice. Nowadays, however, hardly anyone does it anymore because many have converted to Evangelism.

Los cadejos

La gente que se convertía en animales en aquel tiempo

Entonces voy a contar el cuento. Alguna gente solía convertirse en toros. Algunos se convertían en vacas, algunos se convertían en piedras, algunos se convertían en gatos, algunos se convertían en culebras y algunos se convertían en troncos de árboles. Algunos se convertían en characoteles [personas que se convierten en naguales, o espíritus, y actúan como espías o molestan a la gente], un animal de color negro; otros se convertían en cadejos [animales imaginarios que acechan por las noches].

Pero dicen que el cadejo es un mal espíritu y que, en esta forma, es un characotel. Nosotros conocemos al cadejo más como un mal espíritu porque en un tiempo pasaba por este lugar. Una vez todos los vecinos comenzamos a vigilar a ese animal, pero esa noche no apareció. Teníamos como cuatro personas listas para matarlo, pero no apareció. Entonces nos dimos cuenta que en realidad este animal era un mal espíritu porque ¿cómo pudo sentir que nosotros lo estábamos esperando esa noche?

[Como dije antes] alguna gente se convirtió en coyotes, algunos [en] culebras [y] alguna otra clase de animales. En los tiempos de antes mucha gente se convertía en animales, pero creo que en estos tiempos ya no están haciendo esto porque ahora algunos han aceptado el evangelio y Dios está con ellos. Ya no practican estas cosas.

Grabé este cuento en el otoño del año 1988 en la casa de Alberto Barreno.

Yo recuerdo una persona que se llamaba Francisco quien practicaba esto. Y recuerdo una persona que se llamaba Catarina quien también hacía esto. Francisco ya está muerto, pero Catarina todavía vive, pero ella ya no hace estas cosas. Algunos de nosotros practicábamos algunas malas cosas, pero ahora no más. Creo que estas personas ahora entienden que lo que estaban haciendo es malo. Algunos ahora han aceptado el evangelio; creo que el evangelio les dominó la mente; los hizo razonar que lo que estaban haciendo no era bueno. Creo que antes había mucho de eso porque eso fue lo que me contaron los viejitos.

Recuerdo que una vez, cerca del cementerio, yo trabajé en un lugar al que le llaman José María Herrera, un chalet [casa de campo, casa de vacaciones, o casa lujosa]. Yo me quedaba con un hombre que estaba trabajando allá como guardián. Pero a ese guardián le gustaba cazar; le gustaba ir a matar animales en la noche, como gatos de monte y otro tipo de animales.

Una vez me preguntó, "¿Vas a ir conmigo a la caza?"

Yo le dije "Está bien." Nos fuimos como a las nueve de la noche, pero por el camino del cementerio había un animal grande, el mismo animal como dije, el cadejo. Y se iba a medio camino y se metía en los cafetales. Esto lo vi con mis propios ojos.

Bueno, nos fuimos arriba y nos dirigimos hacia Pachichiyut. Cerca de Pachichiyut llegamos al agua caliente, y en esa vecindad estaba el gato montés. Como ese cazador con quien yo iba era de verdad un cazador de animales, él llevaba un buen foco de cinco baterías. Y allá en una peña encima del agua caliente había un gato montés. Este cazador casi nunca falla sus disparos. Entonces estaba apuntándole al gato montés, y yo llevaba un perro. Lo llevaba encadenado, amarrado.

El cazador me dijo, "Cuando dispare suelta el perro."

Y yo le dije, "Está bien."

Y cuando él descargó el rifle, yo dejé ir al perro, y él se fue corriendo a agarrar el animal, pero no encontró nada. Llegamos al lugar donde había estado el gato montés, pero no había nada allí. Nos quedamos allí por un gran rato. Después, el cazador alumbró [con el foco] otra vez en esa peña donde el gato estaba antes y comenzó a disparar, pero ningún tiro le pegó.

Entonces el cazador dijo, "Este no es un gato montés. Puede ser algún mal espíritu."

Pero continuamos adelante hacia Pachichiyut, donde él mató a un armadillo. Pero entonces al regreso, volvimos a ver el gato montés en el mismo lugar. Entonces otra vez el cazador disparó pero no lo mató. Otra vez el cazador dijo, "Este es un mal espíritu. Bueno, lo que ya tenemos es suficiente," dijo el cazador por el armadillo que había matado.

Y así regresamos otra vez por el camino del cementerio, y otra vez vimos al animal. Yo pienso que era el cadejo, todo negro y grande, grande como un tigre. Sí nos dimos cuenta que hay cosas malas en este mundo que mucha gente practica. En estos tiempos, sin embargo, ya casi nadie lo hace porque muchos se han convertido al evangelio.

The Man Who Went Crazy

This happened in Santiago Atitlán. Doña Dolores, daughter of the García family, was mentioned by many people because she had so much property. Well, in time, the parents of Dolores died, leaving her all of their assets.

She got married very late [in life] to Raúl Vidal, a man of few means. He was so poor that he didn't own a single asset. Over time, Vidal, or better said the husband of Doña Dolores, worked for a long time to earn money to get out of poverty. Well, with patience and dedication to his work, Vidal was no longer that poor wretched man whom people ridiculed. He built several homes on the land of Doña Dolores. During their marriage they had several children, including Pedro, Leticia, and Nora.

In time, Doña Dolores died of a very contagious illness, and the pain was very great for Don Raúl because of losing such a good woman with whom he shared his love while they were married. Raúl Vidal did not know that Doña Dolores had willed all of her assets to her son Pedro. Well, eventually, after a few years, this son rebelled against his father, telling

---

Carlos Abraham Barreno Churunel, expert accountant and Alberto's son, helped him with this tale, which he typed and sent to me by mail in 1995. In 2006, Carlos was thirty-six years of age.

him, "Father, I want you to vacate the house where you are living because the land is in my name. My mother left it in my name before she died."

The father, in an energetic voice, said, "Be that as it may, I have built these houses on this land. Your mother was the owner only of the land, and I am owner of the houses." After arguing for several hours, Pedro went out to the street, while the father went to his room, crying bitterly about what his wife had done before dying.

Pedro always insisted that his father leave, and the father, because he insisted so much, decided it was better to leave the place where he had lived happily with his wife, Doña Dolores. Raúl Vidal went to live with his older brother. After some days, he went in the direction of the mountain to cry bitterly and recite forty-five prayers that he knew, for nine days.[25] The days passed and Raúl Vidal enjoyed the esteem in which the family of his older brother held him.

One day he met a friend and told him about the problem that had happened to him. Vidal's friend was completely perturbed on hearing of the misfortune that had befallen Vidal. And he told Vidal to build a scarecrow in the shape of his son's body with pants and a shirt. And Vidal did this, giving shape to the scarecrow as he had been told. They hammered a nail in its head and then tied it to a *pito* tree [a tree with red seeds that serves sorcerers for magical practices]. The result was that the son went completely crazy for the rest of his life.

Children, behave well with your parents; if not, the same thing is going to happen to you that happened in this story.[26]

El hombre que se volvió loco

Esto ocurrió en Santiago Atitlán. Doña Dolores, hija de la familia García, era mencionada por muchas personas por tener muchas tierras. Pues,

Carlos Abraham Barreno Churunel, perito contador e hijo de Alberto, le ayudó con este cuento que él escribió a máquina y me lo mandó por correo en el año 1995. En el año 2006, Carlos tenía treinta y seis años de edad.

con el tiempo, los padres de Dolores murieron, dejándole a ella todos los bienes.

Se casó muy tarde [en la vida] con Raúl Vidal, un hombre de pocos recursos. Él era tan pobre que no tenía ningún bien. Con el tiempo, Vidal, o mejor dicho el esposo de doña Dolores, trabajó por mucho tiempo para obtener dinero y así poder salir de su pobreza. Pues, con esfuerzo y dedicación en el trabajo, Vidal ya no era aquel pobre desdichado de quien la gente se burlaba. Construyó varias casas en el terreno de doña Dolores. Durante su matrimonio procrearon varios hijos, incluyendo Pedro, Leticia y Nora.

Con el tiempo, doña Dolores murió de una enfermedad muy contagiosa, y fue tan grande el dolor para don Raúl a causa de perder a tan buena mujer con quien compartió su amor durante el tiempo de casados. Raúl Vidal no sabía que doña Dolores le había dejado a su hijo Pedro todos sus bienes. Pues, eventualmente, después de unos años, este hijo se rebeló contra su padre, diciéndole, "Padre, quiero que desocupes la casa donde estás viviendo porque el terreno está a nombre mío. Mi madre lo dejó a mi nombre antes de morir."

El padre, con voz enérgica, le dijo: "Sea lo que sea; en este terreno yo he hecho estas casas. Tu madre solamente era dueña del terreno, y yo soy el dueño de las casas." Después de discutir por muchas horas, Pedro se fue a la calle, mientras que el padre entró en su cuarto llorando amargamente por lo que su esposa había hecho antes de morir.

Pedro siempre le insistía a su padre que se saliera, mas el padre de tanto que le insistió, decidió mejor salir del lugar donde vivió muy feliz con su esposa, doña Dolores. Raúl Vidal fue a vivir con su hermano mayor. Después de unos días, se fue rumbo a una montaña a llorar amargamente y rezar cuarenta y cinco oraciones que él sabía durante nueve días.[25] Pasaron los días y Raúl Vidal disfrutaba el aprecio que le tenía la familia de su hermano mayor.

Un día se encontró con un amigo y le contó acerca del problema que le había pasado. El amigo de Vidal se desconcertó completamente al escuchar la desgracia que a Vidal le había pasado. Y le dijo a Vidal que hiciera un espantapájaros en la forma del cuerpo de su hijo con pantalón y una camisa. Y así lo hizo Vidal, dándole forma al espantapájaros como le había dicho. Le metieron un clavo en la cabeza y luego lo amarraron a un árbol de pito [árbol con semillas de color rojo que les sirve a los brujos para prácticas mágicas]. El resultado fue que el hijo quedó completamente loco para toda su vida.

Hijos, pórtense bien con sus padres, si no les va a suceder lo mismo que pasó en este cuento.[26]

The Living Dead Man

Tomás the Lazybones, when he was small they did not teach him to work, and now grown up, it has cost him a lot. Tomás liked a girl and married this woman named Lucía. When Lucía realized that her husband was not able to work, she regretted it, but now she was not able to separate [from her husband] because they already had a son.

Tomás requested work with the people of the town. Yes, they gave him work, but he could not work with a hoe nor could he use the machete. He was an idler or vagabond. When his wife said she needed payment [money] for the food, clothes, and other additional things, Tomás played dumb, as if nothing were the matter. He would go out to sit in the streets with his friends, and he didn't come home until nighttime, only to sleep with his woman.

His wife told him to look for work or at least to go look for a little firewood. But he could not cut firewood. Tomás was good for nothing. Lucía was regretful. She herself asked for her death; she no longer could put up with the sufferings of this world—she bore hunger and thirst, nor did she have soap with which to take a bath.

Story by Pedro Cholotío Temó. Pedro sent this story to me by mail in 2001. In the summer of 2006, he changed the ending.

One day Tomás said to his wife that the best way of avoiding the problems of this world was to die and reside in heaven because it is eternal joy there. There is no poverty or headaches from thinking. There, no one will feel thirst or hunger. That's the way they thought; the two wanted to die.

One day, Tomás spoke to his wife. "But who knows which of us is going to die first. There in heaven we are going to recognize each other and remarry each other."

Lucía says to Tomás, "But how are we going to recognize each other if in heaven there are thousands and thousands of souls who are rejoicing and all are wearing white garments?"

Tomás said to his wife that when the two of them died, they had to wear red clothes so that they would not get lost among all the other souls.

One day, Tomás asked an old man, "What happens to a person when he dies, and how does he do it?"

The elderly man says to Tomás, "My son, I am going to tell you. When a person dies, his body becomes stiff. His whole body becomes cold, and he is unable to feel anything. Some die with their eyes closed and others with their eyes open, but in all cases, the body becomes cold. When a person is near death, the signs are that the feet, nose, ears, and hands turn cold. That person is in agony, waiting for death."

"Thanks old man, that is what I did not know," said Tomás. Then when Tomás arrived at his house, he told his woman what happens when a person is approaching death.

Lucía, regretful, now no longer wanted to die. She looked for a job with her neighbors. There they gave her food and a few centavos.

Tomás, convinced that he was going to heaven, thought that he had to die to avoid the problems of this life. Over there with his neighbors, he obtained a red shirt and trousers to be put on him when he died. Then he returned to tell his wife, "You, Lucía, I am going to die; you remain with our son. What I don't know is when and where I am going to die, but it is certain that I am going to heaven for eternal joy that is there above."

"Okay, we will see each other there in heaven," said Lucía.

Thus it was. Tomás was waiting for the day when he was going to die, but he did not die. He felt bad about this life.

One day he climbed a very high mountain in order to see if on that mountain he would meet death. He sat himself down under the trees, and thus the day went by. The sun was setting. It became extremely cold.

Tomás felt his hands, nose, and ears getting cold. Then he remembered what the old man had said, that when a person was ready to die, his body would begin to get very cold and stiff. So Tomás thought death was approaching. Then he said, "Now I am going to die and then go to heaven for eternal joy." Then he began to think about where he was going to die, and he said, "But if I die here, it will be difficult for my wife to find me. Better that I die in the road so that they will take me to be buried, and then [I will go] to heaven."

When he got to the road, he stayed there stretched out like a dead person because the cold was intense. Tomás said, "Thanks, I am dead." There he remained stretched out in the road [where] it was extremely cold. During the night, the body of poor Tomás became cold, but he had not died.

Through this road where Tomás remained stretched out, some mule drivers always passed in the early morning. On this early morning, when Tomás was stretched out stiff in the middle of the road, the mules became frightened and fled to the mountain like lost mules. The muleteers became enraged and took revenge on the man who was in the road like a dead person. They hit him with fifty lashes and some twenty kicks in the butt. Poor Tomás got up crying and thinking that heaven was a place where one receives lashes and kicks, but it was not so. It was the mule drivers who gave him his blows.

Tomás's poor woman went with her relatives and neighbors to look for where Tomás died because he always had said many times that he was going to die and then go to heaven. The woman and the neighbors did what they could to find the place where Tomás was, and they found him sitting down and crying.

His woman said to him, "What happened to you? Since yesterday, you did not come home. All night we were looking for you in many places because you had said many times that you wanted to go to heaven."

Tomás, crying, said to his woman, "Lucía, since yesterday, I have died, but they did not receive me in heaven. They threw me out with lashes and kicks. Look how my back is," and he showed her his back, which was very bruised from so many blows of the muleteers because he scared their mules. "Well, little by little, we are going home," said Tomás. The two went in front, and the relatives, neighbors, and others went in back. They were able to bring back the living dead.

When they arrived home, the woman asked Tomás, "How is heaven, and who expelled you from there? Who hit you with lashes and kicks?"

Tomás said to his woman, "The truth is I don't know because I did not see anything. The only thing I felt were the blows that they gave me when I was stretched out on the road, where I fell dead when my body was cold, just as the little old man had told me." Tomás said, "Now, my dear Lucía, I no longer want to die because I do not want to suffer more blows from the whips and kicks. It is better that I go to work to earn my daily food."

That's what happened with Tomás. He had a change in his life. But for that reason, they call him "the living dead." (That is, death is worse than life, or it is better to live than to die.)

$\sim\sim\sim$

El hombre muerto vivo

Tomás el haragán, de pequeño no le enseñaron a trabajar, y ahora de grande, le ha costado mucho. A Tomás le gustó una muchacha y se juntó con esta mujer que se llamaba Lucía. Cuando Lucía se dio cuenta de que su marido no podía trabajar, se arrepintió, pero ya no podía separarse [de su marido] porque ya tenían [un] hijo.

Tomás pedía trabajo con la gente del pueblo. Bien [Sí] le daban trabajo, pero él no podía trabajar con azadón ni podía usar el machete. Él era haragán o vagabundo. Cuando su mujer le decía que necesitaba gastos [dinero], para la comida, ropa y otras cosas adicionales, Tomás se hacía el loco [la ignoraba], como que [si] nada le hiciera falta. Salía a sentarse en las calles con sus amigos, y no llegaba hasta por las noches sólo a dormir con su mujer.

Su mujer le decía que buscara trabajo o tan siquiera que fuera a buscar un poco de leña. Pero él no podía cortar la leña. Tomás no servía para nada. Lucía estaba arrepentida. Ella misma pedía por su muerte; ya no

Cuento de Pedro Cholotío Temó. Pedro me mandó este cuento por correo en el año 2001. En el verano del año 2006, él cambió el desenlace.

soportaba las penas de este mundo—aguantaba hambre y sed, ni jabón tenía para bañarse.

Un día Tomás le dijo a su mujer que la mejor forma de evitar los problemas de este mundo era morir y morar en el cielo porque allá es un gozo eterno. No hay pobreza ni dolor de cabeza por estar pensando. Allá, nadie sentirá sed ni hambre. Así pensaron; los dos querían morir.

Un día Tomás habló con su mujer. "Pero, a saber quién de los dos va a morir primero. Allá en el cielo vamos a reconocernos y volveremos a casarnos."

Lucía le dice a Tomás, "¿Pero cómo vamos a reconocernos si en el cielo hay miles y miles de almas que están gozando y todos llevan vestidos blancos?"

Tomás le dijo a su mujer que cuando ellos dos se murieran, tenían que llevar vestidos rojos para que en el cielo no se fueran a perder entre las demás almas.

Un día, Tomás le preguntó a un anciano, "¿Qué pasa con una persona cuando se muere y cómo lo hace?"

El anciano le dice a Tomás, "Hijo mío, te voy a decir. Cuando una persona se muere su cuerpo se pone tieso. Todo su cuerpo se vuelve frío, y ya no puede sentir nada. Unos mueren con los ojos cerrados y otros con los ojos abiertos, pero de todos modos, se les enfría el cuerpo. Cuando a una persona se le acerca la muerte, las señales son que se le van enfriando los pies, la nariz, las orejas y las manos. Esa persona está en agonía, esperando la muerte."

"Gracias abuelo, eso es lo que yo no sabía," dijo Tomás. Entonces cuando Tomás llegó a su casa, le contó a su mujer lo que pasa cuando a una persona se le acerca la muerte.

Lucía, arrepentida, ya no quería morir. Buscó un trabajo con los vecinos. Allí le daban su comida y unos centavos.

Tomás, convencido de que se iba al cielo, pensó que tenía que morirse para evitar los problemas de esta vida. Por allí con los vecinos, consiguió una camisa y un pantalón rojo para que los pusieran cuando se muriera. Entonces regresó a decirle a su mujer, "Vos [Tú], Lucía, yo me voy a morir; te quedas con nuestro hijo. Lo que no sé es cuándo y en qué lugar me voy a morir, pero es seguro que me voy al cielo para un gozo eterno, el que está allá arriba."

"Bien, allá nos veremos en el cielo," dijo Lucía.

Así fue. Tomás estuvo esperando por el día cuando iba a morir, pero no se murió. Se sentía mal por esta vida.

Un día se subió a una montaña muy alta para ver si en esa montaña encontraba la muerte. Él se sentó debajo de los árboles, y así se fue el día. El sol se fue yendo. Cayó demasiado el frío. A Tomás se le enfriaron las manos, la nariz y las orejas. Luego se acordó de lo que le había dicho el anciano, que cuando una persona está lista para morir, se le va enfriando el cuerpo y se pone tieso. Así, Tomás pensó que la muerte se le estaba acercando. Entonces dijo, "Ahora ya me voy a morir y luego me voy al cielo para un gozo eterno." Entonces él comenzó a pensar donde iba a morir, y dijo, "Pero si muero aquí, a mi mujer se le haría difícil para encontrarme. [Es] mejor si me voy a morir en el camino para que me lleven a enterrar y luego al cielo [voy a ir].

Cuando llegó al camino, allí se quedó tendido como muerto porque era demasiado el frío. Tomás dijo, "Gracias, estoy muerto." Allí se quedó tendido en el camino, [donde] hacía demasiado frío. Durante la noche, se le enfrió el cuerpo al pobre Tomás pero no se había muerto.

Por ese camino donde Tomás se quedó tendido, siempre pasan unos arrieros por las madrugadas. En esa madrugada, cuando Tomás estaba tendido y tieso en medio del camino, las mulas se asustaron y se metieron entre la montaña como mulas perdidas. Los arrieros se llenaron de ira y desquitaron su enojo con el hombre que estaba en el camino como muerto. Le pegaron cincuenta chicotazos y como unas veinte patadas en el culo. Pobre Tomás se levantó llorando y pensando que el cielo es el lugar donde a uno lo reciben con chicotazos y patadas, pero no era así. Eran los arrieros quienes le dieron sus golpes.

La pobre mujer de Tomás se fue con los familiares y los vecinos a buscar a Tomás donde se había muerto porque siempre había dicho muchas veces que se iba a morir y luego se iría al cielo. La mujer y los vecinos hicieron lo posible por encontrar el lugar donde estaba Tomás, y lo fueron a encontrar sentado y llorando.

Su mujer le dijo, "¿Qué te pasó? Desde ayer no llegaste a la casa. Toda la noche te estuvimos buscando en muchos lugares porque habías dicho muchas veces que querías ir al cielo."

Tomás, llorando, le dijo a su mujer, "Lucía, desde ayer, me he muerto pero no me recibieron en el cielo. Me sacaron a chicotazos y patadas. Mira como tengo la espalda," y le enseñó la espalda que estaba muy amoratada de tantos golpes de los arrieros por asustar a las mulas. "Bueno, poco a poco, vámonos a la casa," dijo Tomás. Los dos se fueron adelante y los familiares, vecinos y otros se fueron atrás. Pudieron traer al muerto vivo.

Cuando llegaron a la casa, la mujer le preguntó a Tomás, "¿Cómo es el cielo, y quién te sacó de allá? ¿Quiénes te pegaron los chicotazos y las patadas?"

Tomás le dijo a su mujer, "La verdad es que no sé porque no vi nada. Lo único que sentí fueron los golpes que me dieron cuando yo estaba tendido en el camino, donde caí muerto cuando mi cuerpo estaba muy frío, tal como me había dicho el viejito." Tomás dijo: "Ahora, mi querida Lucía, ya no quiero morir porque no quiero sufrir más golpes de los chicotes y patadas. Es mejor que vaya a trabajar para ganarme la comida diaria."

Así pasó con Tomás. Tuvo un cambio en la vida. Mas por eso, le llaman "el muerto vivo." (Es decir, la muerte es peor que la vida, o es mejor vivir que morir.)

King Solomon and the Bee

One day a bee entered the house of King Solomon, and the servants of King Solomon wanted to kill the bee. And they were trying to kill it. It flew into the kitchen, then into a room, and they were trying to kill the bee. Then soon the bee arrived where the king was, and it told him, "Open the window for me because your servants want to kill me."

"Very well," said King Solomon. He opened the window, and the bee went out.

In a short time, the people devised a test for Solomon. They put together many artificial flowers, but among all those artificial flowers there was one real flower. Then they told King Solomon, "Look, King, we want to see. You have much wisdom. We have been told that you are a very intelligent person and that there is no other person here on earth like you who has as much wisdom. And we will put out a bunch of flowers, but among all these flowers, you have to choose the real one."

"That's fine," said Solomon. And the next day he had to pass that test. King Solomon did not sleep all night, thinking that they were going to put one natural flower among many artificial flowers made by men.

Alberto Barreno told me this story, which I taped in the fall of 1988.

He was very sad, but the bee went to King Solomon and asked him, "Why are you sad?"

"I'm sad because the people who live close to me want me to show them a real flower among the artificial flowers."

Then the bee said, "Don't worry. There is a saying, *Agrado quiere agrado* [Affability desiderates affability, or One favor deserves another]. There was a time that you did me a favor, when your servants wanted to kill me. You opened your window for me and you set me free. I remember you. I was coming to visit you, but I see that you are sad. I see that you are in a tight spot and worried about many things. Look, King," it told him, "I will show you the real flower, so that these people will see that you are intelligent and you are not just any man. You are a man with much wisdom."

"Well," said the king, "if you can do me the favor. And how can I know which one is the real flower?"

"It's easy," said the bee. "Where I stand, that will be the natural flower, and you will grab it, so that they see that we, you and I, aren't so dumb, because I'm also intelligent. I'm also wise. I'm a bee that makes honey. I make good honey. Have you ever tried it, King?"

"Yes, I have tried honey."

"Well, we are the ones who make that honey. And no man on earth can fabricate the honey we make. Well, I leave you now, King. Don't worry. The flower that I stand on and where I stay, that will be the real flower. Grab it and show it to the people, demonstrating that you are intelligent and wise and that you are not just any man."

The bee left. He went and went and passed among the artificial flowers and found the real flower. That is where the little bee stopped. The king came, grabbed the little flower, and showed it to everyone—that this was the true flower. Then the people applauded the king and said that this king was not just any man, that he really was intelligent and wise. They realized that they put out a lot of artificial flowers and he chose the real one. Then they realized that they had a good king who was governing them.

Then that is what the bee did. As they say, *Agrado quiere agrado* [One favor deserves another]. That is what the little bee did for King Solomon. And there the story ended.[27]

El Rey Salomón y la abeja

Un día entró una abeja en la casa del rey Salomón, y las sirvientas del rey Salomón querían matar a la abeja. Y estaban tratando de matarla. Voló a la cocina, luego a un cuarto, y estaban tratando de matar a la abeja. Entonces luego llegó la abeja donde estaba el rey y le dijo, "Ábrame la ventana porque me quieren matar tus sirvientas."

"Muy bien," dijo el rey Salomón. Abrió la ventana, y salió la abeja.

Al poco tiempo, la gente le hizo una prueba a Salomón. Juntaron muchas flores artificiales, pero entre todas las flores artificiales, había una verdadera flor. Entonces le dijeron al rey Salomón. "Mira, rey, queremos ver. Tú tienes mucha sabiduría. Nos han contado que tú eres una persona muy inteligente y que no hay otro aquí en la tierra como tú quien tenga tanta sabiduría. Y vamos a poner un montón de flores, pero entre todas esas flores tú tienes que escoger la verdadera."

"Está bien," dijo Salomón. Y al siguiente día tenía que pasar esa prueba. El rey Salomón no durmió toda la noche, pensando que iban a poner una flor natural en medio de las muchas flores artificiales hechas por los hombres.

Él estaba muy triste, pero llegó la abeja donde el rey Salomón y le preguntó, "¿Por qué estás triste?"

"Estoy triste porque la gente que vive cerca de mí quiere que yo les muestre la verdadera flor en medio de las flores artificiales."

Entonces dijo la abeja, "No tengas pena. Hay un dicho que dice, Agrado quiere agrado. Hubo una vez que me hiciste un favor, cuando tus sirvientas me querían matar. Me abriste tu ventana y me dejaste libre. Yo me acuerdo de ti. Yo venía a visitarte, pero veo que estás en tristeza. Veo que estás en un aprieto de penas y preocupado por muchas cosas. Mira, rey," le dijo, "yo te voy a enseñar la flor verdadera para que vea esta gente que tú tienes inteligencia y que no eres cualquier hombre. Eres un hombre con mucha sabiduría."

"Bueno," dijo el rey, "si me puedes hacer el favor. ¿Y cómo puedo yo saber cuál es la flor natural?"

Alberto Barreno me contó este cuento, el cual grabé en el otoño del año 1988.

"Es fácil," le dijo la abeja. "Donde me pare yo, esa será la flor natural, y la vas a agarrar, para que vean que nosotros, tú y yo, no somos tantos porque yo también tengo inteligencia. Yo también tengo sabiduría. Yo soy una abeja que hace miel. Yo hago buena miel. ¿Alguna vez la has probado, rey?"

"Sí, yo he probado la miel."

"Bueno, nosotros somos los que fabricamos esa miel. Y ningún hombre en la tierra puede hacer esa miel que nosotros hacemos. Bueno, ahora te dejo, rey. No tenga pena. La flor donde yo me pare y donde yo me quede, esa será la verdadera flor. La vas a agarrar y se la vas a mostrar a la gente, indicándoles de que tú tienes inteligencia y sabiduría y que no eres cualquier hombre."

Se fue la abeja. Se fue y se fue y pasó entre las flores artificiales y encontró la verdadera flor. Ahí se paró la abejita. Vino el rey, agarró la florecita, y se la enseñó a todos—que esa era la verdadera flor. Entonces las personas le aplaudieron al rey y dijeron que este rey no era cualquier hombre, que verdaderamente tenía inteligencia y sabiduría. Se dieron cuenta de que pusieron muchas flores artificiales, y él escogió la verdadera. Entonces se dieron cuenta de que tenían un buen rey que los estaba gobernando.

Entonces eso fue lo que hizo la abeja. Como dicen, Agrado quiere agrado. Eso es lo que hizo la abejita por el Rey Salomón. Y ahí terminó el cuento.[27]

Legend of the *Duende*

It is said that the *duende*—and much is said about a little devil who takes the form of a boy doll or a little man who hops and jumps—is the devil who causes damage and death in the homes where he appears. The *duende* appears and disappears; always he wears a wide-brimmed sombrero as the Mexicans do; his color is black. In the east they call him *el chamuco* [Spaniard or devil]. In Cobán they call him *chirimitat*, in the Q'eqchi' language. The *duende* appears to the persons who have contact with evil. That is to say, he appears to the persons who practice satanic works, and also he appears to the people who spend their lives just drunk.

My friend Julio told me that the *duende* appeared to him when he had been drinking for fifteen days; he lives in the San Juanerita suburb. One night when Julio was suffering from a hangover, he had the need to come to town to buy his drinks. He says that after drinking his drinks he returned home. He was almost home when the *duende* appeared, standing in the road. Suddenly he began to hop and jump from one place to the other, and he went to the middle of the road.

Julio says that he felt a great fear, but as he had an eighth of liquor in his bag, he took another drink and told the *duende*, "Get out of the road,

Pedro Cholotío Temó wrote this story by hand in the summer of 2006.

188

black devil!" but the goblin did not get out of the road. Julio says that he spoke again, saying, "This time I'm really going to give you a kick." With the glow of the drinks, Julio gave the *duende* a kick, but he did not budge. He did not feel the kick that he gave him. Then the *duende* comes, jumps, and gives Julio a kick. Julio says that there he lost consciousness like a crazy person; he was not able to enter his house so he went amid the coffee groves. When it dawned, now he was not able to walk; he ached all over his body because of the kick the *duende* gave him. Julio says that now he does not dare go out at night because of this strange case that happened to him.

The *duende* exists. The *duende* is the devil that walks and appears to people who are possessed and practice satanic rituals; or rather, the young people who devote themselves to evil. In the past four years, starting in 2002, the rumor came out that there exists a group of gang members who had a locale where they gathered to practice wickedness. This place where they gathered was full of evil figures. It happened that some muchachos went to work in the capital city. Undoubtedly, they had contact with the gangs of the capital. When they returned, they organized this little group of gang members practicing works of evil and going to the cemetery to steal the bones of the dead. In the town a little fear was felt now because of the rumors that in the town there were gang members, who named themselves The Gang of Rock [music].

What is not known is whether through a lack of concentration on evil, they failed to fulfill their desires; they themselves fell into the clutches of evil. Five of them died; they hanged themselves with nooses in their bedrooms, with them a girl of sixteen years of age. In one house two hanged themselves, a brother and a sister.

One version says that before the suicide the *duende* (*chamuco*) appeared to these persons. Señor Alejandro tells that he was a servant of an associate of the cooperative to guard the coffee at the processing plant, and one night they sent him to buy bread at a *tienda*. But in order to go to the *tienda*, he had to pass in front of the house of one of the leaders of that group. Señor Alejandro says that he saw the *duende* jumping on the porch of the house of the muchacho; he could clearly see the little devil about the size of a baby. The señor says that he was very scared and did not have the nerve to go to the *tienda*. He returned to the coffee processing plant. In a few months that muchacho hanged himself in his bedroom.

In May 2006 another muchacho of nineteen years of age in the same group ended his own life, taking an electric cord and hanging himself on a beam of the house. He was hanging [there]; when his parents realized it, the muchacho was already dead. But before dying, he told a friend of his that a little black person appeared to him, sometimes in the street, other times inside the house.[28] He says that he told his friend that something bad was going to happen to him because the little black person would not leave him alone, was always was pursuing him, and it was certain that the muchacho hanged himself. This is a true case, because the muchacho is the son of a niece of my wife.

Now these muchachos, seeing what was happening with their companions, redeemed themselves. Taking up a new life, they rejoined society and organized themselves. Now they work honorably in a group, better known as the Ajpu [Ajpub, hunter] group. That is, they had a change in their lives.[29]

Leyenda del duende

Se dice que el duende—y se habla mucho acerca de un diablillo que toma la forma de un muñeco o de un hombrecito que brinca y salta—es el diablo quien causa daño y muerte en los hogares donde aparece. El duende aparece y se desaparece; siempre lleva puesto un charro como lo usan los mexicanos; su color es negro. En el oriente le dicen el chamuco [un español o diablo]. En Cobán le dicen *chirimitat,* en la lengua q'eqchi'. El duende se le aparece a las personas que tienen contacto con el mal. Es decir, se le aparece a las personas que practican obras satánicas, y también se le aparece a las personas que sólo borrachos se pasan la vida.

Mi amigo Julio me dijo que a él se le apareció el duende cuando tenía quince días de estar borracho; él vive en la colonia San Juanerita. Una noche cuando Julio estaba sufriendo de la goma, tuvo la necesidad de ve-

Pedro escribió este cuento a mano en el verano del año 2006.

nir al pueblo para comprar los tragos. Dice que después de tomar sus tragos se regresó para su casa. Faltaba un poco para llegar a la casa cuando se le apareció el duende parado en el camino. De repente comenzó a dar brincos y a saltar de un lugar a otro, y se fue a medio camino.

Julio dice que sintió un gran miedo pero como tenía un octavo en la bolsa se tomó el otro trago y le dijo al duende, "¡Quítate del camino, diablo negro!" pero el duende no salía del camino. Julio dice que habló otra vez, diciendo, "Ahora sí te doy una patada." Con el calor de los tragos, Julio le dio una patada al duende pero no se movió para nada. No sintió la patada que le dio. Entonces, viene el duende, salta y le da una patada a Julio. Julio dice que allí perdió el conocimiento como un loco; no pudo entrar en la casa, así que se fue en medio de los cafetales. Cuando amaneció ya no podía caminar; le dolía todo el cuerpo por la patada que le dio el duende. Julio dice que ya no se anima a andar de noche porque le pasó este caso muy extraño.

El duende existe. El duende es demonio que anda y se le aparece a las personas endemoniadas que practican los ritos satánicos; vale más decir, a los jóvenes que se entregan al mal. En estos cuatro años a partir del 2002 salió el rumor de que existe un grupo de mareros [pandilleros] quien tenían un local donde se reunían para practicar la maldad. Ese local donde se reunían estaba lleno de malas figuras. Ocurrió que unos muchachos se fueron a trabajar a la ciudad capital. Sin lugar a dudas, tuvieron contacto con los mareros de la capital. Cuando regresaron, organizaron ese grupito de mareros practicando las obras del mal y yendo al cementerio para sustraer huesos de los muertos. En el pueblo ya se sentía un poco el temor por los rumores que en el pueblo había mareros, quienes se llamaban Los Mareros del Rock [música].

Lo que no se sabe es si por falta de concentración con el mal no pudieron cumplir sus deseos; ellos mismos cayeron en las garras del mal. Cinco de ellos murieron; ellos mismos se ahorcaron con lazos en sus dormitorios, con ellos una muchacha de dieciséis años de edad. En una casa se ahorcaron dos, un hermano y una hermana.

Una versión dice que antes del suicidio a estas personas se les aparecía el duende (chamuco). El Señor Alejandro cuenta que él fue mozo de un socio de la cooperativa para cuidar el café en el beneficio, y una noche lo mandaron a comprar pan en una tienda. Pero para ir a la tienda tenía que pasar frente a la casa de uno de los cabecillas de ese grupo. El señor Alejandro dice que vio al duende dando saltos en el corredor de la casa del muchacho; se miraba bien el diablito como el tamaño de un bebé. El señor dice que tuvo mucho miedo y no tuvo valor de ir a la tienda. Se regresó al beneficio. A los pocos meses ese muchacho se ahorcó adentro de su dormitorio.

En mayo del 2006 se quitó la vida otro muchacho de diecinueve años del mismo grupo, tomando un cable de luz y colgándose en un tendal de la casa. Quedó colgado allí; cuando sus padres se dieron cuenta, el muchacho ya se había muerto. Pero antes de morir, le dijo a un amigo suyo que a él se le apareció un negrito, a veces en la calle, otras veces adentro de la casa.[28] Dice que él le dijo a su amigo que algo mal iba a pasarle porque el negrito no lo dejaba tranquilo, siempre lo andaba persiguiendo, y fue cierto que el muchacho se ahorcó. Este caso es cierto porque el muchacho es el hijo de una sobrina de mi esposa.

Ahora estos muchachos, viendo lo que estaba pasando con sus compañeros, se redimieron. Tomando una vida nueva, se incorporaron a la sociedad y se organizaron. Ahora trabajan honradamente en un grupo, mejor conocido como el grupo Ajpu [Ajpub, cazador]. Es decir, ellos tuvieron un cambio en sus vidas.[29]

The Hill of Gold of Atitlán

Once there was a woman looking after the Hill of Gold, and that woman was very pretty. During this time the Spaniards arrived in order to take out gold, silver, and other things. But there was a woman who did not let them take out that gold and that silver from the hill of Santiago Atitlán. This girl was tall; she was two meters and ten centimeters tall, more or less.

But five Spaniards arrived there in order to take out the gold and silver. Then they said, "Better that we take the girl and kill her." But the girl did not let them take advantage of her. She hit the Spaniards and killed them. She did not let them take out the gold and the silver that was in that Hill of Gold.

In that Hill of Gold, there was a cave that had gold and silver. Then some other Spaniards, companions of the five that died, waited for those five Spaniards to come back. But since the first Spaniards did not arrive, the others then went to that Hill of Gold. They heard that there was a girl there guarding the gold and the silver. Then the Spaniards asked the girl if the five Spaniards had come to her.

And the girl said, "Yes, they wanted to rob the gold and the silver and

I taped this story by Alberto Barreno in the summer of 1994.

193

they also wanted to rape me. They began to fight with me, but I killed all five of them. And as I killed those five Spaniards, I am going to have to do the same with you because I do not want you to touch the gold and the silver of this place. That gold and that silver are souvenirs from my Mayan parents because we are Maya. We don't want you to rob us of that gold and that silver that we have in this place, in the Hill of Gold."

Then the Spaniards began to think, "What are we going to do with this girl in order to be able to take out the gold and the silver?" Then what the Spaniards thought of was to kill the girl in order to be able take out the gold. They began to fight with the girl. But the girl, because she had great strength, more strength than a man, began to fight with them with an old axe, a stone axe, and with this axe she struck the Spaniards. Then she also killed those Spaniards who came there.

The girl always thought about killing the Spaniards because the Spaniards, what they did was to come here to Guatemala and rob the gold and the silver of the Maya. That is why the girl did not let them pass by the Hill of Gold. And that gold and that silver are still there in that place.

Over time, the girl was there in that place guarding it. But again other Spaniards arrived with the same intention. They wanted to take out that gold and that silver from that hill because the Spaniards were told that there was much gold and silver in that place. They spoke with the girl, but the girl told them, "Some Spaniards came here, but I killed them the first time. Then other Spaniards came a second time, and I also killed them because I don't want you to take out this gold and this silver from this place, because this gold and this silver are souvenirs from my parents. They are souvenirs from my grandparents who left them for me to take care of. And now, what do you want?"

Then said the Spaniards, "What we want now is to take the gold and the silver. Before taking the gold and the silver, we must kill you."

Then the girl told them, "If you want to take the gold and the silver, it is going to cost you plenty because I want to kill you so that you cannot take the gold and the silver. Well, I already told you, these are keepsakes from my parents and my grandparents."

Then what the Spaniards did was begin to fight with the girl. The girl fought, but the Spaniards killed her. So then the Spaniards were able to enter the cave, but they could not reach the bottom because they heard a very loud noise like the noise of a river, a very strange noise. They were afraid, and the Spaniards did not reach that depth because that depth was about 120 meters. But because of that noise that they heard, they could not reach that place. They were just able see the gold and the silver, which was there below in that place, and they could not reach it.

They left and went to tell others of their companions about it. They went to tell them that there in that place there was gold and silver. And they also told them that they killed that girl before entering there. Then the other Spaniards went to see if they could take out that gold and that silver but they could not take it out either, because it was very deep and they heard a very loud noise, a very strange noise. They only saw the gold and the silver but they could not reach where it was.

And thus the story ended. They could not extract the gold and silver from that hill because there was a cave where one could not enter and because it was very deep. Now the entrance is closed. The government, headed by a general who was called Arana, closed the place. He was the one who arrived at that place in order to close the entrance to that cave. And until now it remains closed so that nobody can come to take out the gold and the silver.

And there ended this story of the Maya.

El Cerro de Oro de Atitlán

Una vez había una mujer cuidando el Cerro de Oro, y esa mujer era muy bonita. Durante este tiempo llegaban los españoles para sacar oro, plata y otras cosas. Pero había una mujer que no dejaba que sacaran ese oro y esa plata del cerro de Santiago Atitlán. Esta muchacha era alta; tenía dos metros y diez centímetros de altura, más o menos.

Pero cinco españoles llegaron ahí para sacar el oro y la plata. Entonces ellos dijeron, "Mejor llevemos y matemos a la muchacha." Pero la muchacha no se dejó de ellos. Los golpeó a los españoles y los mató. Ella no dejó que sacaran el oro y la plata que había en ese Cerro de Oro.

Grabé este cuento de Alberto Barreno en el verano del año 1994.

En ese Cerro de Oro había una cueva que tenía oro y plata. Entonces otros españoles, compañeros de los cinco que murieron, esperaban a que vinieran esos cinco españoles. Pero como no llegaron los primeros españoles, entonces los otros fueron a ese Cerro de Oro. Escucharon que había una muchacha ahí cuidando el oro y la plata. Entonces los españoles le preguntaron a la muchacha si habían llegado con ella los cinco españoles.

Y la muchacha dijo, "Sí, ellos se querían robar el oro y la plata y también me querían violar. Comenzaron a pelear conmigo, pero yo los maté a los cinco. Y así como yo maté a esos cinco españoles, así voy a tener que hacer con ustedes porque yo no quiero que toquen el oro y la plata de este lugar. Ese oro y esa plata son recuerdos de mis padres mayas porque nosotros somos mayas. No queremos que nos roben ese oro y esa plata que tenemos en este lugar, en el Cerro de Oro."

Entonces los españoles comenzaron a pensar, ¿Qué vamos a hacer con esta muchacha para poder sacar el oro y la plata?" Entonces lo que pensaron los españoles fue matar a la muchacha para poder sacar el oro. Ellos comenzaron a pelear con la muchacha. Pero la muchacha, como tenía mucha fuerza, más fuerza que un hombre, comenzó a pelear con ellos, con un hacha antigua, con un hacha de piedra, y con esta hacha les pegaba a los españoles. Entonces ella también mató a esos españoles que llegaron ahí.

La muchacha siempre pensaba en matar a los españoles porque los españoles, lo que hacían era venir aquí a Guatemala y robarse el oro y la plata de los mayas. Por eso la muchacha no dejaba que pasaran por el Cerro de Oro. Y ese oro y esa plata todavía están ahí en ese lugar.

Con el tiempo, la muchacha estuvo ahí en ese lugar cuidándolo. Pero nuevamente llegaron otros españoles con el mismo propósito. Querían sacar ese oro y esa plata de ese cerro porque a los españoles les contaron que en ese lugar había mucho oro y plata. Hablaron con la muchacha, pero la muchacha les dijo, "Aquí vinieron unos españoles, pero yo los maté la primera vez. Luego vinieron otros españoles por segunda vez, y también yo los maté porque yo no quiero que saquen este oro y esta plata de este lugar, porque este oro y esta plata son recuerdos de mis padres. Son recuerdos de mis abuelos que los dejaron aquí para que yo los cuidara. Y ahora, ustedes ¿qué quieren?"

Entonces dijeron los españoles, "Lo que nosotros queremos ahora, es llevarnos el oro y la plata. Antes de llevarnos el oro y la plata, necesitamos matarte."

Entonces la muchacha les dijo, "Si ustedes se quieren llevar el oro y la plata, les va a costar mucho porque yo quiero matarlos a ustedes para que ustedes no puedan llevarse el oro y la plata. Bueno, ya les dije, son recuerdos de mis padres y de mis abuelos."

Entonces lo que hicieron los españoles fue comenzar a pelear con la muchacha. La muchacha luchó, pero los españoles la mataron. Entonces así los españoles entraron en la cueva, pero no pudieron llegar al fondo porque escuchaban un ruido muy fuerte, como el ruido de un río, un ruido muy extraño. Tuvieron miedo, y no llegaron los españoles a esa profundidad porque esa profundidad era como de 120 metros. Pero por ese ruido que ellos oyeron, no pudieron llegar a ese lugar. Sólo alcanzaron a ver el oro y la plata, lo que estaba allá abajo en ese lugar, y ellos no pudieron alcanzarlo.

Salieron y le fueron a avisar a otros de sus compañeros. Les fueron a contar que ahí en ese lugar había oro y plata. Y también les fueron a contar que mataron a esa muchacha antes de entrar ahí. Entonces fueron los otros españoles para ver si podían sacar ese oro y esa plata pero tampoco la pudieron sacar, porque era muy profundo y escucharon un ruido muy fuerte, un ruido muy extraño. Solamente vieron el oro y la plata, pero no pudieron llegar a donde estaba.

Y así terminó el cuento. Ellos no pudieron extraer el oro y la plata de ese cerro porque ahí había una cueva donde no se podía entrar y porque era muy profundo. Ahora la entrada está cerrada. El gobierno, al mando de un general que se llamaba Arana, cerró el lugar. Él fue el que llegó a ese lugar para cerrar la entrada de esa cueva. Y hasta ahora permanece cerrada para que nadie pueda llegar a sacar el oro y la plata.

Y ahí se terminó este cuento de los mayas.

The Story of La Llorona

This tale is very popular in the pueblos of the southwest of Guatemala.
What is not known is the origin of this tale. It could be of Mexican origin
or from the Spaniards when they were in America; there is a Spanish version. But also the Tz'utujiles say that it is indeed true that La Llorona
[The Weeping Woman] exists. It is said that La Llorona, or evil spirit,
was a woman who lived in the world in earlier times. They say that she
was a disobedient woman; she did not respect her parents. She did whatever she wanted to do; she was attracted to bad vices. She was in the *vida
alegre* [fast life]; that is, she was a prostitute. She went from pueblo to
pueblo spending time with men.

   With the passage of time, it is said that she gave birth to a daughter,
but who knows who the father of the baby was. That woman, they say,
left her child in neglect and continued with the *vida alegre*. She looked
upon her daughter with much contempt; finally, they say, she made the
fatal decision to kill her daughter. She took her by the hand to the shore
of a lake, where she drowned her.

   In time, they say that she missed her daughter, and she began to look for her on the riverbanks and the lakeshores. But that already was madness because she did not remember in which lake she had drowned her.

The evil was thus growing when she made the decision to die because she did not find her daughter. They say that she climbed up a high hill and jumped to the depth of a ravine, shouting and crying, saying, "Where are you, my daughter?" "Speak to me, daughter; I am looking for you," said her voice in the ravine. She disappeared, and there she turned into La Llorona of the night.

It is believed that La Llorona is an evil spirit. It is certain that in the nights the voice of the woman is heard crying sadly in the hills, on the banks of the rivers, on the shore of the lake, and in the towns. But when the shouts of La Llorona are heard, the old folks of my town say that La Llorona is the evil spirit that goes persecuting the spirit of the sick persons.

Another version says the spirit of a sick person is already walking with La Llorona a few days before dying. Others say that when the sad voice of La Llorona is heard, it is because La Llorona is out looking for her daughter. No one goes out to look because it is the evil hour; that is, there are evil spirits in the air. It is a dangerous time.

It is indeed true. La Llorona is heard weeping with a sad voice during the nights. One time we heard La Llorona. When I was younger, about the age of thirteen, we went out to sell [merchandise] on the coast there around Santo Tomás la Unión, around Chocolá, part of Mazatenango, with my companions at that time, Abraham Cholotío, Pedro Pérez Mendoza, Domingo Pérez Hernández (may he rest in peace), and Juan Ujpán Ovalle. I was the youngest of them; my load was twenty-five pounds of little dried fish that I would sell at five centavos an ounce. My companions sold onions, tomatoes, and chickpeas; they carried the cargo on the backs of their beasts (horses). I remember very well that at that time we left the pueblo at four in the morning; at three in the afternoon we arrived in Santo Tomás la Unión, but in that town there was no place for us where we could stay. We had to continue on the road to Chocolá.

On Palm Sunday we finished selling around ten in the morning. My companions went to Mazatenango to shop; they left me taking care of the horses. When they returned from Mazatenango, it was already late; we left Chocolá about three in the afternoon. We went rapidly; we passed the Nahualate River; then the Los Horizontes farm. It was already about five in the afternoon. We had no load; the horses carried the bundles. On the mountain of Paxob, night overtook us. No one had a flashlight; the road was very narrow. The horses had better vision; they walked in the dark the same as they walked by day. So I walked holding on to the horse's tail; where the horse went, I went.[30]

When we arrived at a place called Pacayibal (in Spanish, el Mirador [the Lookout]), a small stream crosses the road. The horses did not want to cross; who knows what they saw in the darkness. We did not see anything. The horses sensed the evil that was ahead; they did not want to walk. There we stayed almost half an hour, very frightened. We didn't know what to do. Thanks to God that two gentlemen from a village came behind us; they came to us with their oil lamps. We told them what was happening to us.

They told us, "Be careful! La Llorona appears here."

With the light of the two oil lamps, the evil went away. The animals crossed, and we continued walking. More or less a hundred meters ahead, we heard the voice of a woman crying sadly. We continued walking, and again she cried in an even sadder voice. We were very scared, and we asked the two gentlemen not to leave us in darkness. They helped us a lot with their oil lamps. That time, we had intended to arrive in our San Juan, but it was not possible with all that happened to us on the road. We had to stay to sleep in Pasajquim. For that reason, I say La Llorona indeed exists. One can hear the voice of a young woman crying sadly.

El cuento de La Llorona

Este cuento es muy popular en los pueblos del sur occidente de Guatemala. Lo que no se sabe es el origen de este cuento. Puede ser de origen mexicano o de los españoles cuando estuvieron en América; hay una versión española. Pero también los tz'utujiles cuentan que sí es cierto

Cuento de Pedro Cholotío Temó. Pedro escribió este cuento a mano en el verano del año 2006.

que existe La Llorona. Se dice que La Llorona, o mal espíritu, era una mujer que vivió en el mundo en los tiempos de antes. Dicen que era una mujer desobediente; no respetó a sus padres. Hizo lo que ella quería hacer; se tiró en los malos vicios. Era de la vida alegre [vida inmoral]; es decir, era una prostituta. Se iba de pueblo en pueblo pasando el tiempo con los hombres.

Con el correr del tiempo, se dice que le nació una hija pero quién sabe quién era el papá de la nena. Dicen que esa mujer dejaba a su hija en abandono y seguía con su vida alegre. A su hija la miraba con mucho desprecio; al fin dicen que tomó la fatal decisión de matar a su hija. Se la llevó de la mano a la orilla de un lago donde la ahogó.

Con el tiempo, dicen que se acordó de su hija, y comenzó a buscarla en la orilla de los ríos y de los lagos. Pero eso ya era una locura porque ni se acordaba en qué lago la había ahogado.

Así le fue creciendo más la maldad donde tomó la decisión de morir porque ya no encontró a su hija. Dicen que ella se subió a un cerro alto y se tiró a la profundidad de un barranco gritando y llorando, diciendo, "¿Dónde estás, hija mía? Háblame, hija; te estoy buscando," decía la voz en el barranco. Se desapareció, y allí se convirtió en La Llorona de la noche.

Se cree que La Llorona es un espíritu malo. Es cierto que por las noches se oye la voz de la mujer llorando tristemente en los cerros, en las orillas de los ríos, en la orilla del lago y en los pueblos. Pero cuando se escuchan los gritos de La Llorona, los viejitos de mi pueblo dicen que La Llorona es el espíritu malo que anda persiguiendo el espíritu de las personas enfermas.

Otra versión dice que el espíritu de una persona enferma ya está andando con La Llorona, pocos días antes de morir. Otros dicen que cuando se escucha la voz triste de La Llorona, es porque La Llorona anda buscando a su hija. Nadie sale a ver porque es la mala hora; es decir, hay espíritus malos en el aire. Es un tiempo peligroso.

Sí es cierto. La Llorona se escucha llorando con voz triste por las noches. Una vez nosotros oímos a La Llorona. Cuando yo era más joven, como a la edad de trece años, íbamos a vender [mercaderías] a la costa allá por Santo Tomás la Unión, por Chocolá, parte de Mazatenango, con mis compañeros en ese tiempo, Abraham Cholotío, Pedro Pérez Mendoza,

Domingo Pérez Hernández (que en paz descanse), y Juan Ujpán Ovalle. Yo era el más patojo de ellos; mi carga era de veinticinco libras de pescaditos secos que vendía a cinco centavos la onza. Mis compañeros vendían cebolla, tomate y garbanzo; la carga la llevaban en lomo de sus bestias (caballos). Recuerdo muy bien que esa vez nos fuimos del pueblo a las cuatro de la mañana; a las tres de la tarde llegamos a Santo Tomás la Unión, pero en ese pueblo no había un lugar para nosotros donde pudiéramos quedarnos. Tuvimos que seguir en el camino hasta Chocolá.

El Día de Ramos terminamos de vender como a las diez de la mañana. Mis compañeros se fueron a Mazatenango a hacer compras; a mí me dejaron cuidando los caballos. Cuando ellos regresaron de Mazatenango, ya era tarde; salimos de Chocolá como a las tres de la tarde. Nos venimos rápido; pasamos el río Nahualate, luego la finca Los Horizontes. Ya eran como las cinco de la tarde. No teníamos carga; los caballos traían las maletas. En la montaña de Paxob, nos entró la noche. Ninguno tenía linterna; el camino era muy angosto. Los caballos tenían mejor vista; caminaron en la oscuridad como caminaron de día. Entonces yo venía agarrado de la cola de caballo; donde el caballo iba, allí iba yo.[30]

Cuando llegamos a un lugar llamado Pacayibal (en español, el Mirador), en el camino pasa un pequeño río. Los caballos no querían pasar; a saber qué es lo que vieron en la oscuridad. Nosotros no vimos nada. Los caballos sintieron el mal que estaba adelante; no querían andar. Allí estuvimos como media hora, muy asustados. No sabíamos qué hacer. Gracias a Dios, atrás de nosotros venían dos señores de una aldea; con sus candiles llegaron a nosotros. Les contamos lo que estaba pasando con nosotros.

Ellos nos dijeron: "¡Tengan cuidado! Aquí sale La Llorona."

Con la claridad de los dos candiles, se alejó el mal. Pasaron los animales y seguimos caminando. Más o menos a cien metros adelante, oímos la voz de una mujer llorando triste. Seguimos caminando, y lloró otra vez con una voz más triste todavía. Nos asustamos mucho, y les pedimos a los dos señores que no nos dejaran en la oscuridad. Mucho nos ayudaron con sus candiles. Esa vez teníamos pensado llegar a San Juan nuestro, pero no fue posible por todo lo que nos pasó en el camino. Tuvimos que quedarnos durmiendo en Pasajquim. Por esa razón, digo que sí existe La Llorona. Se oye la voz de una mujer joven llorando triste.

La Llorona

La Llorona [The Weeping Woman] is an evil power; there are people who do not believe that the evil power exists; this is a natural phenomenon and evil power.[31] During the time that I have lived, in my fifty-five years, I have seen the reality and the experience of the existence of this real fact (*caso*).

Lamentably, life does not smile upon us all; this was the case of Don Juan Lopic, better known as a killer of bulls. He lived with his family in the mountains of Sololá, and his only work was to kill bulls and butcher them so that later they could be sold by the *patrón* [boss].

Leaving for work in the early morning, after several hours' walking, the killer of bulls heard the laments of a woman who wept, wept, and wept, something that he had never heard along those roads, but the killer of bulls kept walking.

Suddenly, the weeping voice was louder, as if with each step that he took, the crying of La Llorona got even closer. At once a tremendous fear overtook him, and he thought it was the end of his life; it was as if it were a cold wind that passed in front of him (the killer of bulls). With his body trembling with horror and with his voice faltering, he began to talk about what had happened to him.

Story by Carlos Abraham Barreno Churunel and Alberto Barreno. Carlos typed this story in the summer of 2006.

Don Juan Lopic went without eating for some days. Don Juan Lopic's *patrón* did not believe what had happened; on the contrary, he took it as a joke, as if it were only a story. Don Juan Lopic, killer of bulls, indeed was affected by this experience because he was no longer productive in his work, because every time he killed a bull, he heard the voice of La Llorona. Don Juan Lopic, killer of bulls, began to get sick, and the *patrón* told him that he would provide him with room and board, which he accepted because he did not want to continue walking by that road.

The *patrón* realized that many people already knew and were commenting about La Llorona, and so he decided to go see how certain that piece of gossip was. He decided to go on that road so well known to the people. The patrón went in the early morning, arriving at the place at about one in the morning, but before arriving, he heard a sound as if someone were bathing (taking a shower), and upon drawing closer, he saw a woman with a long dress and long hair bathing in a small spring of water. Upon seeing her, the patrón said to himself, "This is La Llorona, La Llorona!" As fast as he could, he began to run toward his house, telling all his neighbors that he had seen nothing more and nothing less than La Llorona.

The *patrón* of Juan Lopic began to drink aguardiente, liquor that is drunk in all the towns of Guatemala, and so he died, and all because of seeing La Llorona. Don Juan Lopic, killer of bulls, died afterward, all because of the *susto* [fright] of La Llorona.

End of the story.

La Llorona

La Llorona es un poder del mal; hay gente que no cree que existe el poder del mal; este es un fenómeno natural y poder del mal.[31] Durante el tiempo que he vivido, en mis cincuenta y cinco años, he visto la realidad y la experiencia de la existencia de este hecho real (caso).

Cuento de Carlos Abraham Barreno Churunel y Alberto Barreno. Carlos escribió este cuento a máquina en el verano del año 2006.

Lamentablemente, no a todos nos sonríe la vida; este fue el caso de don Juan Lopic, mejor conocido como el matador de toros. Él vivía con su familia en las montañas de Sololá, y su único trabajo era matar toros y destazarlos para que desde luego pudieran ser vendidos por el patrón.

Saliendo muy de madrugada para su trabajo, después de varias horas de camino, el matador de toros escuchó los lamentos de una mujer que lloraba, lloraba y lloraba, cosa que nunca había oído por esos caminos, mas el matador de toros siguió caminando.

De pronto, la voz del lloro fue más fuerte, como si con cada paso que él daba, se acercaba aún más el llanto de La Llorona. Luego luego le entró un tremendo miedo, y él pensó que era el fin de su vida; fue como si fuera un viento frío que pasaba enfrente de él (el matador de toros). Con el cuerpo tembloroso del horror y con su voz entrecortada empezó a comentar lo que le había pasado.

Don Juan Lopic estuvo sin comer por varios días. El patrón de don Juan Lopic no creyó lo que había sucedido; por lo contrario lo tomó como broma, como si solamente fuera un cuento. Don Juan Lopic, matador de toros, sí fue afectado por esta experiencia porque en su trabajo ya no rendía, porque cada vez que mataba un toro oía la voz de La Llorona. Don Juan Lopic, matador de toros, empezó a enfermarse, y el patrón le dijo que él le daría casa y comida, la cual él aceptó porque ya no quería pasar por ese camino.

El patrón se dio cuenta que ya mucha gente sabía y comentaba sobre La Llorona, y luego decidió ir a ver qué tan cierto era ese pedazo de chisme. Se dispuso a ir en ese camino tan mentado por la gente. El patrón se fue muy de madrugada, llegando al lugar como a la una de la mañana, pero antes de llegar oía [un ruido] como si alguien estuviera bañándose (tomando una ducha), y al acercarse aún más, vio a una mujer con un vestido largo y pelo largo bañándose en un pequeño nacimiento de agua. Al verla el patrón se dijo, "¡Esta es La Llorona, La Llorona!" Tan rápido como pudo, se echó a correr hacia su casa, comentándoles a todos los vecinos que había visto nada más y nada menos que a La Llorona.

El patrón de Juan Lopic empezó a tomar aguardiente, licor que se consume en todos los pueblos de Guatemala, y así murió, y todo por haber visto a La Llorona. Don Juan Lopic, matador de toros, murió después, todo por el susto de La Llorona.

Fin del cuento.

The Old Cemetery

This story is from the old folks of the town. In the past, they say that the dead were buried in the *sitios* [homesites] or on their lands, as the relatives requested. Back then, there was no cemetery, but they say that the dead were seen. Or it is better to say that the dead appeared in the place where they had been buried. The old folks were very scared of walking at night, frightened by the dead.

Later, it was ordered that the dead be buried in the cemetery. Now the old cemetery is found abandoned in the place that is named Pacak'ay. Now no person dares to construct a house in that place out of fear—they say that the dead appear at this place at night. Well, they say that at night in the old cemetery, it seems as if the dead were alive, walking, speaking, and making noise. So, our grandfathers and grandmothers believe that they are the spirits of the dead who were buried there. The people were afraid to pass by this place at night because they say that they saw many dead people who frightened them.

They say that Don Pascual had a girlfriend on the other side of the old cemetery. The little road then passed by the edge of the old cemetery. Out of necessity, Pascual had to pass through there. Many times he returned

Story by the Tz'utujil Diego Pérez, the now deceased father of Pedro Cholotío Temó's wife. Pedro sent this story by mail in the year 2000.

at night because he had lingered with his girlfriend. Once, they say that he returned about ten o'clock at night. Passing along the edge of the old cemetery, when he turned to look, he saw a woman who was weaving in a corner of the cemetery. The [back-strap] loom, they say she had secured to a cypress branch. The woman was happily weaving, but she kept her face hidden. They say that she covered her face with her hair. It could clearly be seen that she was weaving, but you could not see her face.

In a while, Pascual was not scared. But he kept thinking about what he was seeing. He turned his face toward the ground. At once, he turned his sight toward where the woman was weaving, but from then on, he no longer saw anything. The woman had vanished from the place. At that instant, Pascual felt a chill as if someone had tossed water on his back. He felt like his face and feet were swollen, and then he could no longer walk. With great difficulty, he was able to arrive at his house.

They say that they had to perform their cures and *secretos* [magical rites] for him because his spirit had stayed behind in the cemetery with the blessed souls. When Pascual was cured of everything, he put off for some time going to visit his girlfriend. Much later, he missed his girlfriend, but he was not up to going by himself [to visit her]. He had to search for a companion to accompany him.

The next time, they say that Pascual went to see his girlfriend accompanied by a companion, one day (November 1 [All Saints' Day]) at six in the evening. They returned at eight o'clock at night. When they passed by the edge of the old cemetery, they saw a man and a woman seated in another corner. They had made a fire, and on the fire was a clay pot with ears of corn. That is, the man and the woman were cooking ears of corn. Pascual and his companion were struck dumb with their hair standing on end. They were very scared. But because there were two of them, little by little they regained the courage to keep walking to call some people to confirm what they saw in the old cemetery.

They say that some of the neighbors of the town joined together to see what was happening. But when they arrived, they no longer saw anything. All was silent; not even the leaves on the trees moved. They went to pass by where they had seen the man, the woman, and the fire, but they found nothing—not even signs of ashes where they had seen the fire.

It is thought that they were spirits of the dead remembering what they had done in life, but they were only like ghosts, because they later disappeared. They say that the spirit of Pascual stayed behind again in the old cemetery with the blessed souls.

They say that they again performed their cures and *secretos* for Pascual. But nothing was accomplished this time; little by little, he fell sick. His feet, face, and whole body swelled up. Within a year, he died of the *susto* [fright] that befell him near the old cemetery.[32]

At present, this place is planted with coffee trees. But the owners [of the coffee grove] do not dare build their houses [on that land] for fear that the dead will appear there.

El cementerio viejo

Este cuento es de los viejitos del pueblo. Antes, dicen que a los muertos los enterraban en los sitios o en sus terrenos, como pedían los familiares. Entonces, no había cementerio, pero dicen que se miraban los muertos. O vale más decir que aparecían los muertos en el lugar donde los habían enterrado. Los viejitos tenían mucho miedo de andar por las noches, asustados por los muertos.

Después, fue ordenado que los muertos fueran enterrados en el cementerio. Ahora el cementerio viejo se encuentra abandonado en el lugar que se llama Pacak'ay. Ahora ninguna persona se anima a construir su vivienda en ese lugar por temor—dicen que los muertos aparecen por las noches por ese lugar. Pues, dicen que por las noches en el cementerio viejo, parece como si los muertos estuvieran vivos, paseando, hablando y haciendo bulla. Entonces, nuestros abuelos y abuelas creen que son los espíritus de los muertos que estaban enterrados allí. La gente tenía miedo de pasar por las noches en ese lugar porque dicen que vieron muchos muertos que los espantaban.

Dicen que don Pascual tenía una novia al otro lado del cementerio viejo. El caminito entonces pasaba a la orilla del cementerio viejo. Por

Cuento del tz'utujil Diego Pérez, el padre ya difunto de la esposa de Pedro Cholotío Temó. Pedro me mandó este cuento por correo en el año 2000.

fuerza, Pascual tenía que pasar por allí. Muchas veces regresaba de noche porque tardaba con la novia. Una vez, dicen que regresó como a las diez de la noche. Pasando por la orilla del cementerio viejo, cuando volvió a ver, vio a una mujer que estaba tejiendo en una esquina del cementerio. El tejido, dicen que lo tenía sostenido en una rama de ciprés. La mujer estaba tan alegre tejiendo, pero no se dejaba que le vieran la cara. Dicen que la cara la tenía cubierta con el cabello. Bien se miraba que estaba tejiendo, pero no se le podía ver la cara.

En un momento, Pascual no sintió miedo. Pero se quedó pensando qué era lo que estaba viendo. Inclinó [volvió] la cara hacía al suelo. Al momento, volvió la vista donde estaba tejiendo la mujer pero de allí [en adelante], ya no vio nada. La mujer se había desaparecido del lugar. En ese momento, a Pascual se le vino un escalofrío como si alguien le hubiera echado agua en la espalda. Sintió que se le hincharon los pies y la cara, y ya no podía caminar. A duras penas pudo llegar en su casa.

Dicen que tuvieron que hacerle sus curaciones y secretos porque su espíritu se había quedado en el cementerio con las ánimas benditas. Cuando Pascual se curó de todo, dejó por un tiempo de ir a visitar a su novia. Mucho más tarde, se acordó de su novia, pero no se animaba a ir solo [a visitarla]. Tuvo que buscar a un compañero para acompañarlo.

La próxima vez, dicen que Pascual se fue a ver a la novia junto con su compañero, un día (el 1 de noviembre [día de Todos los Santos]) a las seis de la tarde. Regresaron a las ocho de la noche. Cuando pasaban por la orilla del cementerio viejo, vieron a un hombre y a una mujer sentados en otra esquina. Tenían juntado el fuego, y sobre el fuego había una olla de barro con elotes. Es decir, el hombre y la mujer estaban cociendo elotes. Pascual y su compañero se quedaron como mudos, con los pelos parados. Se asustaron mucho. Pero como eran dos, poco a poco recobraron valor para seguir caminando a llamar a unas personas para confirmar lo que ellos vieron en el cementerio viejo.

Dicen que se juntaron algunos vecinos del pueblo para ver lo que estaba pasando. Pero cuando llegaron, ya no vieron nada. Todo era silencio; ni las hojas de los árboles se movían. Fueron a pasar por donde hubieron visto al hombre, la mujer y el fuego, pero nada encontraron—ni señas de cenizas donde habían visto el fuego.

Se piensa que fueron los espíritus de los muertos recordando lo que hicieron en vida, pero fueron solamente como sombras porque luego se desaparecieron. Dicen que el espíritu de Pascual volvió a quedarse en el cementerio viejo con las ánimas benditas.

A Pascual, dicen que le volvieron a hacer sus curaciones y secretos. Pero ya nada se logró; poco a poco cayó enfermo. Se le hincharon los pies, la cara y todo el cuerpo. Al año, se murió del susto que le pasó cerca del cementerio viejo.[32]

Actualmente, este lugar está cultivado de café. Pero los dueños [del cafetal] no se animan a construir sus casas [en ese terreno] por temor a que allí aparezcan los muertos.

The *Dueño* of Death

It is believed that a being exists, the *dueño* [owner, lord] of death. The native people always say that the *dueño* of death leaves the cemetery at night. What I don't know is if we alone, the indigenous people, speak of these things. It could be that the Ladinos have different beliefs. It is said that the *dueño* of death leaves from the cemetery and passes by the homes of the sick, carrying off their spirits to the cemetery, where all the spirits of the dead reside.

This story is very old, told by a gentleman who died twenty-three years ago. He says that when he was growing up, he was very poor because his father died when he was a little boy. Señor Agustín remained with his siblings, but his siblings were also poor. Señor Agustín recounts that when he was a boy he begged for a tortilla in order to satisfy his stomach. At that time there existed the half cent. For him, he says it was a pity to earn only a half cent. To him, it was pleasing to eat some fruits, but he did not have any money to buy them. Out of pure necessity, he had to steal fruit at night from other people's land.

On the homesites of these people, there were beautiful peaches and

---

A *caso* [story believed to be true] by Agustín Chavajay Cox, Tz'utujil of San Juan (Pedro Cholotío Temó's stepfather who reared him and who died twenty-three years ago). Pedro mailed this story to me in 2005.

passion fruit. Because he lived in a village, the houses were very far apart. The peaches and passion fruit provoked the desire to eat. So Agustín used to go out to steal fruit at night without the owners realizing it, because by then they were fast asleep. He spoke of how he calmly climbed the peach trees and chose the ripest peaches, and he did the same with the passion fruit. He tossed them in his *morral de pita* [cord shoulder bag] to nourish his starving stomach. Sometimes he says that he used to trade the fruits for tortillas with other *patojos* [boys]. He says that thus the saddest things of his life happened to him.

One time he said that he left his house; he took the road in order to go rob another homesite. He says that the moon was shining brightly. Agustín said that he was not afraid. When he arrived at the place of the peaches, he climbed a peach tree and ate a few peaches. He was doing this when suddenly he saw a man in the guise of a priest entering the site. He was very tall and he was wearing a cassock, with a book in one hand and a whip in the other.

Agustín says that he froze from great fear. He says that the man in the guise of a priest stopped at the door of the rancho [rustic house], opened a book, then went to one corner and gave it three lashes. He did the same to all four corners of the rancho. Last, he gave four lashes to the door (performing a *secreto* [magical rite]).

The owners of the house were sound asleep; they did not realize what the strange man had done to the corners of the rancho. He says that that strange man stood still for a moment at the door of the rancho. Then he shook his cassock as if he wanted to be lifted in the air, and he left from where he had entered.

When he left on the road, there was a boy with him who was crying. They left, walking. Agustín says that he climbed down from the peach tree and left for the road, watching that priest man with the crying boy. But the strangest thing is what he [the priest man] did to take the spirit of the boy.

That was what he saw. When he continued walking on his way back to his house, he felt a fear that passed through his feet. He felt that someone was following him; he was barely able to arrive at the rancho where he lived. He woke up with a high fever.

The following day at dawn, in that house where Agustín saw that strange priest, a seven-year-old boy died. He says that the parents and neighbors discussed and lamented the death of the boy—he did not get sick; he died a sudden death. He played and ate well the previous day, and at dawn he turned up dead.

When Agustín heard that in that place a little boy had died, he says that he became more seriously ill with a temperature. Moreover, it gave him diarrhea and vomiting. They had to perform many *secretos*, and only then was he cured. But he could not stop thinking about what he had seen, and he told the people what he had witnessed. Many said that it was the *dueño* of the cemetery, or the *dueño* of death, and many commented that they, too, had seen a strange man in the guise of a priest leaving the cemetery.

El dueño de la muerte

Se cree que existe un ser, dueño de la muerte. La gente natural siempre dice que el dueño de la muerte sale del cementerio por las noches. Lo que no sé, es si sólo nosotros, los indígenas, hablamos de estas cosas. Puede ser que los ladinos tienen [tengan] creencias diferentes. Se dice que el dueño de la muerte sale del cementerio y pasa por las casas de los enfermos, llevándose sus espíritus al cementerio, donde están todos los espíritus de los muertos.

Este cuento es muy viejo, contado por un señor que murió hace veintitrés años. Dice que cuando creció, él era muy pobre porque desde chiquito se le murió su papá. El señor Agustín se quedó con sus hermanos, pero también sus hermanos eran pobres. El señor Agustín cuenta que cuando él era niño mendigaba una tortilla para sustentar su estómago. En ese tiempo existía el medio centavo. Para él, dice que era una lástima ganar sólo medio centavo. A él le gustaba comer algunas frutas pero no tenía conque comprarlas. De la pura necesidad, tuvo que robar frutas por la noche de las propiedades de otras personas.

Un caso de Agustín Chavajay Cox, tz'utujil de San Juan (padrastro de Pedro que lo crió y que murió hace veintitres años). Pedro me mandó este cuento por correo en el año 2005.

En los sitios de la gente, había hermosos duraznos y granadillas. Como era en una aldea donde vivía, las casas estaban muy separadas. Los duraznos y las granadillas daban ganas de comer. Entonces, Agustín salía a robar por las noches sin que los dueños se dieran cuenta, porque entonces estaban bien dormidos. Él decía que tranquilo se subía en los duraznales y escogía los duraznos bien maduros, y hacía lo mismo con las granadillas. Los echaba en su morral de pita para sustentar su estómago hambriento. A veces dice que él cambiaba las frutas por tortillas con otros patojos. Dice que así pasaban con él las cosas más tristes de la vida.

Una vez dice que él salió de su casa; agarró camino para ir a robar a otro sitio. Dice que bien alumbraba la luna. Agustín decía que él no sentía miedo. Cuando llegó al lugar de los duraznos, se subió al duraznal y se comió unos cuantos duraznos. En eso estaba cuando de repente vio a un hombre en forma de sacerdote entrando en el sitio. Era bien alto y tenía puesta una sotana, con un libro en una mano y un chicote en la otra.

Agustín dice que se quedó helado del gran miedo. Dice que el hombre en forma de sacerdote se paró en la puerta del rancho, abrió un libro, luego se fue a una esquina, y le dio tres chicotazos. Así hizo con las cuatro esquinas del rancho. Por último, le dio cuatro chicotazos en la puerta (haciendo un secreto [rito mágico]).

Los dueños de la casa estaban muy dormidos; no sintieron lo que hizo aquel hombre extraño en las esquinas de la casa. Dice que aquel extraño quedó parado por un momento en la puerta del rancho. Entonces, sacudió la sotana como que [si] quería [quisiera] levantarse en el aire, y salió por donde había entrado.

Cuando salió en el camino, con él había un niño que estaba llorando. Se fueron caminando. Agustín dice que se bajó del duraznal y salió hacia el camino viendo a aquel hombre sacerdote con el niño llorando. Pero lo más extraño es cómo hizo él [el hombre sacerdote] para tomar el espíritu del niño.

Eso fue lo que él vio. Cuando él siguió caminando de regreso para su casa, sentía un miedo que le pasaba por los pies. Sentía que alguien le estaba siguiendo; apenas pudo llegar al rancho donde vivía. Amaneció con una fiebre muy fuerte.

Al día siguiente cuando amaneció, en una casa donde Agustín vio aquel extraño sacerdote, se murió un niño de siete años. Dice que los padres y vecinos comentaban y lamentaban la muerte del niño—él no se enfermó; se murió de una muerte repentina. Jugó y comió bien el día anterior, y al amanecer apareció muerto.

Cuando Agustín oyó que en ese lugar murió un patojo, dice que se puso más grave con una temperatura. Además, le dio diarrea y vómitos. Le tuvieron que hacer muchos secretos, y sólo entonces se curó. Pero no se le quitaba de la mente lo que había visto, y le contó a la gente lo que había presenciado. Muchos dijeron que era el dueño del cementerio, o dueño de la muerte, y muchos comentaron que también habían visto salir del cementerio a un hombre extraño en forma de sacerdote.

The Stonecutter and the Tree of Fortune

In a Mayan town lived a *cantero*, a person who dedicated himself to carving rocks. José (Chepe), the *cantero*, was a very pleasant man and respected other people as equals. He did not feel envy; he was a peaceful man. The greatest thing he missed out on in life was being able to go to school. For that reason, he was not able to look for a job, but he had hopes of being able to do something good because he thought of his family and at the same time of enjoying a better life.

"You, María, you will look after the household; I have to work hard in order to make a little money so that when we have a child, we can give him a little education so he does not suffer as we are suffering." So Chepe dedicated himself to splitting rocks to sell, and he did that for some time. But that work is very hard.

One time Chepe was quarrying stones near a big *amate* (or *metapalo* [a corpulent strangler fig tree whose bark served the pre-Hispanic Indians for making paper]), and José said in his happy heart, "I will rest a moment under this tree so that my poor body receives a bit of its shade." Chepe left his work and moved to the shade of the fig tree without knowing if it was an enchanted tree. José, marveling at its shade, put his sombrero over his face and slept.

Pedro Cholotío Temó sent me this story by mail in 2005.

In a dream, he saw that the tree opened and out came a handsome young man dressed in white. He spoke to José, saying, "Your work is very hard and out in the sun. On the other hand, fortune is here under this tree; there is gold and there is silver. This I am able to give you, but you have to come to visit me four times at twelve midnight." This was what Chepe dreamed under the big *metapalo* (or *amate*).

José woke up from his dream without taking seriously what he had dreamed, thinking that it was a nightmare. He continued his work until sunset. When he lay down in the bed thinking about what he had dreamed, every time he dozed off he felt as if he were under the fig tree, talking with the young man.

Chepe, little by little, forgot about what had happened to him, but he dreamed the same thing again. He dreamed that he was under the fig tree and that the tree opened and the young man came out again. He told José that under this tree was a fortune, that he only had to make four visits to obtain gold and silver.

Then José plucked up the courage to visit the tree of fortune four times each midnight. Thus it was for some time. One time that he passed by the fig tree, he picked up a little coin of gold; further on he picked up another little coin of silver, just as he had dreamed.

During the night, when he was sleeping, in the dream they told him what he had to do: "The fortune you already have in your hands. Well, this fortune you have to share with the poor, with the beggars, with the blind, even with the drunks. You are going to give a little of this fortune away so that it may go well for you."

Chepe began to work with the money of the tree of fortune. He became rich. He forgot about his work as a stonecutter. But José did not do what the *dueño* [owner] of the enchanted tree had said. With much contempt, José looked on the poor people, the blind, and even more, the drunks. He used up the entire fortune of the enchanted tree.

One time, the young man of the enchanted tree took the appearance of a young blind person; he approached the house of José, asking for a handout. Chepe, angry, came out and told the blind man, "My money is not for beggars or the blind. Go away!" he told the blind man.

The young blind man told him, "I am not really a blind person. I am the young *dueño* of the fortune of the enchanted fig tree. I have come to see how you conduct yourself with the poor. Now the gold and silver are going to go back to the foot of the fig tree." And thus it was; the gold and silver disappeared. Poor Chepe had to return to his work as a stonecutter for having forgotten to share the wealth with the poor.

El cantero y el árbol de la fortuna

En un pueblo maya vivía un cantero, una persona que se dedicaba a labrar piedras. José (Chepe), el cantero, era un hombre muy amable y respetaba a las personas por igual. No sentía envidia; era un hombre tranquilo. Lo más grande que se perdió en su vida era que no pudo estudiar. Mas por eso no podía buscar un empleo, pero tenía la esperanza de poder hacer algo bueno porque pensaba en su familia y a la misma vez disfrutar una vida mejor.

"Vos [Tú], María, vos vas a cuidar las cosas de la casa; yo tengo que trabajar duro para obtener un poco de dinero para que cuando tengamos un hijo, podamos darle un poco de educación para que no sufra lo que nosotros estamos sufriendo." Entonces Chepe se dedicó a rajar piedras para vender, y así hizo por un tiempo. Pero ese trabajo es muy duro.

Una vez Chepe estaba canteando piedras cerca de un gran árbol de amate (o metapalo [árbol corpulento cuya corteza sirvió a los indígenas prehispánicos para fabricar papel]), y José decía en su corazón dichoso, "Yo descansaré un momento debajo de este árbol para que mi pobre cuerpo reciba un poco de su sombra." Chepe dejó el trabajo y se fue a la sombra del amate sin saber si era un árbol encantado. José, maravillado de la sombra, se puso el sombrero en la cara y se durmió.

En un sueño, vio que el árbol se abrió y salió un joven hermoso vestido de blanco. Le habló a José, diciendo, "Tu trabajo es muy duro y debajo del sol. En cambio, aquí hay fortuna debajo de este árbol; hay oro y hay plata. Esto te lo puedo dar, pero tienes que venir a visitarme cuatro veces a las doce de la noche." Esto fue lo que soñó Chepe debajo del gran metapalo (o amate).

José despertó del sueño sin darle importancia a lo que había soñado,

Pedro Cholotío Temó me mandó este cuento por correo en el año 2005.

pensando que era una pesadilla. Siguió su trabajo hasta la puesta del sol. Cuando se acostó en la cama pensando en lo que había soñado, cada rato que se dormía sentía que estaba debajo del amate, platicando con el joven.

A Chepe, poco a poco, se le quitó de la mente lo que había pasado con él, pero volvió a soñar la misma cosa. Soñó que él estaba debajo del amate y que se abrió el árbol y volvió a salir el joven. Le dijo a José que debajo de este árbol había una fortuna, que él solamente tenía que hacer cuatro visitas para obtener oro y plata.

Entonces José se animó a visitar el árbol de la fortuna cuatro veces cada medianoche. Así quedó por un tiempo. Una vez que pasó por el amate, pepenó una monedita de oro; más adelante pepenó otra monedita de plata, tal como lo había soñado.

Por la noche cuando estaba durmiendo, en el sueño le dijeron lo que tenía que hacer: "La fortuna ya la tienes en tus manos. Pues, esta fortuna hay que compartirla con los pobres, con los mendigos, con los ciegos, hasta con los borrachos. Les vas a dar un poquito de esta fortuna para que te vaya bien a ti."

Chepe comenzó a trabajar con el dinero del árbol de la fortuna. Se hizo rico. Se olvidó de su trabajo de cantero. Pero José no hizo lo que le había dicho el dueño del árbol encantado. Con mucho desprecio José miraba a los pobres, a los mendigos, y aún peor, a los borrachos. Se valía de toda la fortuna del árbol encantado.

Una vez el joven del árbol encantado tomó la apariencia de un joven ciego; se acercó a la casa de José, pidiendo una limosna. Chepe, enojado, salió y le dijo al ciego, "Mi dinero no es para los mendigos ni para los ciegos. ¡Afuera!" le dijo al ciego.

El joven ciego le dijo, "No soy un ciego de verdad. Soy el joven dueño de la fortuna del amate encantado. He venido para ver cómo te comportas con los pobres. Ahora el oro y la plata se van a regresar al pie del amate." Y así fue; se desapareció el oro y la plata. El pobre Chepe tuvo que regresar a su trabajo de cantero por haber olvidado compartir la riqueza con los pobres.

An Old K'iche' Story

It is said that in the world, there are men and women of great strength, in other words, with very strong *naguales*, but they have it from birth. It is a gift from Mother Nature. But it is said that that strength is requested when the mother is pregnant. The mother is taken to the hills or centers of the *aj kumes*, or shamans, to celebrate the sacrifice to the Santo Mundo [Sacred World], requesting it to give them a son of great strength who will be a winner who has the power to do many things.

This is a story by Don Juan Gonzáles Choror. He says that when a woman is pregnant, three *costumbres* [rituals] are performed and a fourth when the child is born and is presented on the hill in order to receive the power of Mother Nature, in other words, the Santo Mundo. But before the child is born, the mother has to be well looked after by the parents-in-law or by her parents. They cannot let her go out alone. She has to be accompanied by a member of the family. After six in the evening, they cannot let her go out in the street so that she is not tempted by an evil spirit.

In Santa Clara la Laguna lived an Indian of the K'iche' *raza* [ethnic group] who had seven powers or seven *naguales*, and he could convert himself into seven beings. He liked to bet with people from other towns.

Story by Juan Gonzáles Choror, retold by Pedro Cholotío Temó, who sent it to me by mail in the winter of 2007.

With his teeth, he would lift up a table and would switch the place of things; he did not do it with his hands, he did it with his teeth. The people loved this man a lot because he had no family, nor did he drink aguardiente or smoke cigarettes. He lived by himself in a *ranchito* [rural shack, generally made of cane or poles, with a palm-tree leaf roof].

Don Juan says that he did not know that man, but his dad and his grandparents were the ones who knew him. He was a hunter. When he wanted to hunt any animal he disappeared in the air, and in a few hours he would bring a deer, a *tepescuinte* [brown rodent with black stripes on its back], or whatever animal he wanted to hunt. And the meat he gave to the people.

He was a fisherman. When he wanted to fish, he disappeared into the lake, and later he came out with good fish. When he wanted to travel to the coast, he disappeared in the air, and in few hours he returned with good fruits from the coast. But everything he gave to the people of the town.

They thought of him as a sage and a defender of the Maya K'iche' people. He predicted the future; he could cure illnesses with the power of his hands without using medicine. When this man died, the town mourned him for a long time. He was buried in the cemetery of Santa Clara la Laguna. In those days, Palestina, Panyevar, and Pasajquim, villages of San Juan la Laguna, lacked cemeteries, so the dead from those three villages were buried in Santa Clara because it was more expensive to carry the dead all the way to San Juan because the road was dangerous.

The parents and grandparents of Don Juan were from Panyevar. Don Juan was also born and raised in Panyevar, but now he lives in town and is eighty-two years old. Then, Juan says that when a *principal* [elder] of the Panyevar village called Miguel Jorge died, the people of the village went to dig the grave of the deceased in the same place where they had buried the sage of Santa Clara. They found his cranium and took it out of the tomb, and inside of the bone, they found a small ball of gold. It was an alarm in the entire town, and they believed that these were the bones of Señor Tomás Sac, which was his name. The people of the town meditated and thought that the ball of gold was the brain of the dead man; it was a very strange thing. The authorities ordered that they rebury the bones and the ball of gold that was in the bones of the cranium.

This is a true story.

Un viejo cuento k'iche'

Se dice que en el mundo hay hombres y mujeres de mucha potencia, es decir, con naguales muy fuertes, pero lo traen de nacimiento. Es un regalo de la madre naturaleza. Pero se dice que esa potencia se pide cuando la madre está embarazada. La madre se lleva a los cerros o centros de los *aj kumes*, o chamanes, a celebrarle el sacrificio al Santo Mundo, pidiéndole que les dé un hijo de mucho poder y que sea un vencedor que tenga el poder de hacer muchas cosas.

Este cuento es de don Juan Gonzáles Choror. Dice que cuando una mujer está embarazada, se hacen tres costumbres y una cuarta costumbre cuando nace el niño y es presentado en el cerro para recibir el poder de la madre naturaleza, en otras palabras, el Santo Mundo. Pero antes de nacer el niño, la madre tiene que ser bien cuidada por los suegros o por sus padres. No pueden dejarla salir sola. Tiene que ser acompañada por un miembro de la familia. Después de las seis de la tarde, no pueden dejarla salir a la calle para que no sea tentada por un mal espíritu.

En Santa Clara la Laguna vivía un natural de *raza* [grupo étnico] k'iche' que tenía siete poderes o siete naguales, y se convertía en siete seres. Le gustaba apostar con gente de otros pueblos. Con sus dientes levantaba una mesa y cambiaba el lugar de las cosas; no lo hacía con las manos, lo hacía con los dientes. A ese hombre lo quería mucho la gente porque no tenía familia, ni tomaba aguardiente ni fumaba cigarros. Vivía solo en un ranchito [cabaña rural pequeña, generalmente hecha con cañas o varas, y techo de palma].

Don Juan dice que él no conoció a ese hombre, pero su papá y sus abuelos fueron los que lo conocieron. Era un cazador. Cuando él quería cazar algún animal, se desaparecía en el aire, y en pocas horas traía un venado, un *tepescuinte* [roedor color castaño con rayas negras en su es-

---

Cuento de Juan Gonzáles Choror, recontado por Pedro Cholotío Temó, quien me lo mandó por correo en el invierno del año 2007.

palda] o cualquier animal que él quería cazar. Y la carne se la regalaba a la gente.

Era pescador. Cuando él quería pescar, se desaparecía en el lago, y al rato salía con buenos pescados. Cuando él quería viajar a la costa, se desaparecía en el aire, y en pocas horas regresaba con buenas frutas de la costa. Pero todo se lo regalaba a la gente del pueblo.

Lo tenían como un sabio y defensor de la gente maya k'iche'. Pronosticaba el futuro; podía curar las enfermedades con el poder de sus manos sin usar medicina. Cuando este hombre murió, el pueblo lo lloró por mucho tiempo. Fue enterrado en el cementerio de Santa Clara la Laguna. En ese tiempo, Palestina, Panyevar y Pasajquim, aldeas de San Juan la Laguna, carecían de cementerios, entonces a los muertos de esas tres aldeas los enterraban en Santa Clara porque era más costoso llevar los muertos hasta San Juan porque el camino era peligroso.

Los padres y abuelos de don Juan eran de Panyevar. Don Juan también nació y creció en Panyevar, pero ahora vive en el pueblo y cuenta ochenta y dos años de edad. Entonces, dice don Juan que cuando murió un principal de la aldea Panyevar que se llamaba Miguel Jorge, la gente de la aldea fue a abrir la sepultura del difunto en ese mismo lugar donde habían sepultado al sabio de Santa Clara. Encontraron el cráneo y lo sacaron de la tumba, y adentro del hueso encontraron una pequeña bola de oro. Fue una alarma en toda la población, y creyeron que eran los huesos del señor Tomás Sac, el cual era su nombre. Las personas del pueblo meditaron y pensaron que la bola de oro era el cerebro del muerto; fue una cosa muy extraña. Las autoridades ordenaron que se volvieran a enterrar los huesos y la bola de oro que estaba en los huesos del cráneo.

Este cuento es real.

The Disobedient Boy
An Old Story

Don Juan says that our parents and grandparents were role models, but they did not use books to instruct their sons and daughters. They searched for means and they invented stories as a method of examples so that their sons and daughters, grandsons and granddaughters would not fall into laziness or bad habits.

Don Juan says: "Now the people are forgetting the stories. There are stories now, but they are no longer the same as the stories of our grandparents. Now the instruction of the children is by means of books and teachers. Not in the past; the grandfathers and grandmothers instructed their children and grandchildren by means of chats or stories; these were much used in the Mayan towns but are now being left in oblivion."

In the past, says Don Juan, there lived a lazy boy (idler) who did not want to work or take a bath. When his father sent him to work, he would go to sleep under the trees. One day his father told him to go look for a little firewood. The boy left unwillingly, and he said to himself, "I want to meet and see the devil so that he will help me look for firewood." Thus that bad thought entered [his mind], that he wanted to see and meet the

Story by Juan Gonzáles Choror. Pedro Cholotío Temó sent me this story by mail in the winter of 2007.

devil so that he would give him a hand and so he would not suffer anymore because of his chores.

One day, the boy abandoned his parents. He left the house because of laziness, and he went in search of evil (the devil) to be his friend and so that he would help him not to suffer because of the chores of this world. The boy, walking and walking, thought, "Where do I find the devil?" He went to sit on the porch of a cantina where there were drunkards, men and women drinking and saying bad words, doing the works of evil. The boy said, "Here is the devil. I hope he comes out so that I can speak with him," but the devil was not in the cantina. All the drunkards lay down, one on top of another, and he did not see the devil.

Right away, they say that he said, "I will go with the prostitutes because those women also do the work of evil." And he went to a place where the prostitutes worked, and he sat down there watching the men entering and leaving with the women. The boy said to himself, "One of those men is the devil." But they say that there he did not succeed in seeing the devil. He was thinking and saying, "I have not succeeded in speaking with evil; I want to see him and speak to him so I will do the chores more easily and not suffer like my father."

In a dream, the devil appeared to him in the form of a person who said to him, "If you want to meet me, with much pleasure we will chat, but look for me at the door of the church. I will be there tomorrow; I will take the form of a thin, tall, blond young man with teeth of gold."

The following day, the boy walked toward the door of the church. There he saw the boy just like he had dreamed it. Then he spoke to him, saying, "You are the devil," and Don Juan says that he replied to him, "Yes, I am."

The boy said to him, "For days I have been searching for you; I searched for you in the cantinas; I was searching for you among the prostitutes and in many places, and only now do I succeed in speaking with you in person."

The devil said to him, "Why do you look for me among the drunkards, and why do you look for me among the prostitutes? They are my workers; it is not necessary that I be with them. They already know their work. I look for new workers; now I am at the door of this church, waiting for people. When they leave, I will get into their hearts and into their heads so that they will be my workers of evil. Now, if you want to be with me, you will be one of my workers. I will give you lots of money, but on the condition that you have to give me your body and your spirit. In return, I will give you all the pleasures of this world."

The boy asked the devil, "What type of work am I going to do?"

"Well," said the devil, "first you are going to kill your dad and your mom, and with their blood I will feed myself."

The boy answered him, "No, I cannot kill my parents; it is a sin."

The devil said to him again, "For me there is no sin; you have to do what I tell you. You have to go with the prostitutes. From now on you are my worker."

The boy said, "No, I am afraid, and it is a sin to get involved with those women."

In the last opportunity that he gave the boy, he said, "I will give you gold; I will give you silver and lots of money so that you do not lack for anything." He left him a ring of gold to put underneath his pillow, where the money would appear every day.

The lazy boy began to live the evil life. With the money of evil, he began to get drunk. Already a drunkard, he got involved with the women; it was an unpleasant life. Because of drunkenness, he killed his dad and his mom, the way the devil had told him to. Like that he ended up in jail for the rest of his life.

El muchacho desobediente

Un viejo cuento

Don Juan dice que nuestros padres y abuelos eran ejemplares, pero no usaban libros para formar a sus hijos e hijas. Buscaban medios e inventaban cuentos como un medio de ejemplos para que sus hijos e hijas, nietos y nietas no cayeran en la pereza ni en los malos vicios.

Cuento de Juan Gonzáles Choror. Pedro Cholotío Temó me mandó este cuento por correo en el invierno del año 2007.

Don Juan dice: "Ahora la gente se está olvidando de los cuentos. Ahora hay cuentos, pero ya no son iguales como los cuentos de nuestros abuelos. Ahora la instrucción de los hijos es por medio de libros y maestros. Antes no; los abuelos y abuelas formaban a sus hijos y nietos por medio de pláticas o cuentos; estos se utilizaban mucho en los pueblos mayas, pero ahora se están dejando en el olvido."

Antes, dice don Juan que vivía un muchacho perezoso (haragán) que no quería trabajar ni bañarse. Cuando su padre lo mandaba a trabajar, él se iba a dormir debajo de los árboles. Un día, su padre le dijo que fuera a buscar un poco de leña. El muchacho se fue con malas ganas, y en su interior decía, "Yo quiero conocer y ver al diablo para que él me ayude a buscar la leña."

Así le entró [en su mente] ese mal pensamiento, que él quería ver y conocer al diablo para que le diera una mano y no sufriera más por los trabajos.

Un día, ese muchacho abandonó a sus padres. Salió de la casa a causa de la pereza, y se fue en busca del mal (diablo) para ser su amigo y para que le ayudara a no sufrir por los trabajos de este mundo. El muchacho, andando y andando, pensó, "¿Dónde encuentro al diablo?" Se fue a sentar en el corredor de una cantina donde había bolos, hombres y mujeres tomando y diciendo malas palabras, haciendo las obras del mal. El muchacho dijo, "Aquí está el diablo. Espero que salga para hablarle," pero el diablo no estaba en la cantina. Todos los bolos se acostaron uno sobre otro, y no vio al diablo.

En seguida, dicen que dijo, "Voy con las prostitutas porque también esas mujeres hacen el trabajo del mal." Y se fue a un lugar donde trabajaban las prostitutas, y se sentó allí viendo a los hombres entrando y saliendo con las mujeres. El muchacho se decía entre sí, "Alguno de esos hombres es el diablo." Pero dicen que allí no logró ver al diablo. Él estaba pensando y diciendo, "No he logrado hablar con el mal; yo quiero verlo y hablarle. Así haré los trabajos más fácilmente y no sufriré como mi padre."

En un sueño, se le presentó el diablo en la forma de una persona que le decía, "Si quieres conocerme, con mucho gusto platicaremos, pero búscame en la puerta de la iglesia. Yo estaré allí mañana; tomaré la forma de un joven delgado, alto, rubio, con dientes de oro."

Al siguiente día, el muchacho caminó hacia la puerta de la iglesia. Allí vio al muchacho tal como lo había soñado. Luego le habló, diciendo, "Tú eres el diablo," y Don Juan dice que le contestó, "Sí, yo soy."

El muchacho le dijo, "Hace días que te estoy buscando; te busqué en las cantinas; te estuve buscando entre las prostitutas y en muchos lugares, y hasta ahora logro hablar contigo en persona."

El diablo le dijo, "¿Por qué me buscas entre los bolos, y por qué me buscas entre las prostitutas? Ellos son mis trabajadores; no es necesario que yo esté con ellos. Ya saben su trabajo. Yo busco nuevos trabajadores; ahora estoy en la puerta de esta iglesia, esperando a la gente. Cuando salgan, me meteré en el corazón y en la cabeza de ellos para que sean mis trabajadores del mal. Ahora, si vos [tú] quieres estar conmigo, serás uno de mis trabajadores. Te daré mucho dinero pero con la condición de que me tienes que entregar tu cuerpo y tu espíritu. A cambio, te daré todos los placeres de este mundo."

El muchacho le preguntó al diablo, "¿Qué tipo de trabajo voy a hacer?"

"Bien," dijo el diablo, "primero vas a matar a tu papá y a tu mamá, y con la sangre de ellos me alimentaré."

El muchacho le contestó, "No, yo no puedo matar a mis padres; es pecado."

El diablo volvió a decirle, "Para mí no hay pecado; tienes que hacer lo que yo te diga. Tienes que ir con las prostitutas. Desde ahora eres mi trabajador."

El muchacho le dijo, "No, tengo miedo, y es pecado meterme con mujeres."

En la última oportunidad que le dio al muchacho, le dijo: "Te daré oro; te daré plata y mucho dinero para que no te falte nada." Le dejó una sortija de oro para meterla debajo de su almohada, donde aparecería el dinero todos los días.

El muchacho haragán comenzó a vivir la mala vida. Con el dinero del mal comenzó a emborracharse. Ya borracho, se metía con las mujeres; era una vida desagradable. A causa de su borrachera, mató a su papá y a su mamá, tal como le había dicho el diablo. Así, terminó la vida en la cárcel por causa de la pereza.

The Co-mother and Her Fortune

In my town, San Juan la Laguna, there are many hills; among them is the Cristalín (in Spanish) Hill that is found on the northwestern side of the town. Our parents and grandparents had a lot of respect for it because they say that on the K'istalin (in Tz'utujil) Hill there is much fortune because it is an enchanted hill and a legacy of nature.

On this hill, our ancestors offered many sacrifices to ask for the profits of life. Currently, the place where the ancient Maya made the sacrifices is on the side of the hill, but all has changed because of [other] religions. Few are the persons who go to this place. But it is said that on that enchanted hill there is good fortune; our parents said that in that place there are deposits of honey.

There is a story that is called "The Co-Mother and Her Fortune." Long ago, but very long ago, two women who were *comadres* [co-mothers, god-mothers] lived in the town.[33] One of them was a vendor of honey; the other was extremely poor. The *comadre* who sold honey of bees lived happily; she hardly suffered as the poor *comadre* suffered, who spent her time washing clothes and grinding cornmeal for people.

Rosario Ujpán Cholotío, a Tz'tujil Maya who is eighty-three years of age, told this story to Pedro Cholotío. He sent it to me by mail in the fall of 2007.

Well, they say that the rich *comadre* had her great fortune because she would go and bring honey of bees from inside the enchanted hill of K'istalin. They say that that woman surprised the people of the town. "Where did she get the honey?" [they wondered]. She did not have an apiary; that is to say, a beehive. The honey that she sold she took out of K'istalin Hill. The jars that she used to carry the honey were made out of clay, but they were enchanted, because they did not break.

The poor *comadre* wanted to ask her [rich] *comadre* how she found and from where she took out the honey; she would pluck up the courage and lose the courage to ask her. Finally, the poor *comadre* went to the house of her [rich] *comadre*, carrying a jug of chicha. (Chicha is a fermentation of *jocotes* [yellow, plum-like fruit], cracked corn, peaches, and brown or yellowish sugar that is put in a clay vat with water. They keep it for eight days. It is served at fiestas; the juice of this ferment intoxicates people.)

Well, that is the way it was, the poor *comadre* arrived at the house of her [rich] *comadre* and they began to drink the chicha. The two *comadres* felt tipsy. The poor *comadre* comes and says to her *comadre*: "So, *comadre*, what do you do to extract the honey? Can you show me so I can sell bee honey? I want to get out of the poverty that I am suffering in my life. I cannot stand my back pain any longer, and my hands are very tired from so much washing clothes and grinding cornmeal. I want you to help me with your fortune."

The rich *comadre* was feeling good because of the chicha she had drunk, and she answered like this: "*Comadre*, I have a fortune, but I have had my fortune since birth. I bring the honey that I sell from an enchanted hill. I call the *dueño* [owner, lord] of the enchantment, and he comes to get me. Together we descend three flights of steps from the entrance to where the deposits of honey are. When I call the lord and master of the enchantment, I say the following: 'Come, Lord of white hair, of white beard, of white eyelashes and Lord of the hands of gold,' [and] he appears and takes me to the deposits of honey. The bees do not sting or bother me."

One day, they say that the two *comadres* went to the enchanted hill that is the K'istalin Hill. They say that when they arrived at the K'istalin Hill, the [rich] *comadre* called out to the *dueño* of the enchantment. Then a great noise like an earthquake was heard, and in a little while, the *dueño* of the enchantment appeared. He took them to where the honey was, and the señora told him, "Lord, now we are two; my *comadre* also wants a little honey. She does not have anything to eat."

They say that they went down three flights of steps until they reached the place of the honey. Each of them filled two jars. The poor *comadre* did not know what she did in order to leave. When she became aware [of where she was], they already were in a place where one could walk well. The two carried two jars of honey apiece. They told her not to tell anyone because this was her fortune alone. But the poor *comadre* came to tell her relatives what had happened to them. Then they say that the people realized where those two women extracted the honey.

The poor *comadre* now felt happy because she sold a lot of honey in the towns. So it was; the poor *comadre* went alone to get the honey in the enchanted hill. One day, it is said that she did not return. Two days went by; three days went by. Then the family began to look for her in many places, but they did not find her. The rich *comadre* went to the enchanted hill to look for her *comadre*. With her went many townspeople. The people went down three flights of steps from the entrance with big ropes of *maguey*. [When they found the poor *comadre*,] the woman had been turned to stone. They say that in that place one can see the stone in the shape of a woman. It is thought that the woman cried when she turned to stone. They say that from the stone statue, teardrops fell, and from her mouth bees left and entered.

The old folks say that hill is very sacred, and they show much respect for it. But everything has changed. Few old folks remain who go to the K'istalin Hill to present their offerings.

La comadre y su fortuna

En mi pueblo, San Juan la Laguna, hay muchos cerros; entre ellos está el cerro Cristalín (en español) que se encuentra en el lado noroeste del pueblo. Nuestros padres y abuelos le tenían mucho respeto porque dicen

Rosario Ujpán Cholotío, una maya tz'utujil de ochenta y tres años de edad, le contó este cuento a Pedro. Él me lo mandó por correo en el otoño del año 2007.

que en el cerro K'istalin (en tz'utujil) hay mucha fortuna, porque es un cerro encantado y una herencia de la naturaleza.

En ese cerro nuestros antepasados ofrecían muchos sacrificios para pedir por los logros de la vida. Actualmente, el lugar donde los antiguos mayas ofrecían sacrificios está en la falda del cerro, pero todo ha cambiado por las [otras] religiones. Son pocas las personas que llegan a ese lugar. Pero se dice que en ese cerro encantado hay buena fortuna; nuestros padres decían que en ese lugar hay depósitos de miel.

Hay un cuento que se llama "La comadre y su fortuna." En los tiempos de antes, pero muy antes, vivían dos mujeres en el pueblo que eran comadres.[33] Una era vendedora de miel; la otra era extremadamente pobre. La comadre que vendía miel de abejas vivía muy feliz; casi no sufría como sufría la comadre pobre que se la pasaba lavando ropa y moliendo nixtamal para la gente.

Pues, dicen que la comadre rica tenía su gran fortuna porque salía y traía miel de abejas de adentro del cerro encantado K'istalin. Dicen que esa mujer sorprendió a la gente del pueblo. "¿De dónde traía la miel?" [se preguntaban]. No tenía apiario; es decir, no tenía colmena. La miel que vendía la sacaba del cerro K'istalin. Las tinajas que usaba para traer la miel eran de barro, pero estaban encantadas porque dicen que no se quebraban.

La comadre pobre quería preguntarle a su comadre [rica] que cómo la encontraba y de dónde sacaba la miel; se animaba y se desanimaba a preguntarle. Al fin, la comadre pobre se fue a la casa de su comadre [rica], llevándose un jarro de chicha. (Chicha es un fermento de jocotes [frutas amarillas parecidas a las ciruelas], maíz quebrado, durazno y panela; lo ponen dentro de una tinaja de barro con agua. Lo conservan por ocho días. Se sirve en las fiestas; el jugo de este fermento embola a las personas.)

Pues, así fue; la comadre pobre llegó a la casa de su comadre [rica] y comenzaron a tomar la chicha. Las dos comadres ya se sentían alegronas. La comadre pobre viene y le dice a su comadre: "Entonces, comadre, ¿cómo hace usted para sacar la miel? ¿Puede usted enseñarme a mí para que yo pueda vender miel de abejas? Yo quiero salir de la pobreza que estoy sufriendo en mi vida. Ya no aguanto el dolor en mi espalda, y mis manos están muy cansadas de tanto lavar [ropa] y moler nixtamal. Quiero que usted me ayude con su fortuna."

La comadre rica se sentía alegre por la chicha que se había tomado, y le contesta así: "Comadre, yo tengo una fortuna, pero mi fortuna la he tenido de nacimiento. La miel que vendo la traigo de un cerro encantado. Yo llamo al dueño del encanto, y él me viene a traer. Junto nos bajamos hasta tres gradas del portal donde están los depósitos de miel. Cuando yo llamo al dueño y señor del encanto, digo así: 'Venga, Señor de pelos blancos, de barba blanca, de pestañas blancas y Señor de las manos de oro,' [y] se aparece y me lleva al depósito de miel. Las abejas no me pican ni me molestan."

Un día dicen que las dos comadres se fueron al cerro encantado que es el cerro K'istalin. Dicen que cuando llegaron al cerro K'istalin, la comadre [rica] llamó al dueño del encanto. Luego se oyó un gran ruido como un temblor de tierra, y al ratito apareció el dueño del encanto. Se las llevó donde se encuentra la miel, y la señora le dijo, "Señor, ahora somos dos; mi comadre también quiere un poco de miel. Ella no tiene nada para comer."

Dicen que bajaron las tres gradas hasta llegar al lugar de la miel. Ellas llenaron dos tinajas cada una. La comadre pobre no supo cómo hizo para salir. Cuando se dio cuenta [de donde estaban], ya estaban en un lugar donde se podía caminar bien. Las dos trajeron dos tinajas de miel cada una. Le dijeron que no se lo contara a nadie porque esta solamente era su fortuna. Pero la comadre pobre vino a contarles a sus familiares lo que había pasado con ellas. Luego dicen que la gente se dio cuenta de donde sacaban miel esas dos mujeres.

La comadre pobre ya se sentía feliz porque vendía mucha miel en los pueblos. Así fue; la comadre pobre se iba sola a sacar la miel en el cerro encantado. Un día, se dice que no regresó. Pasaron dos días; pasaron tres días. Entonces la familia comenzó a buscarla en muchos lugares pero no la encontraron. La comadre rica se fue al cerro encantado a buscar a su comadre. Con ella se fue mucha gente del pueblo. La gente bajó las tres gradas del portal con grandes lazos de maguey. [Cuando encontraron a la comadre pobre,] la mujer se había convertido en piedra. Dicen que en ese lugar se puede ver la piedra en forma de una mujer. Se piensa que la mujer lloró cuando se convirtió en piedra. Dicen que de la estatua de piedra caían lágrimas y de la boca salían y entraban abejas.

Los viejitos dicen que ese cerro es muy sagrado, y le guardan mucho respeto. Pero todo ha cambiado. Quedan pocos los viejitos que van al cerro K'istalin para ofrecer sus ofrendas.

Notes

INTRODUCTION: CULTURAL AND HISTORICAL BACKGROUND TO THE STORIES

1. In the Mesoamerican literature, Tollán also is spelled Tollan and Tolán. Sometimes it is a synonym for Tula, the capital city of the Toltecs (Acosta 1968:10; Helms 1975:89). According to Karl Taube (1993:10), the site of Tula in Central Mexico is the legendary Tollán, the capital of the Toltecs ruled by Topiltzin Quetzalcoatl, the human counterpart of the great god Quetzalcoatl. In Aztec mythology, it is difficult to sort out fact from fiction, but a story found in documents that Robert Chadwick (1971:475) examined indicates that Quetzalcoatl was enthroned as priest and king at a place called Tollan. One meaning of a "Tollan" is a place where Quetzalcoatl once lived (Chadwick 1971:502). Quetzalcoatl, representing good, built splendid palaces of fine green stone and other precious materials, and he rejected human sacrifice. His rival, Tezcatlipoca, lord of evil, demanded warfare and human sacrifice. Tezcatlipoca's followers tricked Quetzalcoatl into drunken indiscretions, including incest with his sister Quetzalpetatl, and he departed from Tollan in disgrace, along with his followers, to the Gulf of Mexico, where one version says that he immolated himself and ascended to the sky to become Venus. Another account says that he sailed eastward, promising to return in the year One Reed, the anniversary of his birth, to rule his people again (Stuart 1981:32–33).

Tollán also had the meaning of metropolis, where craftsmen (skilled and knowledgeable people) gathered, and it eventually symbolized power (Weaver 1993:385; Carrasco 2000). Tula, or Tollán, indicates "place of reeds," or, as a figure of speech, a densely inhabited place near highland lake beds where people are as thick as reeds (Townsend 1995:46). According to Dennis Tedlock (1985:366), the K'iche' term *Tulan*, derived from the Nahua word *tollan*, meant place of reeds or cattails, and it was a term widely used in Mesoamerica to prefix the names of places where the investiture of Toltecan lords could take place. In addition to the possibility that Tulan might have had several physical manifestations in real places, Frauke Sachse and Allen J. Christenson (2005:26) believe that Tulan might have been a metaphor for an otherworldly place of creation.

2. Like most other authors, I have retained the traditional spellings of indigenous place names but changed the names of the language and peoples to the new spellings, in accordance with the Academia de Lenguas Mayas de Guatemala (ALMG, Guatemalan Academy of Mayan Languages).

3. Robert Carmack (1981:37–38, 45) concludes that De Borhegyi correctly identified the original homeland of the migrant K'iche' as the ethnically mixed region of the Gulf Coast, which De Borhegyi says was inhabited by the Nonoalca-Pipil-Toltec-Chichimecs. According to Carmack, De Borhegyi also correctly identified many Mexican traits among the K'iche' and related groups, such as "cremation rather than inhumation, the cult of sacred bundles, new ball court rules and paraphernalia, the use of *comales* to make tortillas, leaf-shaped bifacial points for spear-throwers and arrows, and anthropomorphic censers representing such Mexican gods as Quetzalcoatl, Xipe, and Morning Star." Carmack, however, believes that other traits that De Borhegyi mentioned, such as "metallurgy, Mixteca-Puebla tripod censers, and trade with Mexico" were probably already in the region before the arrival of the K'iche' and that changes introduced by the K'iche' "were part of a Mexicanization of highland culture that had been going on for at least two centuries before they [the later K'iche' arrivals] came onto the scene."

4. Most scholars agree that the Aztec system of writing was largely pictographic and not as sophisticated as that of the Maya. Nevertheless, for a discussion of the phonetic nature of Aztec writing, see Frances F. Berdan (1982:150–55) and Richard F. Townsend (1995:106).

A writing system and calendar were widespread among the early Mesoamerican peoples, but it is not possible to say definitely which group invented them, and just how developed each writing system was is the subject of considerable debate. Michael Coe writes that since the early 1900s, "Maya archaeologists-a jingoistic lot-have taken a totally Mayacentric view of Mesoamerican culture: it was their beloved Maya who first domesticated corn, who invented the Mesoamerican calendar, [and] who gave the light of civilization to everyone else" (Coe 1992:60). In most of Coe's writings, he states that the Olmec were the cradle of civilization in Mesoamerica, although he admits there is little hard evidence of writing or a calendar in the Olmec area (1968:81). He concludes that it was neither the Maya nor the Olmec but the Zapotec who invented writing in Mesoamerica (Coe 1992:61). Coe (1992:156) is especially critical of J. Eric S. Thompson because Coe states that Thompson was unwilling to grant the Olmec any priority over the Classic Maya in the development of civilization.

Thompson (1966:17–19) acknowledged the influence of the Zapotec, Olmec, and Teotihuacanos throughout Middle America before the start of the Classic Mayan period, but he believed that there were only vague resemblances between Maya and Zapotec glyphs. He stated that affixes, which are common in Mayan writing, are not common in what has survived in Olmec writing and that they are still rarer in Zapotec texts. "Moreover," Thompson (1965:651–52) stated, "the few recognizable examples are largely prefixes; one gets the impression that both Zapotec and Olmec inscriptions are less articulated than Maya writing and, in fact, hardly qualify as writing." Thompson went on to say that "Possibly Mayan glyphic writing was not the earliest in Middle America, but it soon forged ahead of its rivals, who never came anywhere near overtaking it." There is general agreement among archaeologists that the Mayan writing system is the most sophisticated one ever developed in Mesoamerica (Canadian Museum of Civilization 2006).

Recent research at the San Bartolo site in northeastern Guatemala uncovered evidence that Mayan writing goes back as far as 2,300 years (Bakalar 2006). It is the earliest example of Mayan writing with firm radiocarbon dates (300 to 200 B.C.), which places it chronologically much closer to the earliest known writing systems from other Mesoamerican cultures (400 to 300 B.C. in Oaxaca). This suggests that the Maya had a writing system about as early as anyone else in Mesoamerica.

It is possible that another recent discovery called the Cascajal block is evidence that Olmec writing may date as far back as 3,000 years ago (Skidmore 2006). Separated from its stratigraphic context, the tablet, about the size of a legal-sized sheet of paper, does not have solid scientific dates, but it could be the first concrete evidence of Olmec writing. Coe, one of the coauthors of an article published in the journal *Science* (Rodríguez Martínez et al. 2006), is enthusiastic about the find. However, David Grove, a University of Florida archaeologist, thinks the block, which has unusual horizontal rows, may be a fake, and Christopher Pool, a University of Kentucky archaeologist, is skeptical about the finding because of its uniqueness and because it was not found in its original archaeological context (Inman 2006).

5. Sol Tax (1937:425; 1965:12) notes that the central mountainous region exceeding about 4,000 feet in altitude is known in Guatemala as the highlands. He also states that Guatemala City is almost in the center of the highlands. "To the west is what might be called, therefore, the western highlands, and the central part . . . can be called the midwestern highlands." Tax provides maps outlining each of these areas.

6. These Mayan languages are Achi, Akateko, Awakateko, Ch'orti', Chuj, Itza, Ixil, Popti' (formerly Jakalteco), Kaqchikel, K'iche', Mam, Mopan, Poqomam, Poqomichi', Q'anjob'al, Q'eqchi', Sakapulteko, Sipakapense, Tektiteko, Tz'utujil, and Uspanteko (Instituto Nacional de Estadística 2003:32, 34). Nora England (1993:5, 22), a linguist who has constructed her own classification based on glottochronol-

ogy (comparing cognates) identifies twenty languages instead of twenty-one. She does not recognize Achi as a separate language but as a dialect or variant of K'iche'. She also spells "Itza" as "Itzaj" and "Tz'utujil" as "Tz'utujiil." For more discussion of the controversy over linguistic classification in Guatemala, see James D. Sexton and Ignacio Bizarro Ujpán, *Heart of Heaven, Heart of Earth and Other Mayan Folktales* (1999:131n11).

7. The term Ladino (mestizo) is not the same as Latino (person of Latin American heritage).

8. In the past, individual communities in the Lake Atitlán region have been known for their specialized economic pursuits-San Pablo for making rope; Santa Catarina for fishing and crabbing; Santiago for making canoes, commerce, and growing tomatoes; San Pedro for making rope and canoes and growing tomatoes; San Antonio Palopó for the production of anise; Panajachel for growing vegetables, especially large quantities of onions and garlic, and for catering to tourism; San Juan for growing avocados and onions; and Santa Cruz and San Marcos for growing some of the best oranges in Guatemala (Tax 1968:22). While all of the towns have become more economically diversified, some of them are still known for their specialties. For example, San Pablo still makes a lot of rope, Panajachel still grows a lot of vegetables and has a large service sector catering to the tourist industry, and San Juan now produces a substantial amount of commercial coffee.

9. Before the conquest, the family was the basic social and economic unit. Providing they could afford it, patriarchs might have had more than one wife. A typical household might have consisted of the adult male head, his wives, unmarried daughters, and both married and unmarried sons (Miles 1965:281).

10. Robert Carlsen (1997:172–73) believes that scholars have mistranslated the name Maximón. Carlsen argues that rather than being a composite of Mam and Simón, Maximón means "Mr. Knotted" (in reference to how the image of Maximón was constructed), since in Tz'utujil *ma* means "mister" and *xim* means "knot." For an extended note about the origin and spread of the cult of Maximón, see Sexton and Bizarro (1999:141–42).

11. For two other folktales about Maximón, see "The Legend of San Francisco Sojuel" (Sexton and Bizarro 1999:82–87) and "The Origin of Maximón" (Orellana 1975:862–63).

12. Other Tz'utujil day lords with special significance are: Aj, Ey, Ix, Batz, Quemel, Tziquin, Imox, Bakbal, K'ik, Tijax, Can, Kja'nel, Toj, Ajmac, Kat, Quej, Tzi, and Noj. The names of the day lords in Tz'utujil are nearly identical to the names in Kaqchikel and in K'iche', and Kaqchikel and K'iche' names are identical (Edmonson 1988:145). However, both Barbara Tedlock, working among the K'iche', and I have discovered that the significance of each day may vary in a community depending on the particular shaman or day keeper, and Tedlock discovered that even the same consultants may contradict themselves regarding whether a given day is considered good or bad (B. Tedlock 1982:98).

13. For a comprehensive summary of themes in Yucatec Mayan folklore, many

of which are common to the Tz'utujil and Kaqchikel Maya, see Terry Rugeley's (2001:1–37) *Of Wonders and Wise Men*.

FOLKTALES

1. In this and other stories, Maya Indian storytellers typically sprinkle the text with self-exonerating expressions such as "so they say" and "it is said," which help the storyteller avoid having his own veracity questioned (Shaw 1971:10–11). As Allan F. Burns (1983:27) points out for folktales of the Yucatec Maya, these constructions also alert the listener or reader that the narratives imparted are part of the oral tradition rather than personal anecdotes.

For different versions of a Yucatec Mayan story in which a female dog sings to her mistress's baby as it takes care of it, see Margaret Park Redfield (1937:24) and Mary H. Preuss (2005:17). In Redfield's version, the dog is a foul-mouthed female who resents her mistress's neglect, but in Preuss's version the dog is an obedient male who causes the woman to drop her jug of water and form an enchanted lake.

2. For an Awakateko version and a Poqomam version of this tale, see Mary Shaw (1971:67, 200), *According to Our Ancestors: Folk Texts from Guatemala and Honduras*.

3. In this and the succeeding stories, the Spanish terms used are *tigre*, which in the Americas is translated as "jaguar," and *león*, which is translated as "mountain lion."

4. Alberto Barreno told me in 1995 that he knew some people in 1950 (when he was eighteen years old) who went to the coast to fetch big toads and used them to perform witchcraft on their enemies. After nine days, four toads they had kept in a box died.

Manuel J. Andrade (1931) collected a variant of this tale among the Yucatec Maya titled "Once upon a Time There Was a Deer," in which a deer has a race with a tortoise instead of a toad. In the Yucatec story, the companions of the tortoise line up along the road to help win the race, and when the tortoises trick the deer into running until he is exhausted, the tortoise takes away his hat.

5. Here, Pedro is using the colloquial form "*vos*" instead of the standard Spanish form "*tú*." He also, but not always, may use the colloquial form of verbs with "*vos*," which is common in Guatemala and other Central American countries. As A. Bryson Gerrard (1980:227) points out, this form of the verb is usually the second person singular accented on the second syllable, e.g. *tú sabes* becomes *vos sabés*, *tú puedes* becomes *vos podés*, and *tú tienes* becomes *vos tenés*. A simple way to understand the pattern is to substitute the final *r* in the infinitive with an *s*. Thus, *venir* becomes *venís*, *estar* becomes *estás*, and *leer* becomes *leés*. The three irregular ones are: *ser* to *sos*, *ir* to *vas*, and *creer* to *cres*.

6. President Jorge Ubico (1931–44) was a native of Santiago Atitlán. Although he was a dictator, many highland Maya Indians think he helped them more than

previous presidents had, enacting labor reform laws that ended debt peonage, gave more protection to the indigenous population, and, with regard to forced communal labor and vagrancy, treated Indians as equal to Ladinos (Warren 1989; McCreery 1994:319).

7. Another ruthless dictator, Manuel Estrada Cabrera (1898–1920), preceded Ubico. According to Alberto, Cabrera was especially mean to the Indians. And he said there is a folktale about Cabrera that reflects badly on him. He disliked the *naturales* (Indians) and was more favorable to the Ladinos. Indians were of little value to him; he treated the Indians like the soles of his shoes. For the natives, there was nothing; they were despised. And Ubico saw all of this. When Ubico took over, more was offered to the natives. Then, the Ladinos were a little despised.

8. The imagery of sharp knives, bats, and (in this case) the dead father magically coming back to life is reminiscent of the *Popol Vuh*.

9. The fate of the two sons is an example of soul loss because of *susto* (fright) leading to the death of someone.

10. Don Rafael Gonzáles told this story to Pedro in three separate tales, which Pedro titled "The Spirits of the Sick Walk on Air," "Evil Spirits," and the "Story of Don Rafael Gonzales." Because these three stories were all on the same topic, I combined them together in one folktale of three parts and gave the story a new title, "Spirits of the Dead."

This tale is a *caso*, which means it is based on a real event (Lara 1994:22–23). For more on the genre of *casos* in Guatemala, see Benjamin Williams's (2003) master's thesis, "Telling Tales: Social Identity, Cultural Categories, and Community in the *Caso* Narrative Form in the West-Central Highlands of Guatemala."

11. When someone is ill, there is the belief that exposure to the sun revitalizes the person.

12. As my wife, Marilyn, and my graduate student Emily Altimare pointed out to me, in this story and the following story, "The Donkey-Man," the consumption of alcohol is associated with the storytellers believing that they saw *naguales*.

13. During my first field season in 1970, fellow graduate student Ilse Martin and I climbed the path from San Juan la Laguna to Santa Clara la Laguna. Although I thought I was in pretty good shape, it was grueling, and it took us about three hours because we had to rest frequently and suck on oranges for strength. Even the steep descent caused the muscles in our legs to burn.

14. For a considerably different variant of this folktale, see "The Story of the Dog and the Cat" in *Heart of Heaven, Heart of Earth and Other Mayan Folktales* (Sexton and Bizarro 1999:73–74).

15. For a somewhat similar tale about the role of pots and jars, see "A Sacred Story" in *Heart of Heaven, Heart of Earth* (Sexton and Bizarro 1999:90–94).

16. Both *Title of the Lords of Totonicapán* (Goetz 1953:173–74) and the *Popol Vuh* contain accounts of insects helping humans. The K'iche' won a war by consulting with their *naguales*, who told them to fill four large jars with hornets, small wasps, snakes, and beetles. During the fight, the snakes and wasps were

unleashed, causing their enemies to flee. In both the *Popol Vuh* (Goetz, Morley, and Recinos 1950:198–99) and *Title of the Lords of Totonicapán* (Goetz 1953:175), there is an episode in which wasps that are painted on blankets come alive and sting the enemy.

Robert Laughlin and Carol Karasik (1988:19, 134–37) published a variant of this story that Laughlin titled "War between the Cricket and the Jaguar," and that Laughlin collected among the Tzotzil Maya of Zinacantán in Chiapas, Mexico. Laughlin and Karasik (1988:19) state that the Guatemalan epics reveal several correspondences with the Zinacanteco myths, including using wasps and bees as tools of war. Victor Montejo (1991:78–80) published a Popti' (Jakalteko) Maya variant of the folktale from Tzalalá, the village where he grew up in the Department of Huehuetenango, Guatemala. Montejo's version is titled "The War of the Wasps." Andrade (1931) collected an untitled Yucatec Maya version of this tale in which wasps defeat a jaguar.

17. For another version of this popular story, see "The Twisted Tree" in *According to Our Ancestors: Folk Texts from Guatemala and Honduras*, edited by Mary Shaw (1971:213), and *Literatura Oral de los Pueblos del Lago Atitlán*, edited by Perla Petrich (1998:213). The severed heart of the mother speaking to her daughter before the daughter can cook and eat it may go back to the famous Mayan story, the *Popol Vuh*, which has a number of different versions in print retold by different storytellers (Goetz, Morley, and Recinos 1950; D. Tedlock 1985, 1996; Read and González 2000). In the story of the hero twins, Hun Hunahpú's (One Hunter's) severed head talks to Xquic (Blood Woman) after the underworld lords cut it off and hang it on a calabash tree, the same tree that present-day Maya use to make the *jícaras* (gourd jars) for drinking ritual *atol* (a corn or rice drink).

18. Although the teller of this tale, Alberto Barreno, speaks Kaqchikel Maya, he does not use the typical Maya Indian convention of prefacing the stories with "The story says," "It is said," and so on. Just as the New World rabbit and coyote trickster tales are non-indigenous (Andrade 1931; Redfield 1937:5; Shaw 1971:11; Burns 1983:140; Andrade and Máas Collí 1990:497–518) and, according to Alan Dundes (1965) and William Bascom (1992), can be traced back to East Africa and West Africa, the main story frame of Hansel and Gretel is of German rather than Mayan origin. Perhaps the Hansel and Gretel story arrived in Guatemala via German immigrants, who settled and established coffee plantations primarily in the Cobán area north of Lake Atitlán, but the versions found in the regions of the Kaqchikeles and Mopanes are adapted to the Mayan culture and environment. The Mayan versions are more elaborate than those of the Brothers Grimm (1993:101–107), which have quite different endings and moral implications.

Unlike the German version, the adapted Mayan version, "The Young Lad and His Sister," has the brother and sister, lost in the forest, rearing jaguars and mountain lions as assistant pets, the sister betraying her loyal brother and, in the end, suffering the consequences. Like the hero twins in the *Popol Vuh*, the brother and sister hunt birds in the forest to sustain themselves in their formative years. Mayan material items such as corn, tortillas, and comals replace white stones, bread, and ovens. And instead of encountering a little old witch living in a house made of sweet bread, in the Mayan story a little old blind woman lives in a house of gold. Except for the sister and brother being abandoned in the forest by their father, who is a woodcutter and who wishes to please their stepmother, the Kaqchikel version is closer to "A Mopan Version of Hansel and Gretel" that Shaw (1971:187– 92) published than it is to the original German story. Along these lines, for a radically different Mayan variant of the Grimms' (1993:47–49) story titled "Clever Gretel," see "The Priest Who Was Invited to a Birthday Party" in Sexton's (1992 [1999]:48–52) *Mayan Folktales*. Also, in Mary Preuss's (2005) delightful collection of Yucatec Mayan stories that deal with typical Mayan themes such as guardians, shape-shifting witches, and little people, she also presents a modified Hansel and Gretel story in which three children, instead of two, find their way home the first time by following ashes that one of the boys spreads on the trail. The three children, however, become lost on the second trip to the forest when birds eat the corn that they dropped along the way to mark their path. When the Yucatec children find the witch's house, it is made of palm thatch instead of gold.

19. Tatalapo (also Tata Lapo) was the popular name given to Field Marshal Serapio Cruz, who enlisted Indians in a rebellion against General Vicente Cerna from 1867 to January 1870. Among other things, the Indians resented having Ladino owners of coffee *fincas* encroach on their land and force them to work on their farms. General Antonio Solares defeated Cruz when Cruz led a daring raid on Palencia, only about twenty miles from the capital. Solares decapitated Cruz and hung his body from a branch of a ceiba tree in Central Park of the same city. Cruz's severed head was fried in oil and displayed on a stake in Guatemala City. This barbarity inspired other rebels to take up arms and defeat General Cerna in the Liberal Revolution of 1871 (Armas 1991:203; Woodward 1993:340; Morales Alvarado 2003:14[312]).

According to Guatemalan folklorist Celso Lara Figueroa (2007), the inhabitants of Palencia believed that the ceiba tree from which Solares hung the body of Cruz was magical because the spirits of the place resided there. Hanging Cruz's body there made the place more gloomy.

20. In the summer of 2006, when I was in San Juan la Laguna, Pedro explained to me that there are no fish in the volcano. If there were, no one would be able to hold on to one climbing down a volcano because fish are too slippery.

21. In Ireland, where Roman Catholic missionaries also tried to convert the indigenous people, the theme of outwitting the devil in folktales is also prevalent. See, for instance, "The Lawyer and the Devil" and "Coals on the Devil's Heart" in *Irish Folktales,* edited by Henry Glassie (1985:116–18).

22. Variants of this saying are *El que no oye consejos, no llega a viejo* (He who doesn't listen to good advice, won't live to be old; prudent men listen to others' counsel; Martínez 1997:192–93), and *El que no oye consejo, no llega a viejo* (Armas 1971:428).

23. In 1971, I incorporated into a scale of traditional beliefs the belief that if twins wish, they can make a person's clothing itch (Sexton and Woods 1977; Sexton 1978).

24. See "El Characotel" in *Literatura Oral de Los Pueblos del Lago Atitlán*, edited by Perla Petrich (1998:235), for a story with the same details of three *vueltegatos*.

25. In 2006, when I asked Alberto in Panajachel what he meant by forty-five prayers, he said that these were Mayan prayers or sacrificial *costumbres*. For each *costumbre*, there was a prayer. In one such *costumbre*, the person performing it burns incense, candles, and *veladoras* (short, thick candles) and offers aguardiente and beer. These were the same kind of *costumbres* that Juan Sahon Martín performed for me in 1975 in the cave of San Jorge la Laguna (see introduction), except in this case, the story only says that the main character performed them in the mountains.

26. Alberto said this was a true story (*caso*) and that he talked to the person who did it in Santiago Atitlán. It is a case of imitative magic (Frazer 1950:14).

27. For a Jewish version of this folktale, see *And It Came to Pass: Legends and Stories about King David and King Solomon* by Hayyim Nahman Bialik (1938).

28. Pedro explained that the *duende* is black in color, not a racially black person. Also, he told me that the *duende* is not the *sombrerón*. Timothy Hagerty and Mary Gomez Parham (2004:11–12) include several stories about the *duende* in their collection of folklore from Belize, in which *duendes* can be either malevolent or benevolent, and they state that the *duende* is both Hispanic and Mayan in origin. They trace the *duende*, usually described as a mischievous, dwarf-like man with a big hat, back to sixteenth-century Spain, where the name came from a combination of the words "*dueño de*," meaning "owner of." They point out that the (Yucatec) Maya of that epoch also believed in dwarfs such as the *alux*. Over time, they say, the Spanish and Mayan beliefs merged. Preuss (2005:33–62), whose collection provides several entertaining tales about *aluxes*, including one in which the storyteller equates an *alux* with a *duende*, cautions that it cannot be ascertained whether or not the *aluxes* existed prior to the conquest period. Andrade (1931) collected a story titled "Incidents with an Alux" in which an *alux* made of clay by a shaman protects a cornfield by throwing stones at trespassers. Those who feed the *alux* well, however, can go into the milpa to hunt.

29. The gang members were Juaneros, but some of them went to the capital to learn evil.

30. Pedro explained that a traveler can grab the tail of a horse at night and nothing will happen because horses see better at night than they do in the daytime. That is, in the dark, horses can guide the way.

31. Pedro told me that he did not know why, but the Maya Indians see things that other *razas* (ethnic groups) do not see. This was in reference to the evil power of the *duende* and La Llorona. Alberto told me that it was natural, that all races have this power of evil, not just the Maya.

32. This is a classic example of the belief that upon losing one's soul, one may lose one's life.

As Sandra Orellana (1987:29–30) points out, fright is one of the most important causes of soul loss. The soul is thought to leave the body, remaining in the place where the incident occurred. Prolonged absence of the soul may result in death.

33. The *comadre* is the godmother seen from the perspective of the child's parents (or vice-versa). Thus, if I am the child's godparent, my *comadre* is the mother of the child, and if I am the child's parent, my *comadre* is my child's godmother. That is, the parents and the godparents address one another as *comadre* and *compadre*.

Notas

CUENTOS

1. En esta y otras historias, los cuentistas mayas típicamente adornan el texto con expresiones de auto-exoneración tales como "dicen" o "se dice"; estas ayudan a que la veracidad del cuentista no sea cuestionada (Shaw 1971:10–11). Como lo indica Allan F. Burns (1983: 27) para los cuentos de los mayas yucatecos, estas construcciones también le dan a conocer al oyente o lector que las narrativas impartidas forman parte de la tradición oral en lugar de ser anécdotas personales.

Para versiones diferentes de un cuento maya yucateco en el cual una perra le canta al bebé de su ama mientras lo cuida, véase Margaret Park Redfield (1937:24) y Mary H. Preuss (2005:17). En la versión de Redfield, la perra es una hembra malhablada que se resiente por la negligencia de su ama, pero en la versión de Preuss el perro es un varón obediente que provoca que la mujer deje caer su jarro de agua y forme un lago encantado.

2. Para una versión awakateka y otra versión poqomameca de este cuento, véase Mary Shaw (1971:67, 200), *According to Our Ancestors: Folk Texts from Guatemala and Honduras.*

3. En este y en los siguientes cuentos, los términos castellanos usados son "tigre," el cual en las Américas se traduce como "jaguar," y "león," el cual se traduce como "león de montaña."

4. Alberto Barreno me contó en 1995 que él conocía a algunas personas en el año 1950 (cuando él tenía dieciocho años) que iban a la costa a cazar sapos grandes, y los usaban para hacerles brujería a sus enemigos. Después de nueve días, cuatro de los sapos que había mantenido en una caja se murieron.

Manuel J. Andrade (1931) coleccionó una versión de este cuento entre los mayas yucatecos titulado "Once upon a Time There Was a Deer," en el cual un venado hace una carrera con una tortuga en vez de un sapo. En el cuento yucateco, los compañeros de la tortuga se alinean a lo largo del camino para ayudarle a ganar la competencia, y cuando las tortugas le hacen trucos al venado para que corra hasta que esté agotado, la tortuga le quita su sombrero.

5. Aquí, Pedro utiliza la forma coloquial "vos" en vez de la forma estándar del castellano "tú." Aunque no siempre, él también suele usar la forma coloquial de los verbos con la forma "vos," la cual es común en Guatemala y otros países centroamericanos. Como lo indica A. Bryson Gerrard (1980:227), esta forma del verbo usualmente constituye la segunda persona singular acentuada en la segunda sílaba; por ejemplo *tú sabes* se convierte en *vos sabés*, *tú puedes* se convierte en *vos podés* y *tú tienes* se convierte en *vos tenés*. Una forma simple de entender el patrón es sustituir la *r* al final de la forma del infinitivo con una *s*. Por lo tanto, *venir* se convierte en *venís*, *estar* se convierte en *estás* y *leer* se convierte en *leés*. Las tres conversiones irregulares son: de *ser* a *sos*, de *ir* a *vas* y de *creer* a *cres*.

6. El presidente Jorge Ubico (1931–44) era nativo de Santiago Atitlán. Aunque fue un dictador, muchos indígenas del altiplano maya creen que él les ayudó más que los presidentes anteriores, decretando leyes de reforma laboral, las cuales terminaron con las deudas campesinas, le dieron más protección a la población indígena y, en relación a labores comunales forzadas y los vagabundos, trataron a los indígenas igual que a los ladinos (Warren 1989; McCreery 1994:319).

7. Otro cruel dictador, Manuel Estrada Cabrera (1898–1920), precedió a Ubico. Según Alberto, Cabrera era particularmente malo con los indígenas. Y dice que hay un cuento acerca de Cabrera que refleja lo malo de él. A él le disgustaban los naturales (indígenas) y era más favorable con los ladinos. Los indígenas eran de poco valor para él; él trataba a los indígenas como a las suelas de sus zapatos. Para los indígenas, no había nada; eran despreciados. Y Ubico notó todo esto. Cuando Ubico lo reemplazó, se les ofreció más a los indígenas. Entonces, a los ladinos se les despreció un poco.

8. Las imágenes de filosos cuchillos, murciélagos y el regreso mágico del padre muerto (en este caso) a la vida es recordatorio del *Popol Vuh*.

9. El destino de los dos hijos es un ejemplo de la pérdida del alma a causa de un susto, que resulta en la muerte de alguien.

10. Don Rafael Gonzáles le contó a Pedro esta historia en tres cuentos separados, los cuales Pedro tituló "Los espíritus de los enfermos andan en el aire," "Los malos espíritus" y "La historia de don Rafael Gonzáles." Debido a que estos cuentos tenían que ver con el mismo tema, yo los junté en un solo cuento de tres partes y le di al cuento un nuevo título, "Los espíritus de los muertos."

Este cuento es un "caso," lo cual significa que está basado en hechos de la vida real (Lara 1994:22–33). Para más información sobre el género de los casos en Guatemala, véase la tesis de maestría de Benjamin Williams (2003), titulada "Telling

Tales: Social Identity, Cultural Categories, and Community in the *Caso* Narrative Form in the West-Central Highlands of Guatemala."

11. Cuando alguien está enfermo, existe la creencia de que al exponerse al sol la persona se revitaliza.

12. Así como mi esposa, Marilyn, y mi estudiante de postgrado Emily Altimare me lo indicaron, en este y en el siguiente cuento, "El hombre burrito," el consumo de alcohol está asociado con la creencia de los cuentistas de haber visto a los naguales.

13. Durante mi primera temporada de campo en el año 1970, la compañera de postgrado Ilse Martin y yo subimos el camino de San Juan la Laguna hasta Santa Clara la Laguna. Aunque yo creí que estaba en buena forma, fue agotador, y nos tomó cerca de tres horas, porque tuvimos que descansar frecuentemente y chupar naranjas para recobrar el vigor. Aun la bajada espinada nos lastimó los músculos de las piernas.

14. Para una versión considerablemente diferente de este cuento, véase "The Story of the Dog and the Cat" en *Heart of Heaven, Heart of Earth and Other Mayan Folktales* (Sexton y Bizarro 1999:73–74).

15. Para un cuento algo similar acerca del papel de las ollas y los jarros, véase "A Sacred Story" en *Heart of Heaven, Heart of Earth* (Sexton y Bizarro 1999:90–94).

16. Tanto el *Title of the Lords of Totonicapán* (Goetz 1953:173–74) como el *Popol Vuh* contienen relatos en los cuales los insectos ayudan a los humanos. Los k'iche's ganaron una guerra al consultar con sus naguales, quienes les dijeron que llenaran cuatro cántaros con avispones, pequeñas avispas, culebras y escarabajos. Durante la pelea, las culebras y las avispas fueron desatadas, causando la huida de los enemigos. Tanto en el *Popol Vuh* (Goetz, Morley y Recinos 1950:198–99) como en el *Title of the Lords of Totonicapán* (Goetz 1953:175) hay un episodio en el cual las avispas que están pintadas en cobijas, toman vida y pican al enemigo.

Robert Laughlin y Carol Karasik (1988:19, 134–37) publicaron una variante de este cuento, que Laughlin tituló "War between the Cricket and the Jaguar" y que Laughlin coleccionó entre los mayas tzotziles de Zinacantán en Chiapas, México. Laughlin y Karasik (1988:19) afirman que las épicas guatemaltecas revelan muchas correspondencias con los mitos zinacantecos, incluyendo el uso de avispas y abejas como herramientas de guerra. Victor Montejo (1991:78–80) publicó una variante maya popti' (jakalteko) del cuento de Tzalalá, la aldea donde él creció en el departamento de Huehuetenango, Guatemala. La versión de Montejo se titula "The War of the Wasps." Andrade (1931) coleccionó una versión maya yucateca no titulada de este cuento en el cual las avispas vencen al tigre.

17. Para otra versión de este popular cuento véase "The Twisted Tree" en *According to Our Ancestors: Folk Texts from Guatemala and Honduras*, editado por Mary Shaw (1971:213), y *Literatura Oral de los Pueblos del Lago Atitlán*, editado por Perla Petrich (1998:213). El corazón partido de la madre hablándole a su hija antes de que la hija pueda cocinarlo y comérselo puede que se remonte hasta la famosa historia maya, el *Popol Vuh*, de la cual hay diferentes versiones publicadas

recontadas por diferentes cuentistas (Goetz, Morley y Recinos 1950; D. Tedlock 1985, 1996; Read y González 2000). En el cuento de los dos gemelos héroes, la cabeza cortada de Hun Hunahpú (Uno Cazador) le habla a Xquic (Mujer de Sangre) después de que los dioses del inframundo se la cortan y la cuelgan en un árbol de jícaras (jícaro), el mismo árbol que los mayas del presente usan para hacer guacales o jícaras para tomar atol.

18. Aunque el cuentista, Alberto Barreno, habla maya kaqchikel, no usa la típica forma indígena maya de adornar las historias con "el cuento dice," "se dice," y así sucesivamente. Como los cuentos del Nuevo Mundo acerca de los trucos del conejo y el coyote, los cuales no son indígenas pero sí altamente respetados (Andrade 1931; Redfield 1937:5; Shaw 1971:11; Burns 1983:140; Andrade and Máas Collí 1990:497–518) y los cuales, según Alan Dundes (1965) y William Bascom (1992), pueden ser rastreados hasta el África Oriental y el África Occidental, aquí el marco principal del cuento de Hansel y Gretel es alemán, en vez de tener un origen maya. Quizás el cuento de Hansel y Gretel llegó a Guatemala mediante los emigrantes alemanes quienes se asentaron y establecieron plantaciones de café, principalmente en el área de Cobán en el norte del lago de Atitlán, pero las versiones encontradas en las regiones de los kaqchikeles y los mopanes han sido adaptadas a la cultura y medio ambiente mayas. Las versiones mayas son más elaboradas que las de los Hermanos Grimm (1993:101–107) y contienen un final distinto e implicaciones morales diferentes.

A diferencia de la versión alemana, la versión maya adaptada, "El joven y su hermana," contiene el hermano y la hermana, perdidos en el bosque, criando tigres y leones como mascotas asistentes, la hermana traicionando a su fiel hermano y, en el final, sufriendo las consecuencias. Como los gemelos héroes en el *Popol Vuh*, el muchacho y su hermana cazan pájaros en el bosque para sustentarse durante sus años formativos. Materiales mayas tales como el maíz, las tortillas y los comales reemplazan a las piedras blancas, el pan y los hornos. Y en vez de encontrarse con una brujita vieja viviendo en una casa hecha de pan dulce, en el cuento maya, una viejita ciega vive en una casa de oro. Con excepción al abandono de la hermana y el hermano en el bosque por su padre, quien es leñador y quien desea agradar a la madrastra de los hermanos, la versión kaqchikel se parece más a "A Mopan Version of Hansel and Gretel" la cual Shaw (1971:187–92) publicó, que a la versión original alemana. En relación al mismo tema, para una versión maya de la historia de los Hermanos Grimm (1993:47–49), "Clever Gretel," que se desvía radicalmente del original, véase "The Priest Who Was Invited to a Birthday Party" en *Mayan Folktales* (Sexton 1992[1999]:48–52). También, en la colección deleitable de cuentos mayas yucatecos de Mary Preuss (2005) los cuales tienen que ver con temas mayas típicos como guardianes, brujas que cambian de forma y gente pequeña, ella también presenta un cuento modificado de Hansel y Gretel en el cual tres niños, en lugar de dos, encuentran su camino a casa la primera vez al seguir las cenizas que uno de los muchachos esparce en el sendero. Los tres niños, sin embargo, se pierden en el segundo viaje al bosque cuando los pájaros se comen el maíz que ellos regaron a lo largo de su camino para marcar su sendero. Cuando los niños yucatecos encuentran la casa de la bruja, ésta está hecha de palma en vez de oro.

19. El Tatalapo (también Tata Lapo) era el nombre popular dado al mariscal de campo Serapio Cruz, que reclutó a los indígenas para una rebelión en contra del general Vicente Cerna del año 1867 hasta enero del año 1870. Entre otras cosas, los indígenas resentían el hecho que los dueños ladinos de las fincas de café invadieron sus tierras y los obligaron a trabajar en sus fincas. El general Antonio Solares derrotó a Cruz cuando Cruz condujo una incursión audaz en Palencia, a sólo veinte millas, aproximadamente, de la capital. Solares decapitó a Cruz y colgó su cuerpo de una rama de un árbol de ceiba en el Parque Central de la misma ciudad. La cabeza cortada de Cruz fue frita en aceite y exhibida sobre un poste en la Ciudad de Guatemala. Esta barbaridad inspiró a otros rebeldes a armarse y a derrotar al general Cerna en la Revolución Liberal de 1871 (Armas 1991:203; Woodward 1993:340; Morales Alvarado 2003:14).

Según el folklorista guatemalteco Celso Lara Figueroa (2007), los habitantes de Palencio creyeron que el árbol de ceiba, del cual Solares colgó el cuerpo de Cruz, era mágico debido a que los espíritus del lugar residieron allí. El colgar el cuerpo de Cruz allí hizo que el lugar fuera más sombrío.

20. En el verano del año 2006, cuando estuve en San Juan la Laguna, Pedro me explicó que no hay peces en el volcán. Si hubiera peces, nadie podría sostenerlos al bajar de un volcán porque los peces son demasiado escurridizos.

21. En Irlanda, donde los misioneros católicos romanos también trataron de convertir a la gente indígena, el tema de burlas hacia el diablo en cuentos es también predominante. Véase, por ejemplo, "The Lawyer and the Devil" y "Coals on the Devil's Heart" en *Irish Folktales* redactado por Henry Glassie (1985:116–18).

22. Otras versiones de este dicho son, "El que no oye consejos, no llega a viejo" (Los hombres prudentes escuchan el consejo de otros; Martínez 1997:192–93) y "El que no oye consejo, no llega a viejo" (Armas 1971:428).

23. En 1971, incorporé en una escala de creencias tradicionales la creencia de que si los gemelos lo desean, pueden hacer que las prendas de una persona le den comezón (Sexton y Woods 1977; Sexton 1978).

24. Véase "El Characotel" en *Literatura Oral de Los Pueblos del Lago Atitlán*, editado por Perla Petrich (1998:235), para un cuento con los mismos detalles acerca de tres vueltegatos.

25. En el año 2006, cuando le pregunté a Alberto en Panajachel qué quiso decir con las cuarenta y cinco oraciones, él dijo que estas fueron oraciones mayas o "costumbres" de sacrificio. Por cada costumbre, había una oración. En una de las costumbres, la persona que la ofrece quema incienso, candelas y veladoras (velas cortas y gruesas) y ofrece aguardiente y cerveza. Estas fueron del mismo tipo de costumbres que Juan Sahon Martín hizo para mí en la cueva de San Jorge la Laguna (véase la introducción a este libro), excepto que en este caso, la historia dice solamente que el personaje principal las hizo en las montañas.

26. Alberto me dijo que este era un caso real y que él habló con la persona que lo hizo en Santiago Atitlán. Es un caso de magia imitativa (Frazer 1950:14).

27. Para una versión judía de este cuento, véase *And It Came to Pass: Legends and Stories about King David and King Solomon* por Hayyim Nahman Bialik (1938).

28. Pedro explicó que el duende es solamente del color negro, no una persona de la raza negra. También, él me dijo que el duende no es el sombrerón. Timothy Hagerty y Mary Gomez Parham (2004:11–12) incluyen varios cuentos acerca del duende en su colección de folklore de Belize, en el cual los duendes pueden ser malévolos o benévolos, e indican que el duende es tanto de origen hispano como maya. Ellos rastrean al duende, usualmente descrito como un hombre enano y pícaro con un sombrero grande, hasta el siglo XVI en España, donde el nombre surgió de la combinación de las palabras "dueño de." Ellos señalan que los mayas (yucatecos) de esa época también creían en enanos como el *alux*. A través del tiempo, según ellos, las creencias españolas y mayas se unieron. Preuss (2005:33–62), cuya recopilación provee varios cuentos entretenidos acerca de *aluxes*, incluyendo uno en el cual el cuentista compara un *alux* con un duende, advierte que no se puede determinar si los *aluxes* existieron antes del periodo de la conquista. Andrade (1931) coleccionó un cuento titulado "Incidents with an Alux" en el cual un *alux*, hecho de barro por un chamán, protege un maizal tirándoles piedras a los intrusos. Los que alimentan bien al *alux*, sin embargo, pueden ir a la milpa a cazar.

29. Los mareros eran juaneros, pero algunos se fueron a la capital para aprender el mal.

30. Pedro explicó que un viajero puede agarrar la cola de un caballo en la noche sin que le pase nada, porque los caballos miran mejor en la noche que en el día. O sea, en la oscuridad los caballos pueden guiar el camino.

31. Pedro me dijo que no sabía por qué, pero que los mayas ven cosas que otras razas (grupos étnicos) no ven. Esto fue en referencia al poder del mal del duende y de La Llorona. Alberto me dijo que era natural, que todas las razas tienen este poder del mal, no solamente los mayas.

32. Este es un ejemplo clásico de la creencia de que al perder el alma, uno puede perder la vida. Como Sandra Orellana (1987:29–30) lo indica, el susto es una de las causas más importantes de la pérdida de almas. Puede pensarse que el alma deja el cuerpo, quedándose en el lugar donde el incidente ocurrió. La ausencia prolongada del alma podría resultar en la muerte.

33. La comadre es la madrina vista desde el punto de vista de los padres de la criatura (o viceversa). Por lo tanto, si soy el padrino del hijo, mi comadre es la mamá del niño, y si soy el padre del hijo, mi comadre es la madrina de mi hijo. Es decir, los padrinos y los padres del niño se llaman entre ellos "comadre" y "compadre."

Glossary/Glosario

ajau   Owner. *Dueño.*

amate   Fig tree from whose bark the pre-Hispanic Maya Indians made paper. *Higuera de cuya corteza los mayas prehispánicos fabricaron papel.*

atiteco   Person of Santiago Atitlán. *Persona de Santiago Atitlán.*

baboso   Fool or idiot. *Tonto o idiota.*

bajareque   Wall made of cane and mud. *Pared hecha con caña y lodo.*

bejuca   See bejuquero. *Véase bejuquero.*

bejuco   Tree vine. *Planta trepadora.*

bejuquero   Place of vines and other tropical vegetation. *Lugar de plantas trepadoras y otra vegetación tropical.*

bolo   Drunk. *Borracho.*

cadejo   Imaginary animal that lurks at night. *Animal imaginario que acecha por las noches.*

caite   Sandal. *Sandalia.*

caso   Story believed to be real. *Historia que se cree verídica.*

chalet   Cottage, vacation house, or luxurious house. *Casa de campo, casa de vacaciones o casa lujosa.*

chamuco   Spaniard or devil. *Español o diablo.*

characotel   Person who can transform into his or her nagual and do evil things. *Persona que puede convertirse en su nagual y hacer cosas malas.*

chicha   A fermentation of *jocotes*, cracked corn, peaches, and brown or yellowish sugar that is put in a clay vat with water. *Un fermento*

	de jocotes, maíz quebrado, durazno y panela; lo ponen dentro de una tinaja de barro con agua.
chucho	Dog. *Perro.*
comal	Circular griddle of clay or iron on which corn tortillas are cooked. *Disco circular de barro o hierro en el cual se cuecen las tortillas de maíz.*
conque	Money, means, resources. *Dinero, medios, recursos.*
costumbre	Custom, ritual, or ceremony. *Hábito, rito o ceremonia.*
duende	Goblin. *Trasgo.*
dueño(a)	Owner; master, mistress; lord, lady; or god, goddess. *Propietario, propietaria; señor, señora; o dios, diosa.*
duralita	Sheet made of a mixture of cement and asbestos. *Hoja hecha de la combinación de cemento y asbestos.*
ensarta	String. *Sarta.*
guaro	Aguardiente, distilled cane liquor. *Aguardiente.*
güisquil	A climbing plant whose gourd-like fruit is the size of an orange. *Planta trepadora cuya fruta, similar al ayote, es del tamaño de una naranja.*
izote	*Yucca guatemalensis*, a plant of erect, grooved stems, ending in a panicle of strong bracts in the form of daggers, which have an edible white flower. Yucca guatemalensis, *planta de tallos erectos y estriados, que terminan en una panoja de brácteas fuertes en forma de dagas, y las cuales tienen una flor comestible blanca.*
jocote	Yellow, plum-like fruit. *Fruta amarilla parecida a la ciruela.*
lámina	Corrugated sheet made of galvanized steel. *Hoja ondulada hecha de acero galvanizado.*
marero	Gang member. *Pandillero.*
m'hijo(a)	My son, my daughter, dearest. *Mi hijo, mi hija, mijo(a).*
morral de pita	Cord shoulder bag. *Mochila.*
nagual	Spirit or animal form. *Espíritu o forma animal.*
nixtamal	Corn cooked in lime or ash water. *El maíz cocido en agua de cal o ceniza.*
ocote	Resinous pine. *Pino resinoso.*
pajonal	Land covered with coarse straw and other tall grass. *Terreno cubierto con pajón u otras hierbas altas.*
patojo(a)	Young man, young woman. *Joven.*
patrón	Owner, landlord, boss. *Dueño, propietario, jefe.*
pito	A tree with red seeds that serves sorcerers for magical practices. *Árbol con semillas de color rojo que les sirve a los brujos para prácticas mágicas.*
ranchito	Small rancho. *Pequeño rancho.*

rancho	Small, rural shack, generally made of cane or poles, with a palm-leaf roof; rustic house. *Cabaña rural pequeña, generalmente hecha con cañas o varas y con techo de palma; casa rústica.*
raza	Ethnic group. *Grupo étnico.*
secreto	Magical ritual or object. *Rito u objeto mágico.*
sitio	Homesite. *Sitio o lugar donde se construye la casa.*
susto	Fright. *Miedo.*
temascal	Sweat bath similar to a sauna. *Baño de vapor semejante a una sauna.*
tepescuinte	Brown rodent with black stripes on its back. *Roedor color castaño con rayas negras en su espalda.*
uay	Nagual, animal spirit. *Nagual, espíritu animal.*
veladora	Short, thick candle. *Vela corta y gruesa.*
vida alegre	Fast life. *Vida inmoral.*
vueltegato	Somersault that is done squatting, putting the head on the ground and impelling oneself forward. *Voltereta que se da encuclillándose, apoyando la cabeza en el suelo e impulsándose hacia adelante.*
zajorín	Shaman; corruption of *zahorí*: indigenous witch who usually acts also as a curer. *Chamán; corrupción de "zahorí": brujo indígena que suele actuar también como curandero.*

References

Acosta, Jorge R. 1968. *Teotihuacan: Official Guide.* 3rd ed. México, D.F.: Instituto Nacional de Antropología e Historia.

Andrade, Manuel J. 1931. *Yucatec Maya Stories.* Microfilm Collection of Manuscripts on Cultural Anthropology no. 262. Chicago: Joseph Regenstein Library, University of Chicago.

Andrade, Manuel J., and Hilaria Máas Collí, eds. 1990. *Cuentos Mayas Yucatecos. U Tsikbalilo'ob Mayab (Uucheben Tsikbalo'ob).* Mérida, Yucatán: Universidad Autónoma de Yucatán.

Armas, Daniel. 1991. *Diccionario de la expresión popular guatemalteca.* Guatemala City: Editorial Piedra Santa.

Arriola, Jorge Luis. 1973. *El libro de las Geonimias de Guatemala: Diccionario Etimológico.* Guatemala City: Seminario de Integración Social Guatemalteca.

Bakalar, Nicholas. 2006. "Earliest Maya Writing Found in Guatemala, Researchers Say. *National Geographic News* (5 January 2006 [cited 22 December 2007]); available at http://news.nationalgeographic.com/news/pf/30567508.html.

Bascom, William. 1992. *African Folktales in the New World.* Bloomington and Indianapolis: Indiana University Press.

Berdan, Frances F. 1982. *The Aztecs of Central Mexico: An Imperial Society.* New York: Holt, Rinehart, and Winston.

Bialik, Hayyim Nahman. 1938. *And It Came to Pass: Legends and Stories about King David and King Solomon.* New York: Hebrew Publishing Company.

Burns, Allan F. 1983. *An Epoch of Miracles: Oral Literature of the Yucatec Maya.* Austin: University of Texas Press.

Cabezas, Horacio, Esperanza de Castañeda, Erwin Soto, Yadyra Pérez Diéguez,

Leonor de Avendaño, and María Cristina Castillo. 2006. *Centroamérica Ayer y Hoy*. Guatemala City: Piedra Santa.

Canadian Museum of Civilization. 2006. "Maya Civilization" [cited 22 December 2007]; available at http://www.civilization.ca/cmc/exhibitions/civil/maya/mmc04eng.shtml.

Cancian, Frank. 1965. *Economics and Prestige in a Mayan Community*. Palo Alto: Stanford University Press.

———. 1967. "Political and Religious Organizations." In *Handbook of Middle American Indians*, vol. 6, *Social Anthropology*, edited by Manning Nash. Austin: University of Texas Press.

Carlsen, Robert S. 1997. *The War for the Heart and Soul of a Highland Guatemalan Town*. Austin: University of Texas Press.

Carlsen, Robert S., and Martin Prechtel. 1991. "The Flowering of the Dead: An Interpretation of Highland Maya Culture." *Man* 26(1): 23–42.

Carmack, Robert M. 1981. *The Quiché Mayas of Utatlán: The Evolution of a Highland Guatemala Kingdom*. Norman: University of Oklahoma Press.

Carrasco, David. 2000. *Quetzalcoatl and the Irony of Empire*. Boulder: University of Colorado Press.

Chadwick, Robert. 1971. "Native Pre-Aztec History of Central Mexico." In *Handbook of Middle American Indians*, vol. 11, *Archaeology of Northern Mesoamerica*, pt. 2, edited by Gordon F. Ekholm and Ignacio Bernal. Austin: University of Texas Press.

Christenson, Allen J. 2003. *Popol Vuh: The Sacred Book of the Maya, the Great Classic of Central American Spirituality, Translated from the Original Maya Text*. Winchester, U.K. and New York: O Books.

Coe, Michael D. 1968. *Mexico*. 2nd ed. New York: Praeger.

———. 1992. *Breaking the Maya Code*. New York: Thames and Hudson.

De Borhegyi, Stephan F. 1965. "Archaeological Synthesis of the Guatemalan Highlands." In *Handbook of Middle American Indians*, vol. 2, *Archaeology of Southern Mesoamerica*, pt. 1, edited by Gordon R. Willey. Austin: University of Texas Press.

Dombrowski, John, et al. 1971. *Area Handbook for Guatemala*. Washington, D.C.: U.S. Government Printing Office.

Dundes, Alan. 1965. "African Tales among the North American Indians." *Southern Folklore Quarterly* 39:207–19.

Early, John D. 2006. *The Maya and Catholicism: An Encounter of Worldviews*. Gainesville: University Press of Florida.

Edmonson, Munro S. 1988. *The Book of the Year: Middle American Calendrical Systems*. Salt Lake City: University of Utah Press.

England, Nora. 1993. *Maya' Chil': Los Idiomas Mayas de Guatemala*. Guatemala City: Editorial Cholsamaj.

Fash, William L. 2001. *Scribes, Warriors and Kings*. Rev. ed. London: Thames and Hudson.

Frazer, Sir James George. 1950. *The Golden Bough*. New York: Collier Books. First published 1923, Macmillan.

Gerrard, A. Bryson. 1980. *Cassell's Colloquial Spanish: A Handbook of Idiomatic Usage Including Latin-American Spanish*. New York: Colliers Books.

Glassie, Henry, ed. 1985. *Irish Folktales*. New York: Pantheon Books.

Goetz, Delia. 1953. *Title of the Lords of Totonicapán*. In *The Annals of the Cakchiquels and Title of the Lords of Totonicapán*, by Adrián Recinos and Delia Goetz. Norman: University of Oklahoma Press.

Goetz, Delia, Sylvanus G. Morley, and Adrián Recinos. 1950. *Popol Vuh: The Sacred Book of the Ancient Quiché*. Norman: University of Oklahoma Press.

Grimm, Jacob, and Wilhelm Grimm, eds. 1993. *Grimm's Complete Fairy Tales*. New York: Barnes and Noble and Doubleday Book and Music Club.

Hagerty, Timothy, and Mary Gomez Parham. 2004. *If Di Pin Neva Ben: Folktales and Legends of Belize*. Benque Viejo del Carmen, Belize: Cubola Productions.

Helms, Mary W. 1975. *Middle America: A Culture History of Heartland and Frontiers*. Englewood Cliffs, N.J.: Prentice-Hall.

Inman, Mason. 2006. "Oldest Writing in New World Discovered, Scientists Say." *National Geographic News* (14 September 2006 [cited 22 December 2007]); available at http://news.nationalgeographic.com/news/2006/09/060914-oldest-writing.html.

Instituto Nacional de Estadística. 2003. Características de la Población y de los Locales de Habitación Censados. República de Guatemala, Censos Nacionales XI de Población y VI de Habitación. Guatemala City: República de Guatemala.

Johnson, Allen, and Douglass Price-Williams. 1996. *Oedipus Ubiquitous: The Family Complex in World Folk Literature*. Stanford: Stanford University Press.

Lara Figueroa, Celso A. 1994. *Cuentos y consejas populares de Guatemala*. Guatemala City: Artemis-Edinter.

———. 2007. "Cultura espiritual." Prensalibre.com [Guatemala, cited 4 September 2007]; available at http://www.prensalibre.com/especiales/ME/tradiciones/ave7.htm.

Laughlin, Robert M., and Carol Karasik. 1988. *People of the Bat: Mayan Tales and Dreams from Zinacantán*. Washington, D.C.: Smithsonian Institution Press.

Martínez, Juan Carlos. 1997. *¿Qué Onda Vos? What's Up Dude?* 2nd ed. rev. Guatemala City: Impresos de Integración.

McBryde, Felix Webster. 1945. *Cultural and Historical Geography of Southwest Guatemala*. Institute of Social Anthropology pub. no. 4. Washington, D.C.: Smithsonian Institution.

———. 1965. *Geografía Cultural e Histórica del Suroeste de Guatemala*. Vol. 1. Guatemala City: Editorial José de Pineda Ibarra.

McCreery, David. 1994. *Rural Guatemala: 1760–1940*. Stanford: Stanford University Press.

Mendelson, E. Michael (alias Nathaniel Tarn). 1959. "Maximón: An Icono-
graphic Introduction" reprinted from *Man*, No. 87.
———. 1965. *Los Escándalos de Maximón*. Seminario de Integración Social
Guatemalteca, pub. no. 19. Guatemala City: Seminario de Integración Social
Guatemalteca.
Miles, S. W. 1965. "Summary of the Preconquest Ethnology of the Guatemala-
Chiapas Highlands and Pacific Slope." In *Handbook of Middle American
Indians*, vol. 2, *Archaeology of Southern Mesoamerica*, pt. 1, edited by Gor-
don R. Willey. Austin: University of Texas Press.
Montejo, Victor. 1991. *The Bird Who Cleans the World and Other Mayan Fables*.
Willimantic, Conn.: Curbstone Press.
Morales Alvarado, Sergio Fernando. 2003. "Censura y derechos humanos: Re-
flexión histórico-jurídica sobre el derecho a la comunicación en Guatemala."
Revista IIDH [Instituto Interamericano de Derechos Humanos, Costa Rica]
37:299–373 [cited 4 September 2007]; available at http://www.juridicas.unam.
mx/publica/librev/rev/iidh/cont/37/pr/pr11.pdf.
Morley, Sylvanus G., and George W. Brainerd. 1956. *The Ancient Maya*. 3rd ed.
Stanford: Stanford University Press.
Nash, Manning. 1969. "Guatemalan Highlands." In *Handbook of Middle Ameri-
can Indians*, vol. 7, *Ethnology*, pt. 1, edited by Evon Z. Vogt.
Orellana, Sandra. 1975. "Folk Literature of the Tzutujil Maya." *Anthropos*
70:839–76.
———. 1984. *The Tzutujil Mayas: Continuity and Change, 1250–1630*. Norman:
University of Oklahoma Press.
———. 1987. *Indian Medicine in Highland Guatemala: The Pre-Hispanic and
Colonial Periods*. Albuquerque: University of New Mexico Press.
Petrich, Perla, ed. 1998. *Literatura Oral de los Pueblos del Lago Atitlán*. Colección
Xokomil, no. 6. Sololá, Guatemala: Casa de Estudios de los Pueblos del Lago
Atitlán.
Preuss, Mary H. 2005. *Yucatec Maya Stories: From Chen-ja' to the Milpa*. Lan-
caster, Calif.: Labyrinthos.
Read, Kay Almere, and Jason J. González. 2000. *Handbook of Mesoamerican
Mythology*. Santa Barbara, Calif.: ABC-CLIO.
Recinos, Adrián, and Delia Goetz. 1953. *The Annals of the Cakchiquels and Title
of the Lords of Totonicapán*. Norman: University of Oklahoma Press.
Redfield, Margaret Park. 1937. "Folk Literature of the Yucatec Maya." In *Contri-
butions to American Archaeology* 3(13–19): 1–50. Washington, D.C.: Carnegie
Institution of Washington.
Rodríguez Martínez, María del Carmen, Ponciano Ortíz Ceballos, Michael D.
Coe, Richard A. Diehl, Stephen D. Houston, Karl A. Taube, and Alfredo Del-
gado Calderón. 2006. "Oldest Writing in the New World." *Science* 313, no.
5793 (September): 1610–14.
Rosales, Juan de Dios. 1968. "San Andrés Semetabaj." In *Los Pueblos del Lago*

de Atitlán, edited by Sol Tax, 159–200. Seminario de Integración Nacional Guatemalteca, pub. no. 23. Guatemala City: Seminario de Integración Nacional Guatemalteca.

Rugeley, Terry. 2001. *Of Wonders and Wise Men: Religion and Popular Cultures in Southeast Mexico, 1800–1876*. Austin: University of Texas Press.

Sachse, Frauke, and Allen J. Christenson. 2005. "Tulan and the Other Side of the Sea: Unraveling a Metaphorical Concept from Colonial Guatemalan Highland Sources." *Mesoweb* [cited 17 December 2007]; available at www.mesoweb.com/articles/tulan/Tulan.pdf.

Schwartz, Norman. 1983. "San Simón: Ambiguity and Identity in Petén, Guatemala. *Sociologus* 33(2): 152–73.

Sexton, James D. 1973. *Modernization among Tzutuhil and Cakchiquel Maya: A Comparative Analysis of Two Guatemalan Towns, San Juan la Laguna and Panajachel*. Ann Arbor, Mich.: UMI Dissertation Services, A Bell and Howell Company.

———. 1978. "Protestantism and Modernization in Two Guatemalan Towns." *American Ethnologist* 5:280–302.

———, ed. and trans. 1981. *Son of Tecún Umán: A Maya Indian Tells His Life Story*. Tucson: University of Arizona Press. Republished 1990 by Waveland Press, Prospect Heights, Illinois.

———, ed. and trans. 1985. *Campesino: The Diary of a Guatemalan Indian*. Tucson: University of Arizona Press.

———, ed. and trans. 1991. *Ignacio: The Diary of a Maya Indian of Guatemala*. Philadelphia: University of Pennsylvania Press.

———, ed. and trans. 1992. *Mayan Folktales: Folklore from Lake Atitlán, Guatemala*. New York: Doubleday/Anchor. Republished 1999 by University of New Mexico Press, Albuquerque.

———. 2000. "Environmental Determinants of Folkloric Content in Guatemala." *Latin American Indian Literatures Journal* 16(1): 1–17.

Sexton, James D., and Ignacio Bizarro Ujpán. 1999. *Heart of Heaven, Heart of Earth and Other Mayan Folktales*. Washington, D.C.: Smithsonian Institution Press.

———. 2001. *Joseño: Another Mayan Voice Speaks from Guatemala*. Albuquerque: University of New Mexico Press.

Sexton, James D., and Clyde M. Woods. 1977. "Development and Modernization among Highland Maya: A Comparative Analysis of Ten Guatemalan Towns." *Human Organization* 36:156–77.

Shaw, Mary, ed. 1971. *According to Our Ancestors: Folk Texts from Guatemala and Honduras*. Guatemala: Summer Institute of Linguistics of the University of Oklahoma.

Skidmore, Joel. 2006. "The Cascajal Block: The Earliest Precolumbian Writing," *Mesoweb* [cited 22 December 2006]; available at http://www.mesoweb.com/reports/Cascajal.pdf.

Spence, Lewis. 1994. *The Myths of Mexico and Peru.* New York: Dover.

Stone, Samuel Z. 2001. *Telltale Stories from Central America.* Albuquerque: University of New Mexico Press.

Stuart, Gene S. 1981. *The Mighty Aztecs.* Washington, D.C.: National Geographic Society.

Tarn, Nathaniel, with Martin Prechtel. 1997. *Scandals in the House of Birds.* New York: Marsilio Publishers.

Taube, Karl. 1993. *Aztec and Maya Myths.* Austin: British Museum Press and University of Texas Press.

Tax, Sol. 1937. "The Municipios of the Midwestern Highlands of Guatemala." *American Anthropologist* 39(3): 423–44.

———. 1965. *Los Municipios del Altiplano Mesooccidental de Guatemala.* Cuadernos del Seminario de Integración Social Guatemala no. 9. Guatemala City: Ministerio de Educación.

Tax, Sol, ed. 1968. *Los Pueblos del Lago de Atitlán.* Seminario de Integración Nacional Guatemalteca, pub. no. 23. Guatemala City: Seminario de Integración Nacional Guatemalteca.

Tax, Sol, and Robert Hinshaw. 1969. "The Maya of the Midwestern Highlands." In *Handbook of Middle American Indians,* vol. 7, *Ethnology,* pt. 1, edited by Evon Z. Vogt, 69–100. Austin: University of Texas Press.

Tedlock, Barbara. 1982. *Time and the Highland Maya.* Albuquerque: University of New Mexico Press.

Tedlock, Dennis. 1985. *Popol Vuh: The Definitive Edition of the Mayan Book of the Dawn of Life and the Glories of Gods and Kings.* New York: Simon and Schuster.

———. 1996. *Popol Vuh: The Mayan Book of the Dawn of Life.* Rev. ed. New York: Simon and Schuster.

Thompson, J. Eric S. 1965. "Maya Hieroglyphic Writing." In *Handbook of Middle American Indians,* vol. 3, *Archaeology of Southern Mesoamerica, pt. 2,* ed. Gordon R. Willey, 632–58. Austin: University of Texas Press.

———. 1966. *The Rise and Fall of the Maya Civilization.* Norman: University of Oklahoma Press. First published 1954.

Townsend, Richard F. 1995. *The Aztecs.* London: Thames and Hudson.

Warren, Kay. 1989. *The Symbolism of Subordination: Indian Identity in a Guatemalan Town.* 2nd ed. Austin: University of Texas Press.

Weaver, Muriel Porter. 1993. *The Aztecs, Maya, and Their Predecessors: Archaeology of Mesoamerica.* 3rd ed. New York: Seminar Press.

West, Robert C., and John P. Augelli. 1966. *Middle America: Its Lands and Peoples.* Englewood Cliffs, N.J.: Prentice-Hall.

Williams, Benjamin. 2003. "Telling Tales: Social Identity, Cultural Categories, and Community in the Caso Narrative Form in the West-Central Highlands of Guatemala." Master's thesis, Northern Arizona University.

Woods, Clyde M. 1968. "Medicine and Culture Change in San Lucas Tolimán: A Highland Guatemalan Community." PhD diss., Stanford University.

———. 1975. *Culture Change*. Dubuque, Iowa: Wm. C. Brown.

Woodward, Ralph Lee. 1993. *Rafael Carrera and the Emergence of the Republic of Guatemala, 1821–1871*. Athens: University of Georgia Press.